黎霍高速基本建设
考古发掘报告

山西省考古研究院
山西大学考古文博学院 编
长治市考古研究所

梁宪亮　高振华　著

上海古籍出版社

图书在版编目（CIP）数据

黎霍高速基本建设考古发掘报告 / 山西省考古研究院，山西大学考古文博学院，长治市考古研究所编 ；梁宪亮，高振华著. -- 上海 ： 上海古籍出版社，2025.6.
ISBN 978-7-5732-1672-4

Ⅰ. K878.85

中国国家版本馆CIP数据核字第20255GH160号

责任编辑：贾利民
装帧设计：王楠莹
技术编辑：耿莹祎

黎霍高速基本建设考古发掘报告
山西省考古研究院
山西大学考古文博学院　编
长治市考古研究所
梁宪亮　高振华　著
上海古籍出版社出版发行
（上海市闵行区号景路 159 弄 1-5 号 A 座 5F　邮政编码 201101）
（1）网址：www.guji.com.cn
（2）E-mail：guji1 @ guji.com.cn
（3）易文网网址：www.ewen.co
上海雅昌艺术印刷有限公司印刷
开本 889 × 1194　1/16　印张 17.5　插页 58　字数 477,000
2025 年 6 月第 1 版　2025 年 6 月第 1 次印刷
印数：1—1,300
ISBN 978-7-5732-1672-4
K·3893　定价：248.00 元
如有质量问题，请与承印公司联系

《黎霍高速基本建设考古发掘报告》编委会
编委成员

目　　录

插 图 目 录

插 表 目 录

图 版 目 录

前　言

　　黎霍高速公路是国家高速公路网规划第六横、山西省规划"三纵十二横十二环高速公路网"第九横的重要组成部分,是贯穿长治及临汾地区东西走向的重要通道。为配合黎霍高速公路建设,2020年11月至2021年3月,山西省考古研究院联合地方文物部门对沁县连家庄遗址、南池墓地、姚头墓地以及沁源新章墓地进行考古发掘。在发掘过程中,通过系统梳理地方志、史书和已发表的考古简报等相关文献资料,初步厘清了以往发掘地点与考古学文化的关系,为该地区考古资料的分析与整理奠定基础。根据考古勘探资料,本次发掘采取大面积揭露的方式,尽可能使已探明的墓葬得到全面的保护和清理。发掘期间,我院联合西北大学、北京大学、山西大学、中国社会科学院考古研究所等多家高校和科研单位开展了体质人类学、科技检测等研究工作,进一步丰富了对这批墓葬物质文化内涵的认识。

　　连家庄遗址发现8个灰坑,其形状有圆形、不规则形两种,坑内出土有陶、骨、石、蚌质器物等,陶器以夹砂灰陶和泥质灰陶为主,还有少量白陶和夹砂褐陶,器形有罐、盆、甑、鼎、杯、尖底瓶等;除部分动物骨骼外还有鹿角以及骨器加工后的边角料;石器有石铲、石刀等。连家庄遗址的出土器物与以陕晋豫交界地区为核心的典型庙底沟二期文化近似,但部分器物具有十分鲜明的地域特色,为探索史前中原地区的文化交流提供了新的材料。

　　南池墓地发掘面积达1 100平方米,清理墓葬67座和明堂1座,以清代墓葬为主,还有极个别民国时期墓葬;多为土洞墓,也有少量砖室墓,部分砖室墓较为精美。墓葬以双人合葬为主,另有单人葬、三人葬。墓葬多为东西向,头向多朝西。葬式多为仰身直肢,极少数为侧身直肢。随葬品以铜钱、瓷碗、陶罐为主,个别墓中出土锡器,极少数墓中出土玉、骨等质地的器物。从墓葬形制和出土器物来看,该墓地与山西以往发现的明清时期家族墓地性质基本相同。大部分墓内均发现有朱书板瓦,部分字迹较清晰,多为镇墓瓦,个别墓出土一块镇墓瓦和一块符瓦的组合,为研究明清时期道教对平民阶层思想文化的影响提供了资料,也为山西明清时代家族墓地的研究提供了新的参考。

　　姚头墓地发掘墓葬9座,皆为竖井墓道土洞墓。整个墓区出土有陶、瓷、铜等质地器物,瓷器有瓷罐、瓷盏等;陶器有符砖、符瓦等;铜器有铜耳匙等;铜钱以"康熙通宝"为主,另有少量的"乾隆通宝"。

　　新章墓地发掘明清、近代墓葬共23座,均为土洞墓,葬具均用木棺,多数为一棺,仅一座葬式为仰身直肢,头向北,其他不明。随葬品有铜器、铁器、瓷器及钱币等各类器物。从墓葬分布情况来看,居址与墓地分离,墓葬区集中分布在村落的边缘地区,这可能是一个公共祭埋区,墓葬排列有序,相互间没有打破关系。从墓葬形制和出土器物来看,这批墓葬均为低等级平民墓葬,随葬器物相对较少,反映出当时当地的交通不便和经济相对落后。

　　此次发掘工作自始至终得到了省市公路交通部门的鼎力协助,在此我们再次感谢交通部门的配合。由于时间仓促,本书难免存在纰漏之处,望同仁不吝指教。

第一部分

遗　　址

　　沁县位于山西省东南部、长治市北部,东连武乡县、襄垣县,西毗沁源县,南接屯留区,北与武乡县、晋中市平遥县接壤。地处太行、太岳两山之间,境域四周环山,中部平坦,平均海拔1 000—1 100米。境内主要河流有漳河、庶纪河、段柳河、徐阳河、迎春河、圪芦河、白玉河、涅水河等8条,呈井字形分布,有大小支流126条。沁县介于北纬36°25′—36°57′、东经112°29′—112°53′之间,属暖温带大陆性季风气候,冬季寒冷少雪,春季干燥多风,夏季炎热多雨,秋季早晚温差较大。全县总面积1 320平方千米,南北纵距60千米,东西横距39千米。

　　沁县在春秋时是晋大夫羊舍氏食邑,战国时属韩,后属赵。秦汉时期属上党郡铜鞮县。元初称沁州,领铜鞮、沁源、武乡三县。明初改铜鞮县入州,直隶山西布政使司,领沁源、武乡两县。清代沿袭明制,仍称为沁州。

　　连家庄遗址位于山西省长治市沁县故县镇连家庄村西约0.5公里的高台之上,北靠后底沟山,南临铜鞮河,西眺南岩边坡岭,东依圪芦坡,地势北高南低。经初步调查,该遗址范围约20万平方米。为配合黎霍高速公路建设,2020年11月至12月,山西省考古研究院联合地市文物部门对连家庄遗址进行了考古发掘。受农业生产和建设项目清表影响,遗址地层被严重破坏,遗迹均发现于耕土层下,未发现有文化堆积层。本次发掘共布设10米×10米探方6个,清理灰坑8座(图版一),现将此次发掘成果报告如下。

一、遗　　迹

　　连家庄遗址共发掘灰坑8座,编号H1—H8,开口均在耕扰层下。依据平面形态可分为三类,即圆形、椭圆形和不规则长条形,剖面分为筒形平底和锅状平底两种。

(一)H1

　　H1,位于T1的西南部,平面为不规则长条形,口大底小,坑口、坑壁粗糙,底较平整。坑内堆积为深灰色土,较松软,无包含物。长5、宽0.5—2.75米(图三;图版二,1)。

(二)H2

　　H2,位于T1的北部偏西,平面为圆形,坑口较规整,口略小于底,坑壁规整,底部略显不平。坑内堆积为深灰色,并伴有料姜石,质地较松软,包含物有罐、豆、器耳、器底等。口径1、深0.3—0.34米(图四;图版二,1)。

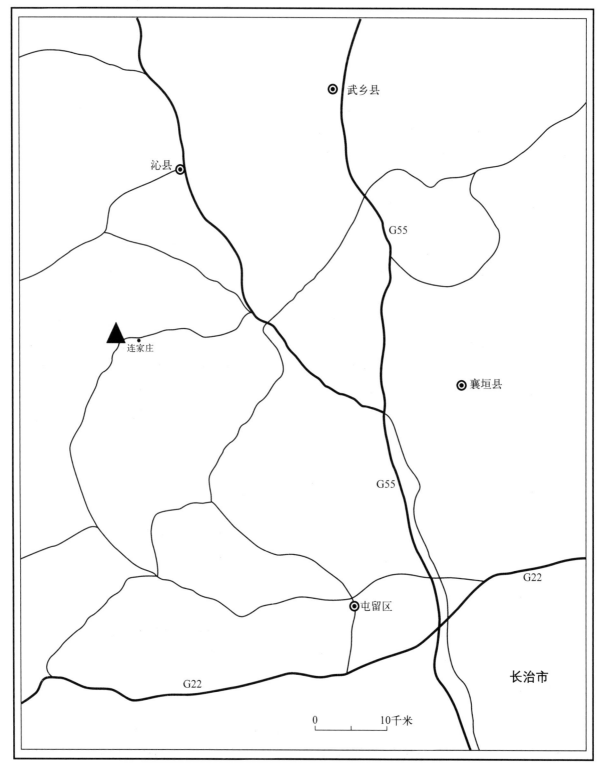

图一　连家庄遗址地理位置示意图

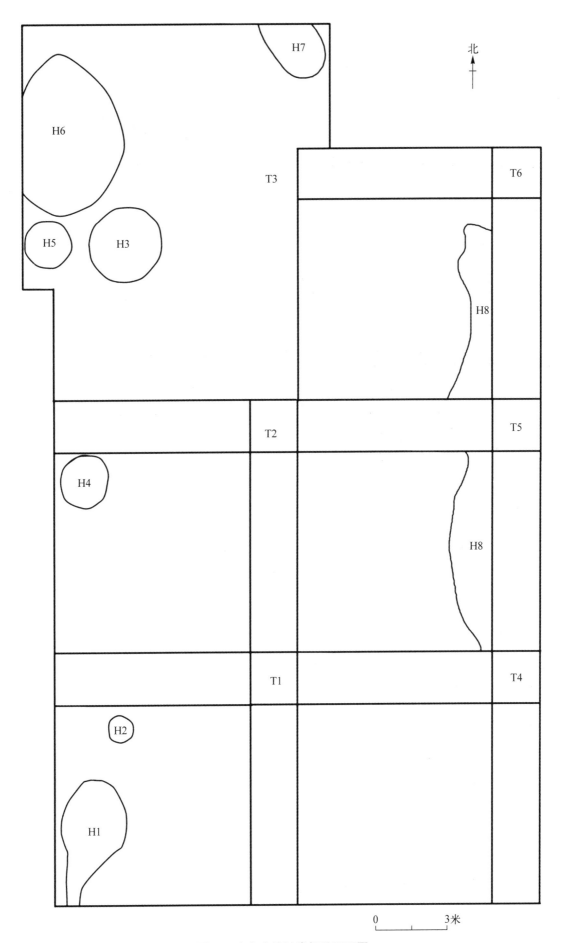

北

H7

H6

H5   H3

T3

T6

H8

T2   T5

H4

H8

T1   T4

H2

H1

0   3米

图二 连家庄遗址发掘总平面图

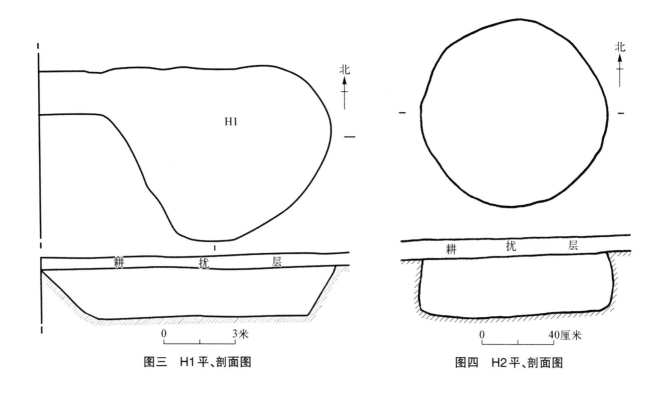

图三　H1平、剖面图　　　　　　　图四　H2平、剖面图

（三）H3

H3，位于T3中部偏西，平面近圆形，口底同大，坑壁较整齐，壁与底衔接处圆折，底部略显不平。坑内堆积为深灰色土，伴有少量料姜石，质地较松软，无包含物。口径3.02—3.1、深0.36米（图五；图版二，2）。

（四）H4

H4，位于T2的西北角，平面近圆形，口略大于底，周壁整齐光平，底部平整。坑内堆积为深灰色土，质地松软，包含物有盆、器耳、器底、料姜石等。口径1.8—2、深1.1米（图六；图版三，1）。

（五）H5

H5，位于T3西部，平面呈圆形，口略大于底，坑壁规整光滑，底部平整。坑内堆积为灰色土，质地松软，包含物有罐、瓮、盆、器耳、器底、磨石、盘等。口径1.6、深0.8米（图七；图版二，2）。

（六）H6

H6，位于T3西北部，平面呈椭圆形，口底同大，坑壁不甚规整，底部凹凸不平。坑内堆积为深灰色土，质地松软，包含物有罐、瓮、盆、器底、器耳、钵等。口径6.25—4、深1.05米（图八；图版二，2）。

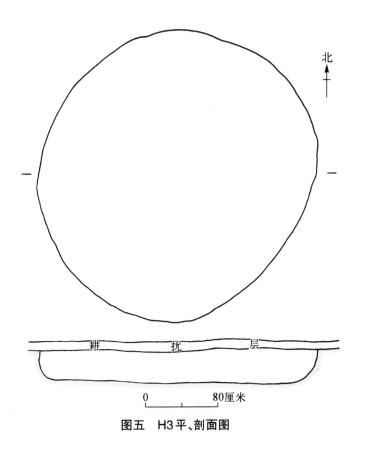

耕   扰   层

0   80厘米

图五 H3平、剖面图

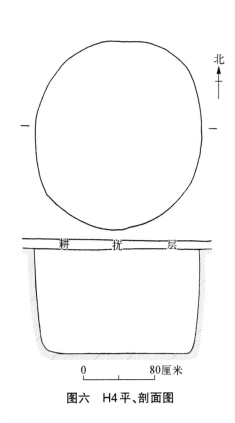

耕   扰   层

0   80厘米

图六 H4平、剖面图

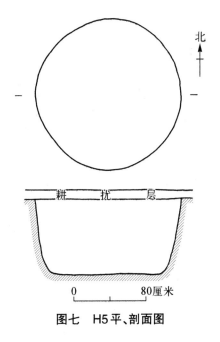

耕   扰   层

0   80厘米

图七 H5平、剖面图

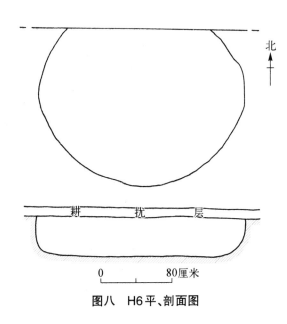

耕   扰   层

0   80厘米

图八 H6平、剖面图

（七）H7

H7,位于T3北部扩方内,平面呈椭圆形,口底同大,周壁不甚规整,底部北高南低。坑内堆积为灰色土,质地松软,包含物有罐、器耳、器底、器足、盆、钵等。现存长2.01、宽1.65、深1.05—0.74米(图九;图版三,2)。

（八）H8

H8,位于T5、T6的东部,平面呈不规则长条形,坑壁不甚规整,坑底南高北低,凹凸不平。坑内堆积为深灰色土,质地松软,无包含物。南北长29.5、东西残宽0.85—1.75、深0.76—0.6米(图一〇;图版三)。

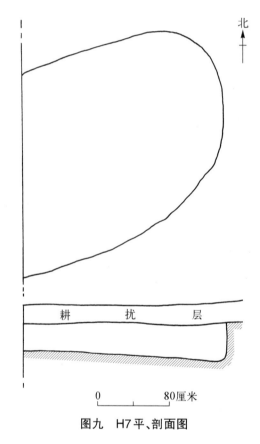

0　　　　80厘米

图九　H7平、剖面图

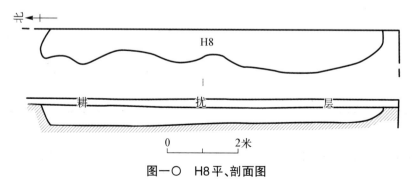

0　　　　2米

图一〇　H8平、剖面图

二、遗   物

（一）H2

双耳罐 H2：1，夹砂红陶，侈口，圆唇，花边口沿，鼓腹，颈部饰一周附加堆纹，腹上部附对称桥形耳，腹壁饰斜绳纹，内壁耳处见涡状纹。口径22、残高10.5厘米（图一一，3）。

罐 H2：2，夹砂褐陶，侈口，圆唇，花边口沿，斜腹，颈下饰两周附加堆纹，腹壁饰竖向绳纹。口径26、残高5.5厘米（图一一，2）。

豆 H2：3，夹砂褐陶，敞口，圆唇，折腹，素面且磨光。口径34、残高7.2厘米（图一一，10）。

盆 H2：4，夹砂灰陶，敞口，方唇，斜腹，唇上按压指纹，且饰绳纹，唇下自上而下依序饰三周附加堆纹，腹部饰较乱的斜绳纹，内壁见轮修手抹痕迹。口径36、残高8.8厘米（图一一，12）。

瓮 H2：5，夹砂灰陶，敞口，方唇，斜腹，唇上饰不规整横绳纹，唇下饰三周附加堆纹，腹部饰

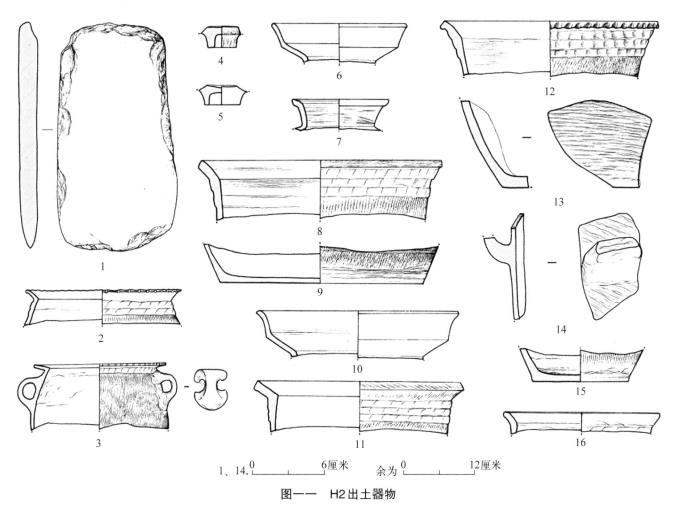

1、14. ⊢——0————6厘米   余为 ⊢——0————12厘米

图一一 H2出土器物

1. 石铲（H2：16） 2、16. 罐（H2：2、14） 3. 双耳罐（H2：1） 4、5、9、13、15. 器底（H2：15、8、13、7、11） 6、10. 豆（H2：6、3）
7. 高领罐（H2：9） 8、11. 瓮（H2：5、10） 12. 盆（H2：4） 14. 器耳（H2：12）

竖向绳纹,内壁见轮修手抹纹。口径40、残高8.5厘米(图一一,8)。

豆　H2:6,夹砂褐陶,圆唇,敞口,折腹,素面且磨光。口径22、残高6厘米(图一一,6)。

器底　H2:7,泥质褐陶,平底,弧腹,腹部饰横向篮纹。残高7、厚0.9厘米(图一一,13)。

器底　H2:8,夹砂灰陶,圈足、底部存在二次使用所留下的打磨痕迹,足身刻划竖向线纹。底径4.6、残高3.2厘米(图一一,5)。

高领罐　H2:9,夹砂灰陶,敞口,卷沿,高领,鼓肩,唇内有两周凹弦纹,颈部隐约有篮纹,内壁有轮修痕。口径16、残高4厘米(图一一,7)。

瓮　H2:10,夹砂褐陶,侈口,方唇,近直腹,唇上饰斜篮纹,颈部饰斜绳纹,其下有三周附加堆纹,腹部饰斜绳纹。口径34、残高8厘米(图一一,11)。

器底　H2:11,泥质灰陶,平底,斜腹,腹壁饰竖向篮纹,器身显见泥条盘筑痕。底径16、残高5厘米(图一一,15)。

器耳　H2:12,残,泥质灰陶,桥形耳,器壁饰斜篮纹。残高8.5、厚0.5厘米(图一一,14)。

器底　H2:13,夹砂灰陶,平底,斜腹,腹壁饰抹断斜绳纹,近底部有轮修痕。底径34、残高5.8厘米(图一一,9)。

罐　H2:14,夹砂褐陶,侈口,圆唇,颈部有一周附加堆纹。口径26、残高3厘米(图一一,16)。

器底　H2:15,夹砂灰陶,圈足,素面。底径5.8、残高3厘米(图一一,4)。

石铲　H2:16,石英岩磨制而成,双面刃,刃部较尖锐,器表光滑,顶端残。残长18.3、宽10、厚1.5厘米(图一一,1)。

(二)H4

器底　H4:1,泥质褐陶,平底微凹,斜壁。底径13、残高1.4厘米(图一二,5)。

器底　H4:2,夹砂灰陶,平底微凹,斜壁,器壁饰横篮纹,近底部可见轮修痕迹。底径16、残高2.5厘米(图一二,6)。

罐　H4:3,夹砂灰陶,褐胎,侈口,圆唇,束颈,斜弧腹,内壁有轮修痕迹,颈下饰一周附加堆纹,腹部饰抹断斜绳纹。口径24、残高8厘米(图一二,8)。

器底　H4:4,夹砂褐陶,灰胎,平底,斜壁,器壁有一周手抹痕,下部饰方格纹。底径16、残高4.4厘米(图一二,7)。

腹部残片　H4:5,夹砂红陶,腹壁饰附加条带隔断的竖向篮纹。残高6.5、壁厚0.5厘米(图一二,3)。

深腹盆　H4:6,夹砂灰陶,侈口,圆唇,弧腹斜收,颈部见泥条盘筑痕迹,腹壁饰横向篮纹,内壁有手抹痕迹。口径14、残高6厘米(图一二,4)。

石刀　H4:7,石英岩制成,两面均有大小不等的钻眼,但未钻成穿孔,刃部较尖锐。残长9.5、宽5.4、厚0.6厘米(图一二,2)。

石铲　H4:8,石英岩制成,刃部较锐,器身光滑有打磨痕迹。残长15.8、残宽7.2、厚1.4厘米(图一二,1)。

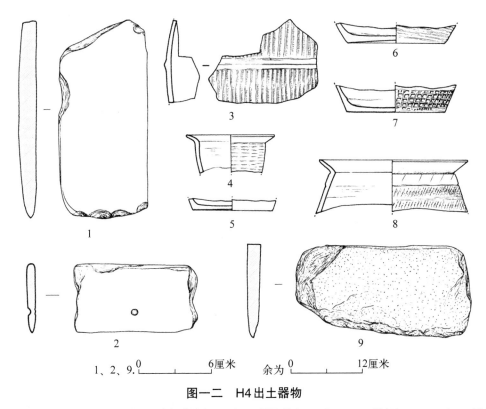

图一二　H4出土器物

1. 石铲(H4∶8)　2、9. 石刀(H4∶7、9)　3. 腹部残片(H4∶5)　4. 深腹盆(H4∶6)　5、6、7. 器底(H4∶1、2、4)　8. 罐(H4∶3)

石刀　H4∶9，褐色砂岩石制成，上端略呈方形，下端微锐，为未完成加工的半成品。残长14.3、宽7.2、厚1厘米（图一二，9）。

（三）H5

罐　H5∶1，泥质灰陶，侈口，方唇，斜腹，唇上饰齿状按压纹，腹部饰竖向绳纹。口径16、残高5厘米（图一三，8）。

高领罐　H5∶2，泥质灰陶，圆唇，近直口，高领，颈部饰横篮纹，下有竖向刮削痕。口径12、残高7.5厘米（图一三，6）。

器底　H5∶3，夹砂灰陶，平底，斜腹，腹部饰抹断绳纹。底径18、残高5.5厘米（图一四，2）。

磨石　H5∶4，灰色砂岩质，残，呈不规则形，两面微内凹，有明显磨痕。残长19、残宽16、厚6.5厘米（图一四，8）。

瓮　H5∶5，夹砂灰陶，侈口，方唇，近直腹，唇上饰分段斜绳纹，颈、腹部分别各饰一周附加堆纹，两周附加堆纹之间饰竖向绳纹。口径36、残高8.5厘米（图一三，4）。

罐　H5∶6，夹砂灰陶，侈口，尖唇，弧腹，颈下饰斜向交错绳纹，腹部饰竖向绳纹。口径12、残高5.5厘米（图一三，5）。

罐　H5∶7，泥质灰陶，侈口，圆唇，弧腹，素面。口径20、残高4厘米（图一三，7）。

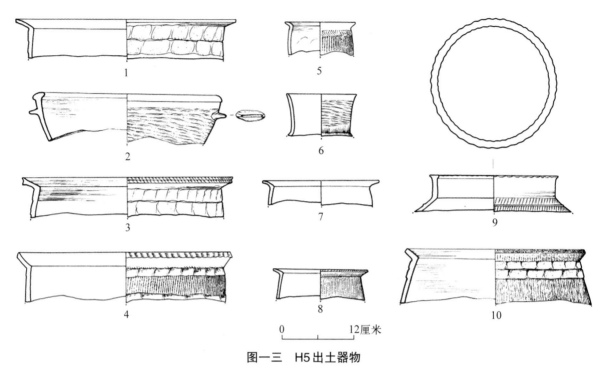

图一三　H5出土器物

1、3、4. 瓮（H5：8、9、5）　2. 盆（H5：21）　5、7、8、10. 罐（H5：6、7、1、22）　6、9. 高领罐（H5：2、14）

　　瓮　H5：8，泥质灰陶，侈口，方唇，近直腹，颈部饰附加堆纹两周。口径38、残高6.5厘米（图一三，1）。

　　瓮　H5：9，泥质灰陶，侈口，凹唇，斜腹，唇上饰斜向戳刺纹，颈下饰两周附加堆纹。口径36、残高6.5厘米（图一三，3）。

　　器耳　H5：10，泥质灰陶，桥形耳，器壁饰横向篮纹。残高7.5、宽7厘米（图一四，1）。

　　器耳　H5：11，泥质灰陶，桥形耳，耳上饰四条竖向篮纹，器壁饰横向篮纹。残高8、宽6.7厘米（图一四，11）。

　　磨石　H5：12，残断，褐色砂岩质，整体呈扁平状，两面平整，有明显磨痕。残长21.6、残宽16、厚2.2厘米（图一四，9）。

　　器底　H5：13，泥质灰陶，平底，斜腹，腹部饰斜绳纹，近底部可见明显轮修抹痕。底径24、残高5.2厘米（图一四，5）。

　　高领罐　H5：14，泥质灰陶，褐胎，花边口沿，平沿内折，高领，鼓肩，肩部饰斜篮纹并被凸棱纹隔断。口径22、残高6厘米（图一三，9）。

　　器底　H5：15，泥质灰陶，平底，斜壁，近底略直，有按压痕，腹壁饰横向篮纹。底径16、残高4.5厘米（图一四，3）。

　　器底　H5：16，泥质灰陶，褐胎，平底，斜壁且饰横向篮纹。底径22、残高3厘米（图一四，4）。

　　器耳　H5：17，泥质灰陶，桥形耳，耳上饰四条竖向篮纹，器壁饰横向篮纹。残高9.7、厚0.3厘米（图一四，7）。

　　器耳　H5∶18,泥质灰陶,桥形耳,耳上饰有竖向篮纹,器壁饰横向篮纹。残高9.5、厚0.5厘米(图一四,12)。

　　器耳　H5∶19,泥质褐陶,桥形耳,耳上饰两条竖向篮纹,器壁饰横、斜篮纹。残高7.3、厚0.4厘米(图一四,10)。

　　器底　H5∶20,泥质灰陶,褐胎,平底,腹壁斜张,饰斜向篮纹,近底部有刮削痕。底径24、残高8.5厘米(图一四,6)。

　　盆　H5∶21,泥质灰陶,敛口,腹部弧收,腹壁附两个对称冠状耳錾,器壁饰横向篮纹。口径30、残高8厘米(图一三,2)。

　　罐　H5∶22,夹砂褐陶,侈口,方唇,腹外张,唇上饰斜交绳纹,颈部饰两周附加堆纹,器壁饰竖向绳纹。口径30、残高9厘米(图一三,10)。

　　罐　H5∶23,泥质灰陶,侈口,方唇,腹外张,唇上饰弧状绳纹,腹壁饰竖向绳纹且被一周凸棱纹隔断。口径26、残高5厘米(图一五,9)。

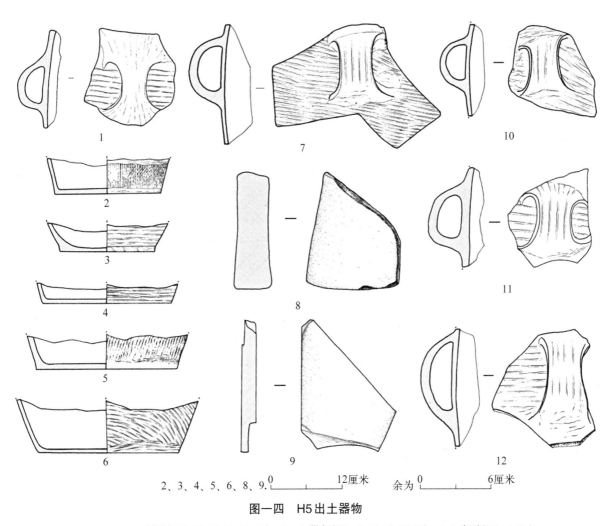

2、3、4、5、6、8、9.　　0 ————— 12厘米　　余为　0 ————— 6厘米

图一四　H5出土器物

1、7、10、11、12.器耳(H5∶10、17、19、11、18)　2～6.器底(H5∶3、15、16、13、20)　8、9.磨石(H5∶4、12)

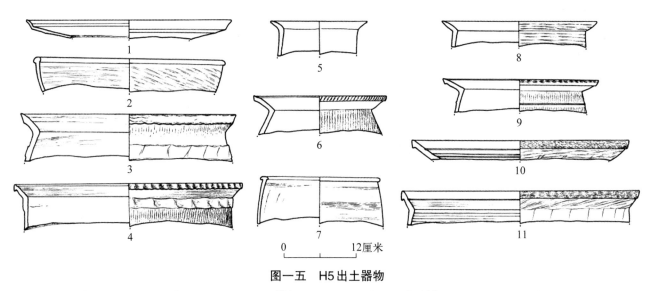

图一五　H5出土器物

1、10.盘（H5：26、24）　2.盆（H5：27）　3、6、8、9.罐（H5：28、25、29、23）　5、7.深腹罐（H5：33、31）　4、11.瓮（H5：32、30）

盘　H5：24，泥质褐陶，敞口，方唇，唇上饰斜绳纹，内壁饰三周凹弦纹，腹壁饰斜向粗篮纹。口径36、残高3厘米（图一五，10）。

罐　H5：25，泥质灰陶，侈口，方唇，唇内微凹，腹外张，唇上饰指压纹，腹壁饰竖向绳纹。口径22、残高6厘米（图一五，6）。

盘　H5：26，泥质白陶，敞口，圆唇，折腹，素面。口径34、残高3厘米（图一五，1）。

盆　H5：27，泥质灰陶，大口微敛，圆唇，弧腹，器壁饰斜向篮纹，内壁可见暗弦纹。口径30、残高8厘米（图一五，2）。

罐　H5：28，泥质褐陶，侈口，花边口沿，斜腹，唇上有断断续续的横绳纹，颈部饰竖向模糊绳纹，其下饰一周附加堆纹。口径36、残高7.5厘米（图一五，3）。

罐　H5：29，泥质灰陶，侈口，圆唇，腹略直，唇下及腹部饰横向模糊篮纹。口径26、残高4厘米（图一五，8）。

瓮　H5：30，泥质褐陶，侈口，方唇，近直腹，唇上饰斜绳纹，内沿及内壁饰凹弦纹，颈部饰斜向篮纹，其下有一周附加堆纹。口径40、残高5厘米（图一五，11）。

深腹罐　H5：31，泥质灰陶，口微敛，卷沿，弧腹，腹部隐约可见弦纹，内壁有轮修痕。口径20、残高7.6厘米（图一五，7）。

瓮　H5：32，夹砂灰陶，侈口，方唇，直腹，唇上饰指压窝状绳纹，颈部有一周附加堆纹，其下饰竖向绳纹。口径38、残高7厘米（图一五，4）。

深腹罐　H5：33，泥质灰陶，侈口，圆唇，近直腹，素面。口径16、残高5.5厘米（图一五，5）。

（四）H6

罐　H6：1，泥质灰陶，侈口，方唇，斜腹，沿内有一周凹槽，唇部饰斜绳纹，颈、腹部饰较规整竖向隔断绳纹。口径24、残高7.2厘米（图一六，8）。

罐　H6：2，泥质灰陶，侈口，方唇，束颈，弧腹，唇部饰一周按压纹，沿内及颈部有轮修痕，腹部饰较规整的竖向粗绳纹。口径18、残高4厘米（图一六，6）。

器耳　H6：3，泥质灰陶，褐胎，桥形耳，器壁较薄，耳上饰竖向粗篮纹，器壁饰斜篮纹。残高6.5、宽0.5厘米（图一六，3）。

罐　H6：4，泥质灰陶，侈口，方唇，束颈，弧腹外张，腹部饰两周窝状纹，器壁显见轮修痕。口径13、残高5.4厘米（图一六，10）。

罐　H6：5，泥质灰陶，侈口，圆唇，素面，颈部、内壁均见轮修抹痕。口径21、残高3.5厘米（图一六，2）。

罐　H6：6，泥质灰陶，侈口，圆唇，素面，内沿及颈部有明显手抹线纹，腹部残留一单钻小孔。口径31、残高5.8厘米（图一六，5）。

钵　H6：7，泥质灰陶，直口，尖唇，折腹，素面。口径20、残高4.5厘米（图一六，4）。

盆　H6：8，泥质灰陶，敞口，圆唇内卷，弧腹内收，内壁饰暗弦纹，外壁素面。口径32、残高3.5厘米（图一六，7）。

罐　H6：9，泥质灰陶，侈口，方唇，直腹，唇外按压窝状纹，内饰斜绳纹，颈部隐见抹断绳纹。口径30、残高4.5厘米（图一六，9）。

瓮　H6：10，夹砂灰陶，敛口，内斜沿，沿外饰两周附加堆纹，上有按压窝状纹，其下有手抹痕。口径36、残高8厘米（图一七，11）。

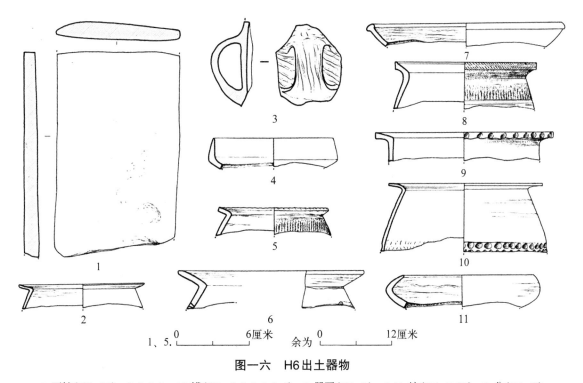

图一六　H6出土器物

1. 石铲（H6：21）　2、5、6、8～10. 罐（H6：5、6、2、1、9、4）　3. 器耳（H6：3）　4、11. 钵（H6：7、11）　7. 盆（H6：8）

钵　H6：11，泥质褐陶，敛口，圆唇，鼓腹下内收，内壁显见泥条盘筑痕，外壁有修整刮削痕。口径22、残高5厘米（图一六，11）。

小罐　H6：12，泥质褐陶，平底，腹微鼓，器壁见修整刮削痕，内壁近底部有泥条盘筑痕。底径5、残高3.5厘米（图一七，4）。

瓮　H6：13，夹砂灰陶，褐胎，敛口，平沿微折，方唇，斜腹，沿上及唇部饰斜篮纹，颈部饰两周附加堆纹，内壁有明显泥条盘筑痕。口径44、残高5.2厘米（图一七，3）。

小罐　H6：14，夹砂褐陶，侈口，圆唇，短束颈，圆鼓腹，器壁较厚，器表有不规整手抹痕迹。口径7、残高5.5厘米（图一七，8）。

器底　H6：15，夹砂灰陶，褐胎，平底内凹，斜腹，器壁饰斜绳纹，较规整。底径22、残高7厘米（图一七，2）。

器底　H6：16，夹砂灰陶，平底，斜腹，器壁饰斜篮纹，近底部有轮修痕，内壁有泥条盘筑痕。底径18、残高3厘米（图一七，9）。

瓮　H6：17，夹砂灰陶，敛口，平沿外斜，近直腹，沿上及唇部饰斜篮纹，外壁饰斜篮纹，内壁

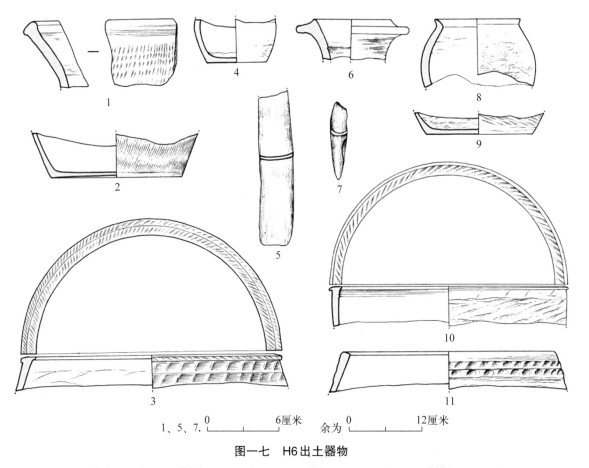

1、5、7 ⊢0━━━6厘米┤　　余为 ⊢0━━━12厘米┤

图一七　H6出土器物

1.盆（H6：18）　2、9.器底（H6：15、16）　3、10、11.瓮（H6：13、17、10）　4、8.小罐（H6：12、14）
5.骨器（H6：20）　6.尖底瓶（H6：22）　7.骨锥（H6：19）

饰数周凹凸弦纹。口径40、残高6.2厘米（图一七，10）。

盆 H6∶18，泥质灰陶，敞口，方唇，斜腹，外壁上部无纹饰，可见明显轮修痕，下部饰较为规整的戳刺纹，内壁有轮修痕。残高5.5、壁厚0.8厘米（图一七，1）。

骨锥 H6∶19，前端较锐，后端弯曲。残长6.3、宽1.5、厚0.25厘米（图一七，7）。

骨器 H6∶20，扁长体，器身较薄。残长12.5、宽2.8、厚0.2厘米（图一七，5）。

石铲 H6∶21，石英岩质，残断仅余中间部分。残长16.7、宽10.2、厚1.3厘米（图一六，1）。

尖底瓶 H6∶22，泥质褐陶，圆唇，敞口，束颈。口径6.5、残高2.7厘米（图一七，6）。

（五）H7

罐 H7∶1，泥质灰陶，圆唇，侈口，斜腹，颈、腹部隐约可见细小篮纹。口径34、残高8厘米（图一八，16）。

器足 H7∶2，泥质灰陶，实心楔形，边缘隆起，隆起部有按压窝状纹，中部凸起一脊。残高11.4、厚2.3厘米（图一八，4）。

罐 H7∶3，泥质褐陶，敞口，圆唇，束颈，唇上饰齿状窝状纹，颈部饰一周附加堆纹，颈下饰竖向篮纹，内颈处有修正刮削痕。口径30、残高6厘米（图一八，5）。

器耳 H7∶4，泥质灰陶，褐胎，桥形耳，器壁隐约可见少许横向篮纹。残高6.5、厚0.7厘米（图一八，8）。

罐 H7∶5，夹砂灰陶，侈口，圆唇，斜腹外张，颈下饰一周附加堆纹，上有按压窝状纹，腹壁饰较为规整的竖向绳纹。口径14、残高5.5厘米（图一八，11）。

器底 H7∶6，夹砂灰陶，平底，弧腹，近底内收，腹壁有明显泥条盘筑痕，且饰斜向绳纹。底径24、残高5.4厘米（图一八，2）。

器底 H7∶7，泥质灰陶，褐胎，平底，斜腹，腹壁饰较粗篮纹，内壁有明显轮修痕。底径18、残高7厘米（图一八，6）。

高领罐 H7∶8，泥质灰陶，敞口，圆唇，领部饰细小刻划纹，内壁有轮修痕。口径26、残高6厘米（图一八，1）。

器耳 H7∶9，泥质灰陶，桥形耳上宽下窄，且饰四条斜篮纹，器壁较薄，上饰斜篮纹。残高8.4、宽0.6厘米（图一八，3）。

器底 H7∶10，夹砂褐陶，平底，腹壁略直，上饰斜交绳纹，内壁有较多泥条盘筑痕。底径19、残高2厘米（图一八，13）。

盆 H7∶11，泥质灰陶，圆唇，侈口，腹略直，颈部上饰两周不同宽度的附加堆纹，腹壁饰竖向篮纹。口径28、残高6.5厘米（图一八，14）。

钵 H7∶12，泥质灰陶，尖圆唇，敞口，弧腹，腹壁有明显修整刮削痕。口径18、残高5厘米（图一八，10）。

罐 H7∶13，夹砂灰陶，敞口，方唇，斜沿，颈部隐约可见泥条盘筑痕。口径22、残高4厘米（图一八，12）。

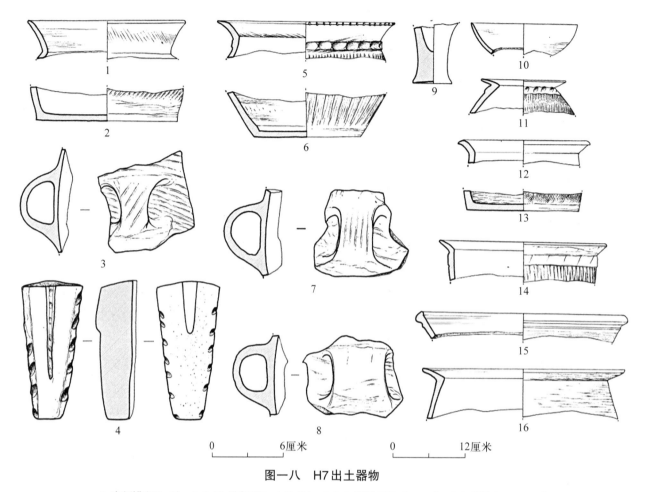

图一八　H7出土器物

1. 高领罐（H7：8）　2、6、13. 器底（H7：6、7、10）　3、7、8. 器耳（H7：9、15、4）　4、9. 器足（H7：2、16）
5、11、12、16. 罐（H7：3、5、13、1）　10. 钵（H7：12）　14、15. 盆（H7：11、14）

盆　H7：14，泥质灰陶，敞口，圆唇，斜沿，腹壁有较乱的暗弦纹，内壁隐约见修整的刮削痕。口径34、残高4.2厘米（图一八，15）。

器耳　H7：15，泥质灰陶，桥形耳，器壁较多手抹修整痕，耳上隐约有竖向篮纹。残高7、厚0.5厘米（图一八，7）。

器足　H7：16，泥质灰陶，空心，足底微凹，素面。残高5、厚0.7厘米（图一八，9）。

三、结　语

连家庄遗址遗迹单一，仅灰坑一种，且各遗迹间并无直接地层关系。遗址所出陶器均以灰陶、褐陶居多，尤以泥质灰陶所见最多；器物装饰以绳纹、篮纹和附加堆纹最常见，部分器物口沿为花边；以各式罐、瓮为主要器物，少量为钵、盆、豆、尖底瓶等。其中瓮、罐类器物大致可分为两类，一类多尖唇、折沿较宽，口部通常无装饰；一类则以口沿唇部按压花边的形制特征较突出。后者这类宽折沿、方唇按压花边、颈部施数周附加堆纹的夹砂罐在附近的武乡东村遗址出土较多，如H114：28、H117：24[①]等；另外，长治小神遗址的夹砂罐如H43：4、H43：13等也见有方唇、唇上压楔点纹样式[②]，与连家庄夹砂罐H5：23、H6：1类似。器耳主要出土于H5、H6、H7三个单位，特征较一致：以泥质灰陶为主，少量为泥质褐陶，均为桥形耳，耳部多施竖篮纹，器身部分则见横篮纹。这种形制在清徐都沟遗址[③]中可见同类器，晋北大咀遗址[④]也见有一件相似的器耳。连家庄遗址所见钵、盆较少。其中H6：7折腹钵和H6：11敛口钵与清徐都沟出土陶钵形制相近[⑤]，H7：12的尖圆唇、敞口、弧腹钵则广泛见于晋中、晋南临汾盆地、运城盆地等地区。盆则均为圆唇、敛口、弧腹，少量带双錾。另外，H7还出有一件疑似鼎足的残件。综上分析，连家庄遗址夹砂罐多花边口、器表饰绳纹及多周附加堆纹，泥质盆器表多饰横篮纹的特征，显示其相对年代为庙底沟二期偏早阶段，部分单位如H6仍保留有仰韶晚期遗存，如退化的单唇口尖底瓶。

连家庄遗址所见陶器面貌较复杂，其主体是与东村、小神等相同的带花边口沿的夹砂罐、瓮类遗存，属于晋东南庙底沟二期常见器类，但不见晋西南地区的斝、釜灶类陶器。此外，部分单位及器类特征体现出与周边文化的互动交流。例如，H2、H4与垣曲盆地遗存较为相似，如高领罐H2：9、瓮H2：10、夹砂罐H4：3等均可在上亳遗址[⑥]中找到同类器，深腹盆H4：6与古城东关Ⅲ H11：17[⑦]近似。H5、H6等单位则有部分晋中地区因素，如敛口钵H6：11与都沟T421②：2[⑧]相似，小罐H6：14同定襄青石H153：16[⑨]相近，桥形耳也常见于同期晋中地区。连家庄遗址与东村遗址同属晋东南地区偏北部，地理位置相近，文化特征也较相似，兼具南北地区因素的同时，又有自身特色[⑩]。连家庄遗址的此次发掘与收获为进一步明晰同时期晋东南地区文化特征，探讨晋东南与晋西南、晋中等地区的互动交流提供了新资料。

---

① 山西省考古研究所：《武乡东村新石器时代遗址发掘简报》，《三晋考古（第四辑）》，上海古籍出版社，2012年，第1—35页。

② 山西省考古研究所晋东南工作站：《长治小常乡小神遗址》，《考古学报》1996年第1期。

③ 山西省考古研究所、清徐县文物事业管理所：《清徐都沟遗址发掘简报》，《三晋考古（第三辑）》，山西人民出版社，2006年，第31、46页。

④ 北京大学考古系、雁北地区文物工作站、偏关县博物馆：《山西大同及偏关县新石器时代遗址调查简报》，《考古》1994年第12期。

⑤ 山西省考古研究所、清徐县文物事业管理所：《清徐都沟遗址发掘简报》，《三晋考古（第三辑）》，山西人民出版社，2006年，第45页。

⑥ 山西省考古研究所编：《垣曲上亳》，科学出版社，2010年，第144—151页。

⑦ 中国历史博物馆考古部、山西省考古研究所、垣曲县博物馆：《垣曲古城东关》，科学出版社，2001年，第210页。

⑧ 山西省考古研究所、清徐县文物事业管理所：《清徐都沟遗址发掘简报》，《三晋考古（第三辑）》，山西人民出版社，2006年，第45页。

⑨ 山西省考古研究所、忻州市文物管理处：《忻阜高速公路考古发掘报告》，上海古籍出版社，2012年，第28页。

⑩ 山西省考古研究所：《武乡东村新石器时代遗址发掘简报》，《三晋考古（第四辑）》，上海古籍出版社，2012年，第29页。

第二部分

墓　葬

　　黎霍高速沿线涉及的南池墓地、姚头墓地属长治市沁县,新章墓地属长治市沁源县。

　　沁县的概况可见本书文前的介绍。

　　沁源县位于山西省中南部,太岳山东麓,长治市西北部,东邻沁县,南接屯留区、安泽县、古县,西连灵石县、霍州市,北靠平遥县、介休市,是晋东南、晋南、晋中交汇之地。沁源县境属黄土高原区,地理单元属沁水盆地西部隆起区太岳山系主脉,西北隆起,东南倾低,平均海拔1 400米,最高处2 523米。境内有沁河、汾河两大水系,年均降水量656.7毫米,是山西相对富水区。沁源县介于东经111°58′30″—112°32′30″,北纬36°20′20″—37°00′42″之间,属暖温带大陆性季风气候区,气候温和,空气湿润。全县东西宽45千米,南北长74千米,总面积2 549平方千米。沁源县,北魏建义元年(528年)置,为义宁郡治。《元和志》卷一三载:“因沁水为名。”隋开皇十六年(596年)为沁州治,大业初属上党郡。唐复为沁州治。北宋属威胜军。金初属沁州,元光二年(1223年)升为谷州。元复为沁源县,仍属沁州。民国初属山西冀宁道。1930年直属山西省。

第一章　南池墓地

　　南池墓地位于长治市沁县新店镇南池村。根据墓葬分布范围,现将发掘区分为Ⅰ、Ⅱ、Ⅲ、Ⅳ、Ⅴ区,其中Ⅰ区位于发掘区最东部,分布有11座墓葬,编号为ⅠM1—ⅠM11。Ⅱ区位于发掘区东部,Ⅰ区以西,分布有16座墓葬,编号为ⅡM1—ⅡM16。Ⅲ区位于发掘区北部,分布有24座墓葬,编号为ⅢM1—ⅢM24。另有明堂1座,编号为ⅢMT明堂。Ⅳ区位于发掘区西部,分布有1座墓葬,编号为ⅣM1。Ⅴ区位于发掘区西南部,分布有15座墓葬,编号为ⅤM1—ⅤM15(图版五,1)。

　　该墓地发掘有67座墓葬和1座明堂,方向在14°至217°之间,Ⅰ区和Ⅱ区基本为坐西朝东,Ⅲ区和Ⅴ区基本为坐南朝北,有单人葬、双人葬和多人葬,墓葬形制有斜坡墓道砖室墓和竖井墓道土洞墓。Ⅳ区唯一的墓为迁葬墓。无人骨、葬具。整个墓区随葬器物有陶、瓷、铜、玉、石、银、骨等质地。陶器有陶罐、陶钵等,瓷器有瓷罐、瓷盏、瓷碗、瓷钵、瓷杯等,铜器有铜簪、铜帽顶、铜烟袋、铜纽扣、铜镯等,玉器有玉纽扣、玉料珠、玛瑙饰品等,骨器有骨纽扣等。

第一节　Ⅰ　　区

一、ⅠM1

1. 墓葬位置

位于Ⅰ区的西南部,北邻ⅠM2,西邻Ⅱ,东邻ⅠM4,方向为92°。

2. 墓葬形制与结构

斜坡墓道砖室墓,由墓道、甬道、墓门、墓室四部分组成(图二〇;图版五,2)。

　　墓道平面呈梯形,上口长3、宽0.84—1.42、深0.3米,墓道底长0.82、宽0.84—1.42米,距现地表3米。墓道有7节台阶,斜收至墓底。甬道长0.46、高1.8米。墓门为砖雕仿门楼建筑、门为长方形板门、门扇中间有两环形铺首,铺首中间有一横杆相连。门扇外设门框,上书楷体对联一副,上联书:"别有天地非人间",下联书:"不作风波于世上",横批书:"千秋安宅",横批之上施彩绘,中间绘"寿"字纹,两侧绘一周花卉草叶纹、门框之上设普柏枋,枋间中心绘花卉纹饰,两侧绘太极八卦图,枋上用花卉纹彩绘和朱书诗句相间装饰。枋上施柱头铺作两朵,为两跳三铺作。斗拱之间为门楣,上绘一牌匾,书楷体"佳城"。墓门宽1.42、高2.2米,距现地表1.9米(图一九;图版六）。墓室建于竖穴土圹之内,位于甬道西端,平面呈长方形,四壁用长0.32、宽0.14、厚0.06米砖平铺砌垒而成,拱形券顶,墓底铺砖一层。墓室南、北、西、三壁中部各建有一宽0.3、进深0.3、高0.3米的壁龛。墓底长2.7、宽2.6、高2米,距现地表3米。

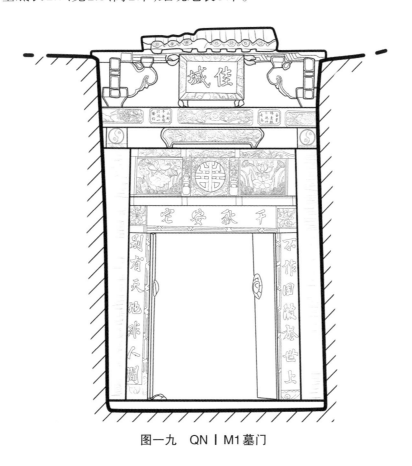

图一九　QNⅠM1墓门

3. 葬具、葬式

葬具为木棺两具,腐朽严重,东西向置于墓室正中,平面呈长方形,北侧棺长1.8、宽0.54—0.36米,南侧棺长1.84、宽0.6—0.36米。

发现有两具人骨,骨架保存较为完整。均头向西,面向上,葬式为仰身直肢,双臂置于身体两侧。

北侧墓主为51—60岁的男性,南侧墓主为40—44岁的女性。

4. 随葬器物

随葬器物共17件/组。包括瓷罐3件、瓷盏1件、银簪1组3件、银戒指1件、铜帽顶1组2件、银耳勺1件、铁斧1件、铁门闩1件、符瓦2件、符砖3件和铜钱2组18枚。3件瓷罐分别置于南北壁的壁龛和北侧棺内人骨两腿之间,南侧棺内墓主头骨西侧有银簪和银耳勺,左手处有银戒指,人骨北侧有1组铜钱,腿骨东侧置1件符瓦,北侧棺内墓主头骨南侧有1组铜帽顶,棺内南部中间

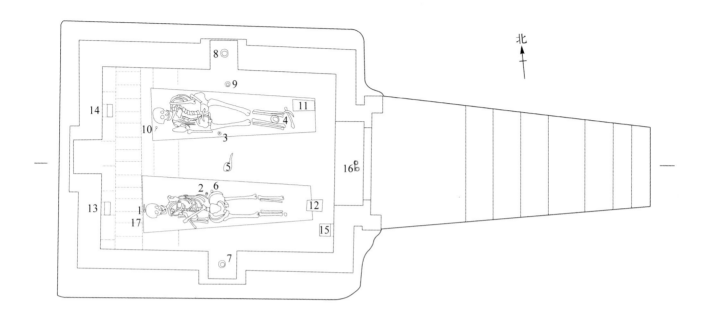

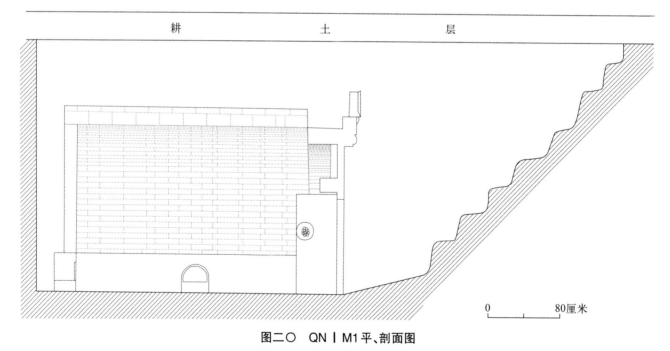

图二〇 QN Ⅰ M1平、剖面图

1. 银簪 2、3. 铜钱 4、7、8. 瓷罐 5. 铁斧 6. 银戒指 9. 瓷盏 10. 铜帽顶 11、12. 符瓦 13～15. 符砖 16. 铁门闩 17. 银耳勺

有1组铜钱,东北角置1件符瓦,北侧棺外北侧有1件瓷盏,两棺之间有1件铁斧,墓室西壁的南、北部和东壁的南部边各置1件符砖,墓门处有1件铁门闩。

（1）瓷器

瓷罐,3件。

标本Ⅰ M1：4,完整,直口,圆唇,深弧腹,圈足。通体施黑褐釉,腹部底端、足部无釉,内施满釉,内壁可见粗糙的轮制线痕。口径8.25、腹径9.3、底径6.7、高12.3厘米（图二一,18;图版七,4）。

标本Ⅰ M1：7,口残,直口,圆唇,短粗颈,鼓腹,上腹部有两环形耳,圈足。灰胎,上腹部以上施褐釉,口部、下腹部、足部无釉,内施满釉。通体施数周浅凸弦纹,内壁下腹部可见泥条盘筑痕迹。口径7.7、腹径10、底径6.2、高7.1厘米（图二一,7;图版七,7）。

标本Ⅰ M1：8,直口,圆唇,鼓腹,圈足。灰胎,上腹部施黑釉,口部、下腹部、足部无釉,内施满釉,外壁下腹部可见两周轮制线痕。口径4.8、腹径7.5、底径4.2、高5.5厘米（图二一,1;图版七,8）。

瓷盏,1件。

标本Ⅰ M1：9,完整,侈口,斜弧腹,圈足,内足部有一圈凹弦纹,底心微凸。灰胎,口部、腹部施白釉,足部、腹部近底处无釉,内部满施白釉。口径7.3、底径4、高3厘米（图二一,2;图版八,1）。

（2）铜、银、铁器

银簪,1组3件。

标本Ⅰ M1：1-1,银簪,锈残,簪首残断为近三角形,向上弯折,簪体扁平呈细长条状,簪尾较圆钝,素面。通长11.8、宽0.3—0.7厘米（图二一,6;图版七,1）。

标本Ⅰ M1：1-2,银簪,残断成两截,簪首向下弯曲,左右折叠成5层,簪首錾刻花草纹,簪体扁平呈细长条状,簪尾较圆钝。通长13.8、宽0.4—0.8厘米（图二一,12;图版七,1）。

标本Ⅰ M1：1-3,银簪花,锈残,正面呈坐佛状,佛面相祥和,双手合十,坐于莲花之中,佛表面鎏金。高4.7、宽3.2厘米（图二一,13;图版七,1）。

铜钱,2组18枚。

标本Ⅰ M1：2,完整,多锈蚀严重,已经锈结在一起,字迹不清。可辨识者有乾隆通宝9枚（M1：2-1）,方穿,有内外廓,外廓较厚,正面楷书"乾隆通宝",直读,背书满文"宝源",4枚直径2.3、孔径0.6厘米,2枚直径2.5、孔径0.7厘米（图二一,11;图版七,2）。嘉庆通宝1枚（M1：2-2）,方穿,有内外廓,外廓较厚,正面楷书"嘉庆通宝",直读,背书满文"宝晋",直径2.5、孔径0.6厘米（图二一,8;图版七,2）。皇宋元宝1枚（M1：2-3）,方穿,有内外廓,外廓较厚,正面篆书"皇宋元宝",旋读,背面光素,直径2.5、孔径0.65厘米（图二一,10;图版七,2）。

标本Ⅰ M1：3,完整,多锈蚀严重,字迹不清。可辨识者有乾隆通宝6枚（Ⅰ M1：3-1）,方穿,有内外廓,外廓较厚,正面楷书"乾隆通宝",直读,背书满文"宝泉",4枚直径2.2、孔径0.65厘米,2枚直径2.4、孔径0.7厘米（图二一,9;图版七,3）。道光通宝1枚（Ⅰ M1：3-2）,方穿,有内外廓,外廓较厚,正面楷书"道光通宝",直读,背书满文"宝泉",直径2.2、孔径0.7厘米（图二一,15;图版七,3）。

银戒指,1件。标本Ⅰ M1：6,锈蚀,整体为圆环形,未闭合,戒指头饰两周凹弦纹。直径2.3、宽0.5厘米（图二一,14;图版七,6）。

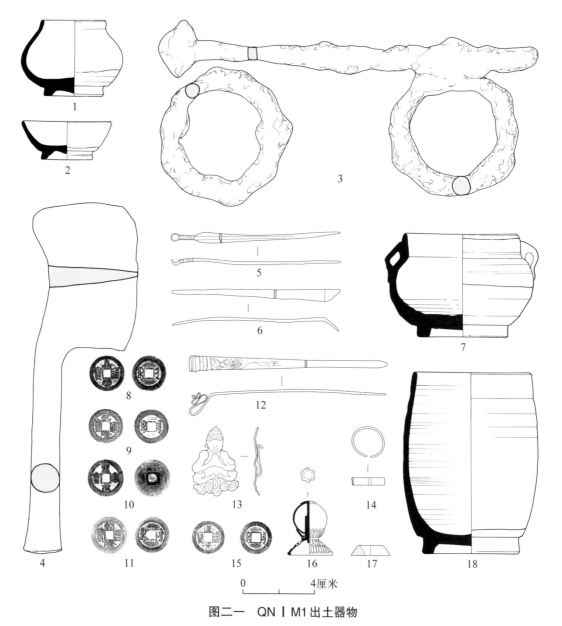

图二一　QN Ⅰ M1出土器物

1、7、18.瓷罐（Ⅰ M1：8、7、4）　2.瓷盏（Ⅰ M1：9）　3.铁门闩（Ⅰ M1：16）　4.铁斧（Ⅰ M1：5）　5.银耳勺（Ⅰ M1：17）
6、12.银簪（Ⅰ M1：1-1、1-2）　8、9、10、11、15.铜钱（Ⅰ M1：2-2、3-1、2-3、2-1、3-2）　13.银簪花（Ⅰ M1：1-3）
14.银戒指（Ⅰ M1：6）　16.铜帽顶（Ⅰ M1：10-1）　17.铜帽顶垫片（Ⅰ M1：10-2）

铜帽顶，1组2件。

标本Ⅰ M1：10-1，锈蚀严重，由帽顶珠、铜座组成，帽珠呈空心球状，底座为倒莲花状，球体上部用梅花铆钉铆制，下部有莲花敦包嵌。铜座呈圆台状，外圈饰数周莲花瓣纹，之间有一周三角形镂孔。帽顶珠直径2.7、底座直径3.1、通高3.7厘米（图二一，16；图版八，2）。

标本Ⅰ M1：10-2，圆形垫片，中空，内凹，底部平整，宽1.7—2.7、高0.7厘米（图二一，17；图版八，2）。

银耳勺,1件。标本 I M1:17,锈蚀严重,勺首呈勺状,勺身呈柳叶状,勺尾较尖细,勺身近首部有数圈凹弦纹。通长11.8厘米(图二一,5;图版八,6)。

铁斧,1件。标本 I M1:5,锈残,斧柄为圆柱形,斧柄和斧刃的连接部分为直棱柱形。斧刃呈长方形,刃的弧度较小。通长23.8、斧柄直径2、斧刃厚1.4—0.5、宽7厘米(图二一,4;图版七,5)。

铁门闩,1组2件。标本 I M1:16,锈残,分为两部分,一部分为门闩连接着圆形门环,另一部分为单独的圆形门环,腐蚀严重。门闩通长26.4、门环直径8.9—9.2厘米(图二一,3;图版八,5)。

（3）符瓦

符瓦,2件。

标本 I M1:11,完整,泥质灰陶,板瓦,横截面呈弧形,长22.5、上宽13.3、下宽14.5、厚4厘米。背部墨书"千年大吉"(图二二,1;图版八,3)。

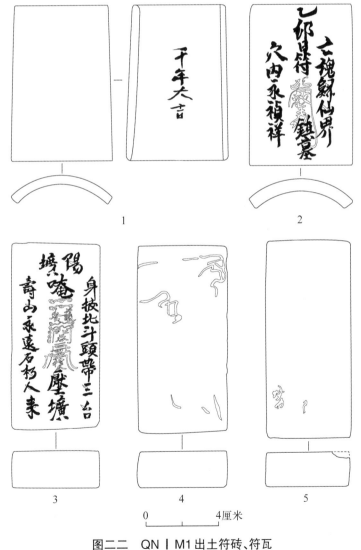

图二二　QN I M1 出土符砖、符瓦

1、2.符瓦(I M1:11、12)　3～5.符砖(I M1:13-15)

标本Ⅰ M1：12，完整，泥质灰陶，板瓦，横截面呈弧形，长22.5、上宽15、下宽14、厚3.8厘米。正面上部墨书"乙卯日符"，正中朱砂绘符，符箓两侧墨书"亡魂归仙界，穴内永祯祥"，下部墨书"镇墓"（图二二，2；图版八，4）。

符砖，3件。

标本Ⅰ M1：13，完整，泥质灰陶，长方形，长26.8、宽13、厚5.5厘米。正面上部墨书"阳圹""唵"，中部朱砂绘符，符箓两侧墨书"身披北斗头带三台，寿山永远石朽人来"，下部墨书"压圹"（图二二，3）。

标本Ⅰ M1：14，完整，泥质灰陶，长方形，长26.5、宽13、厚5.3厘米。正面朱砂绘写，内容漫漶不清（图二二，4）。

标本Ⅰ M1：15，完整，泥质灰陶，长方形，长26.7、宽13、厚5厘米。正面朱砂绘写，内容漫漶不清（图二二，5）。

二、Ⅰ M2

1. 墓葬位置

位于Ⅰ区的中部，北邻Ⅰ M3，南邻Ⅰ M1，东邻Ⅰ M7，方向为66°。

2. 墓葬形制与结构

竖井墓道砖室墓，由墓道、封门、甬道、墓室四部分组成（图二三；图版九，1）。

墓道平面呈梯形，上口长2.6、宽0.7—1.44、深0.3米，墓道底长1.2、宽0.7—1.44米，距现地表2.8米。甬道为青砖砌筑，拱形顶，长0.52、宽1.4、高1.3米。封门采用青砖砌筑（图版九，2）。墓室平面呈长方形，为砖室结构，拱形顶，长2.74、宽2.86、高1.96米，距现地表2.86米。墓底铺砖一层。墓室南北两壁各有一壁龛，平面呈方形，拱形顶，长0.62、宽0.48、高0.34米。

3. 葬具、葬式

葬具为木棺两具，已朽，置于墓室正中，平面呈长方形，西北棺长1.72、宽0.3—0.5米，挡板长0.3、宽0.4米，东南棺长2、宽0.46—0.58米。

发现人骨两具，骨架保存较为完整，头向西，面向北，有轻微扰乱，葬式均为仰身直肢。

北侧墓主为50—59岁的男性，南侧墓主为50—59岁的女性。

4. 随葬器物

随葬器物共11件/组。包括瓷罐1件、瓷盏1件、铜帽顶1组2件、银发饰1组3件、银戒指1组2件、银耳饰1件、铜纽扣1组3枚、符瓦2件、铜钱1组9枚和石环1件。瓷罐和瓷盏位于墓室北壁边，铜帽顶位于北侧棺内墓主头顶，北侧棺内东北角置1件符瓦，南侧棺内墓主头顶有1组银发饰，头骨南侧有1件银耳饰，胸部有3枚铜纽扣，手臂处有1组铜钱和2枚银戒指，盆骨左侧有1件石环，棺外东侧置1件符瓦。

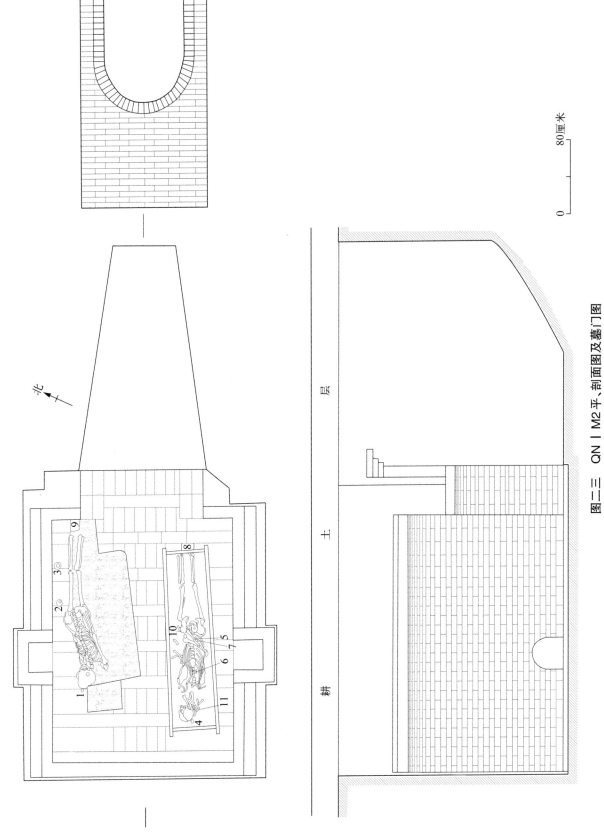

图二三　QN Ⅰ M2平、剖面图及墓门图

1. 铜帽顶　2. 瓷罐　3. 瓷盏　4. 银发饰　5. 铜钱　6. 铜纽扣　7. 银戒指　8、9. 符瓦　10. 石环　11. 银耳饰

（1）瓷器

瓷罐，1件。标本ⅠM2：2，完整，直口，圆唇，深直腹，圈足，外底心微凸。灰胎，胎质略粗，内施满釉，外壁施釉至下腹部，黑釉，釉面光亮，内壁可见数周瓦棱纹。口径7.7、腹径8.4、底径5.7、高13.4厘米（图二四，1）。

瓷盏，1件。标本ⅠM2：3，口残，侈口，斜弧腹，圈足，外底心微凸。灰胎，胎质略粗，外壁施釉至下腹部，内施满白釉。口径8.1、底径4.2、高3.5厘米（图二四，17；图版一〇，2）。

（2）铜、银器

铜帽顶，1组2件。

标本ⅠM2：1-1，由帽顶珠、连接轴组成。锈蚀严重，帽顶珠呈实心球状，顶部用梅花铆钉铆制，下有仰莲形墩包嵌，底座呈倒莲花状，上部与底座有铤连接。连接轴顶端施有螺旋纹。球径2.4、通高6.5、宽3.4厘米（图二四，15；图版一〇，1）。

标本ⅠM2：1-2，圆形垫片，中空，内凹，底部平整，外径2.6，内径1.1厘米（图二四，12；图版一〇，1）。

银发饰，1组3件。

标本ⅠM2：4-1，银簪，素面，簪体纤细，簪首雕蝙蝠纹样，下连接双鸟回首形饰件，下坠3条环环相扣的链条，中间链条下连接花瓣形饰件。通长7.1、坠链残长4.5厘米（图二四，2；图版一〇，3）。

标本ⅠM2：4-2，银扁方，残断，簪首向下弯曲，左右折叠成4层，器身扁平呈长条状，錾刻云气纹。残长7、宽0.6—0.8厘米（图二四，6；图版一〇，3）。

标本ⅠM2：4-3，银簪，整体呈细长形弯弧状，素面，簪体纤细。残长5.6厘米（图二四，7；图版一〇，3）。

铜纽扣，1组3枚。

标本ⅠM2：6，形状一致，大小不一，完整，整体呈空心球状，扣体上铸有一环形纽，环形纽下接一细圆环，大的通高1.5、扣直径0.7厘米，小的通高1.3、扣直径0.9厘米（图二四，13；图版一〇，5）。

银戒指，1组2件。

标本ⅠM2：7-1，完整，圆环状未闭合，戒指头部有一道凹弦纹，直径2、戒指头宽0.7厘米（图二四，8；图版一〇，6）。

标本ⅠM2：7-2，完整，圆环状未闭合，戒指头部有四道凹弦纹，直径2.2、戒指头宽0.8厘米（图二四，9；图版一〇，6）。

银耳饰，1件。标本ⅠM2：11，完整，环身呈"s"形，下接耳坠，耳坠表面雕刻花卉和叶片形纹饰。通长4.5、耳坠长1.8厘米（图二四，11；图版一〇，8）。

铜钱，1组。标本ⅠM2：5，完整，多锈蚀严重，字迹不清。可辨者有9枚乾隆通宝，方穿，有内外廓，外廓较厚，正面楷书"乾隆通宝"，直读，背书满文"宝泉"（ⅠM2：5-1），4枚直径2.2、孔径0.6厘米；2枚直径2.4、孔径0.7厘米（图二四，3；图版一〇，4）；3枚背书满文"宝源"（ⅠM2：5-2），

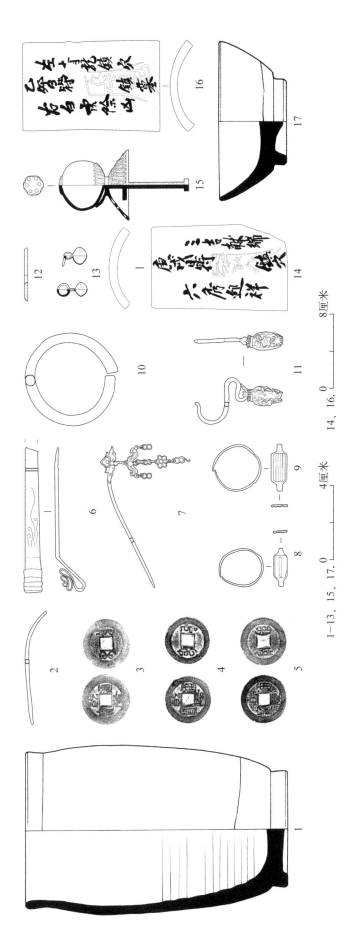

图二四　QN I M2 出土器物

1. 瓷罐（ I M2：2）　2，6，7. 银发饰（ I M2：4-1，4-2，4-3）　3～5. 铜钱（ I M2：5-1，5-2，5-3）　8，9. 银戒指（ I M2：7-1，7-2）
10. 石环（ I M2：10）　11. 银耳饰（ I M2：11）　12，15. 铜帽顶（ I M2：6）　13. 铜纽扣（ I M2：1-2，1-1）　14，16. 符瓦（ I M2：8，9）
17. 瓷盏（ I M2：3）

直径2.3、孔径0.6厘米（图二四,4。图版一〇,4）。1枚嘉庆通宝（ⅠM2∶5-3）,方穿,有内外廓,外廓较厚,正面楷书"嘉庆通宝",直读,背书满文"宝泉",直径2.3、孔径0.63厘米（图二四,5;图版一〇,4）。

（3）符瓦

符瓦,2件。

标本ⅠM2∶8,残,泥质灰陶,板瓦,横截面呈弧形,长22.5、上宽12.8、下宽11、厚3.2厘米。正面上部墨书"庚戌日符",正中朱砂绘符,符箓两侧墨书"三吉献瑞,六秀迎祥",下部墨书"镇穴"（图二四,14）。

标本ⅠM2∶9,残,泥质灰陶,板瓦,横截面呈弧形,长22、上宽14、下宽13.5、厚4厘米。正面上部墨书"乙卯日符",正中朱砂绘符,符箓两侧墨书"左青龙镇穴,右白虎除凶",下部墨书"镇墓"（图二四,16）。

（4）石器

石环,1件。标本ⅠM2∶10,完整,圆环未闭合,表面光滑,素面,呈墨绿色。内径3.6、外径4.6厘米（图二四,10;图版一〇,7）。

三、ⅠM3

1. 墓葬位置

位于Ⅰ区的中北部,北邻ⅠM8,南邻ⅠM2,东邻ⅠM11,方向为92°。

2. 墓葬形制与结构

竖井墓道土洞墓,由墓道、墓室两部分组成（图二五;图版一一,1）。

墓道平面呈长方形,上口长2.3、宽0.68、深0.3米,墓道底长2.3、宽0.68米,距现地表2.5米。

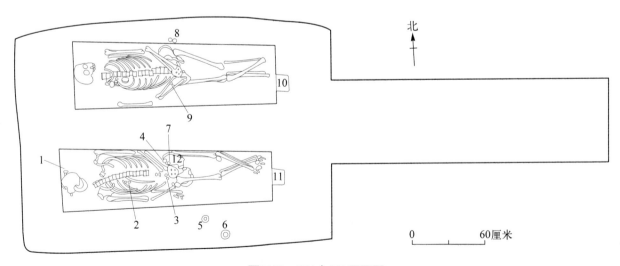

图二五　QNⅠM3平面图

1.银发饰　2.玉纽扣　3、9.铜纽扣　4、8.铜钱　5.瓷盏　6.瓷罐　7.银戒指　10、11.符瓦　12.铜顶针墓室为土洞,位于墓道西端,平面呈长方形,墓室上部塌陷严重,初步判断为拱形顶,墓室底部较平整,长2.6、宽1.86、高1.26米,距现地表2.5米。

3. 葬具、葬式

墓室内有棺木两具,已朽,东西向置于墓室正中,北棺长1.78、宽0.4—0.5米,南棺长1.5、宽0.5—0.54米。

发现人骨两具,保存情况较好。头向西,面向上,仰身直肢,双手置于腹部,两具人骨均小腿交叉。

北侧墓主为40—44岁的男性,南侧墓主为45—50岁的女性。

4. 随葬器物

随葬器物共12件/组。包括瓷盏1件、瓷罐1件、银发饰1组2件、铜纽扣2组20枚、银戒指1组3件、铜顶针1件、符瓦2件、铜钱2组11枚、玉纽扣1组4枚。两具木棺东侧中间各置1件符瓦,北侧棺内人骨左侧有1组铜钱,盆骨处有1组铜纽扣,南侧棺内人骨头顶有1组银发饰,人骨左臂南侧有1组铜钱,胸部和腹部有玉纽扣和铜纽扣各1组,左手处有2枚银戒指和1件铜顶针,腿部南侧有1件瓷盏和1件瓷罐。

（1）瓷器

瓷盏,1件,标本 I M3∶5,完整,侈口,斜直腹,平底。灰胎,胎质较粗,口部、内壁施褐釉。口径4.1、底径2.2、高1.6厘米（图二七,11;图版一二,1）。

瓷罐,1件,标本 I M3∶6,完整,直口,圆唇,深弧腹,圈足。灰胎,胎质略粗,内施满釉,外壁施釉至下腹部,黑褐釉,釉面光亮。口径7.1、腹径9.2、底径6.3、高12.3厘米（图二六,1;图版一二,3）。

（2）铜、银器

银发饰,1组2件。

标本 I M3∶1-1,银扁方,完整,簪首向下弯曲,左右折叠成5层,簪体扁平呈细长条状,簪尾较圆钝,簪身錾刻花草纹。通长15.5、宽0.6—1厘米（图二六,4;图版一一,2）。

标本 I M3∶1-2,银簪,完整,素面,簪首向上弯曲呈勺状,簪体扁平呈细长条状,簪尾较圆钝。通长13.2、宽0.4—1厘米（图二六,5;图版一一,2）。

铜纽扣,2组20枚。

标本 I M3∶3-1,1组9枚,完整,形制相同,扣体呈球状,中空,扣体下部铸有一圆环,圆环下连接一个细圆环。通高2、扣直径1厘米（图二七,5;图版一一,4）。

标本 I M3∶3-2,1组2枚,完整,形制相同,扣体呈球状,中空,扣体下部铸有一圆环,圆环下连接一个细圆环。通高1.7、扣直径1厘米（图二七,6;图版一一,4）。

标本 I M3∶9-1,1组7枚,完整,形制大致相同,整体呈球状,中空,扣体下部铸有一环形纽,环形纽连接一细圆环。通高2、扣直径1厘米（图二七,1）。

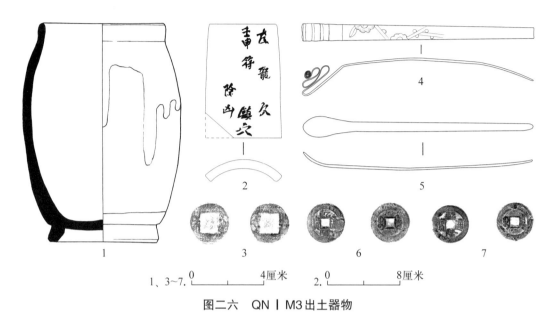

图二六　QN Ⅰ M3出土器物

1.瓷罐（Ⅰ M3：6）　2.符瓦（Ⅰ M3：10）　3、6、7.铜钱（Ⅰ M3：4-2、4-1、8）　4、5.银发饰（Ⅰ M3：1-1、1-2）

标本 Ⅰ M3：9-2，1组2枚，完整，扣体呈球状，扣体上铸有一环形纽，表面铸有绣球纹。通高1.8、扣直径1.3厘米（图二七，2）。

银戒指，1组3件。

标本 Ⅰ M3：7-1，完整，器表镀一层金，圆环状闭合，戒指头部镶嵌"二龙戏珠"纹饰。直径2.2、戒指头宽0.5厘米（图二七，7；图版一二，2）。

标本 Ⅰ M3：7-2，完整，圆环状未闭合，戒指头部有三道凹弦纹。直径2.2、戒指头宽0.7厘米（图二七，8；图版一二，2）。

标本 Ⅰ M3：7-3，完整，圆环状未闭合，戒指头部有三道凹弦纹。直径2、戒指头宽0.9厘米（图二七，9；图版一二，2）。

铜顶针，1件。标本 Ⅰ M3：12，完整，呈椭圆形，展开呈扁长条状，外壁铸有数个小圆形窝点。直径1.7、宽0.8厘米（图二七，4）。

铜钱，2组11枚。

标本 Ⅰ M3：4，1组8枚。6枚完整，2枚残损。乾隆通宝5枚（Ⅰ M3：4-1），方穿，有内外廓，外廓较厚，正面楷书"乾隆通宝"，直读，背书满文"宝泉"，直径2.4、孔径0.6厘米（图二六，6；图版一一，5）。剪轮五铢1枚（Ⅰ M3：4-2），外廓被剪去，方穿，正面无内廓背面有，面文篆体"五铢"，直径1.6、孔径0.9厘米（图二六，3；图版一一，5）。

标本 Ⅰ M3：8，1组3枚。1枚锈蚀不清，其余2枚均为乾隆通宝，方穿，有内外廓，外廓较厚，正面楷书"乾隆通宝"，直读，背书满文"宝泉"，直径2.3、孔径0.6厘米（图二六，7）。

（3）玉器

玉纽扣，1组4枚。标本 Ⅰ M3：2，完整，形制大小一致，整体呈球状，球状下部有一小孔，通高

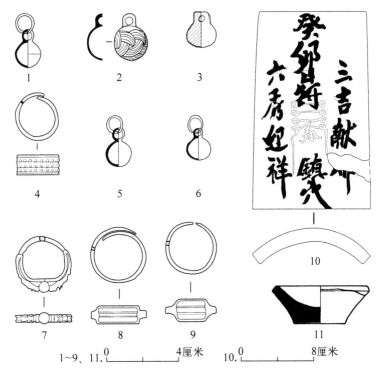

图二七　QN Ⅰ M3 出土器物

1、2、5、6. 铜纽扣（Ⅰ M3∶9-1、9-2、3-1、3-2）　3. 玉纽扣（Ⅰ M3∶2）　4. 铜顶针（Ⅰ M3∶12）
7～9. 银戒指（Ⅰ M3∶7-1、7-2、7-3）　10. 符瓦（Ⅰ M3∶11）　11. 瓷盏（Ⅰ M3∶5）

1.4、扣直径1.2厘米（图二七,3；图版一一,3）。

（4）符瓦

符瓦,2件。

标本Ⅰ M3∶11,残,泥质灰陶,板瓦,横截面呈弧形,长22.7、上宽12.8、下宽14.5、厚3.8厘米。正面上部墨书"癸卯日符",正中朱砂绘符,符箓两侧墨书"三吉献瑞,六秀迎祥",下部墨书"镇穴"（图二七,10；图版一二,4）。

标本Ⅰ M3∶10,残,泥质灰陶,板瓦,横截面呈弧形,长22.5、上宽15、下宽13.5、厚3.5厘米。正面上部墨书推测为"壬申日符",正中朱砂绘符,已模糊不清,符箓两侧墨书,左侧字迹不清,推测为"左青龙镇穴,右白虎除凶",下部墨书"镇穴"（图二六,2）。

四、Ⅰ M4

1. 墓葬位置

位于Ⅰ区的南部,北邻Ⅰ M7,东邻Ⅰ M5,西邻Ⅰ M1,方向为75°。

2. 墓葬形制与结构

竖井墓道土洞墓,由墓道、墓室两部分组成（图二八）。

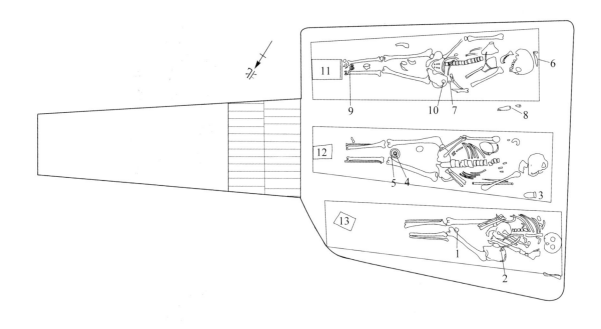

耕　　扰　　层

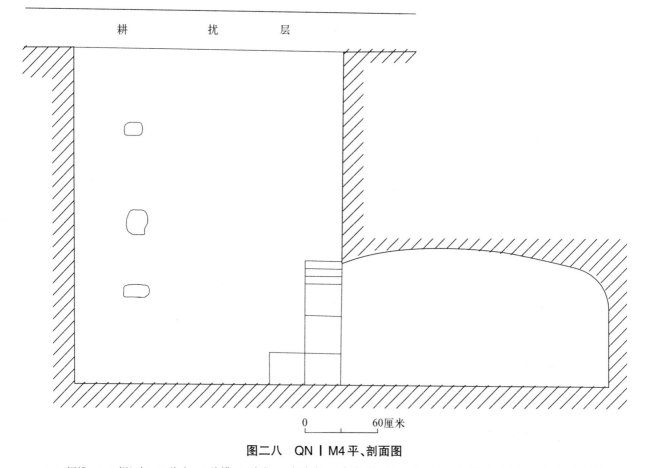

0　　　　　60厘米

图二八　QN Ⅰ M4平、剖面图

1、9.铜钱　2、7.铜纽扣　3.瓷壶　4.瓷罐　5.瓷盏　6.银扁方　8.铜烟袋　10.戒指　11～13.符瓦　14.玉纽扣　15.银耳环

墓道平面呈梯形,上口长2.2、宽0.5—0.8、深0.3米,墓道底长2.2、宽0.5—0.8米,距现地表3米。墓道东壁有3处脚窝。墓室口有数块封门石。墓室为土洞,位于墓道西端,平面呈梯形,四壁平整,拱形顶,墓底平坦。墓底长2.2、宽1.78—2.24、高1.12米,距现地表3米(图版一二,5)。

3. 葬具、葬式

发现木棺三具,东西向置于墓室正中,已朽,平面呈长方形,东南棺长1.88、宽0.48—0.7米,中间棺长2、宽0.4—0.56米,西北棺长2、宽0.4—0.74米。

发现三具人骨,保存情况较完整,均头向西,葬式均为仰身直肢,双手置于腹部。

北侧墓主为30—34岁的女性,中间墓主为50—60岁的男性,南侧墓主为29—30岁的女性。

4. 随葬器物

随葬器物共15件/组。包括瓷壶、瓷罐、瓷盏各1件,铜纽扣2组10枚,铜、银、铁戒指各1件,银扁方1件、铜烟袋1组3件、银耳环1件、符瓦3件、玉纽扣1组2枚,铜钱2组,因锈蚀严重数量不详,可确认不少于6枚。三具棺南侧各置1件符瓦,北侧棺内人骨膝盖处有1组铜钱,腹部有1组铜纽扣,中间棺内人骨头骨左侧有1件瓷壶,两腿中间有1件瓷罐和1件瓷盏,瓷盏置于瓷盏之中,南侧棺外北侧有1组铜烟袋,棺内人骨头顶有1件银扁方,头骨右侧有1件银耳环,人骨腹部左侧有1组铜纽扣和1组玉纽扣,腹部有1组戒指,足部有1组铜钱。

（1）瓷器

瓷壶,1件。标本ⅠM4∶3,完整,小口,厚圆唇,束颈,折肩,深直腹,卧足。灰胎,内外壁施黑釉,肩部施黄釉,足底无釉。口径2.3、腹径5.9、底径5.2、高15.3厘米(图二九,9;图版一四,2)。

瓷罐,1件。标本ⅠM4∶4,双耳残,敛口,圆唇,鼓腹,圈足。灰胎,表面有窑变痕迹,口部施黄釉,内外施酱釉,内部施有漩涡状的凹纹。口径8、腹径10.1、底径5.9、高6厘米(图版一三,3)。

瓷盏,1件。标本ⅠM4∶5,完整,侈口,斜弧腹,圈足,外底心微凸。灰胎,口部、腹部施白釉,足部、下腹部无釉,内部满白釉。口径7.5、底径3.7、高3.1厘米(图二九,17;图版一三,4)。

（2）铜、银器

铜纽扣,2组10枚。

标本ⅠM4∶7,1组9枚,形制一致,完整,球状,内部中空,素面,扣体上铸有一环形纽,并相扣一铜环。通高2、扣直径0.9厘米(图二九,5;图版一三,6)。标本ⅠM4∶2,完整,球状,内部中空,素面,扣体上铸有一环形纽并相扣一铜环。通高1.9、扣直径1厘米(图二九,6)。

戒指,1组3件。

标本ⅠM4∶10-1,铜质,完整,整体为圆环形,饰两周凹弦纹。直径2.2、宽1.1厘米(图二九,10;图版一四,1)。

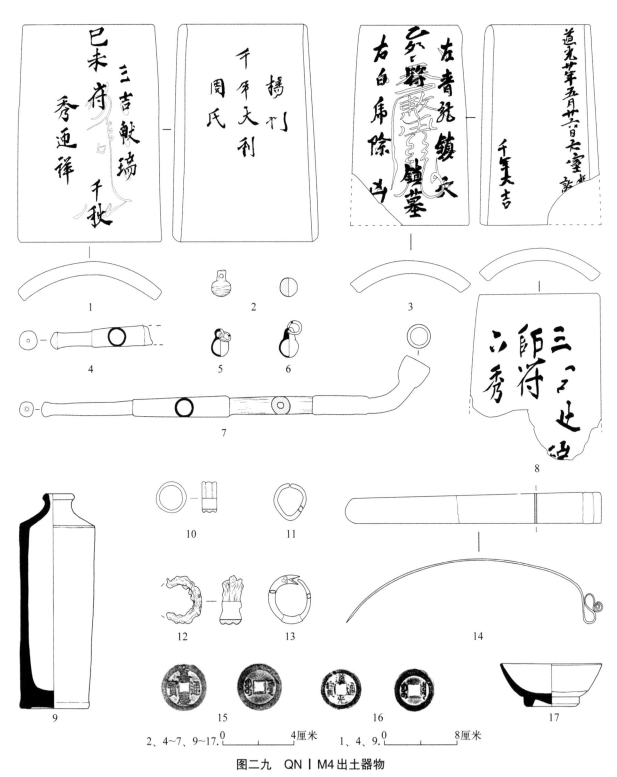

图二九　QN Ⅰ M4出土器物

1、3、8.符瓦（ⅠM4：11、13、12）　2.玉纽扣（ⅠM4：14）　4、7.铜烟袋（ⅠM4：8-2、8-1）　5、6.铜纽扣（ⅠM4：7、2）

9.瓷壶（ⅠM4：3）　10.铜戒指（ⅠM4：10-1）　11.银耳环（ⅠM4：15）　12.铁戒指（ⅠM4：10-2）

13.银戒指（ⅠM4：10-3）　14.银扁方（ⅠM4：6）　15、16.铜钱（ⅠM4：1、9）　17.瓷盏（ⅠM4：5）

标本 I M4：10-2，铁制，残断，整体为圆环形，锈蚀严重无法看清纹饰。残直径1.7厘米（图二九，12；图版一四，1）。

标本 I M4：10-3，银质，完整，圆环未闭合，为蛇吞尾状，蛇头部錾刻纹饰。内径1.9、外径2.3厘米（图二九，13；图版一四，1）。

银扁方，1件。标本 I M4：6，残断，整体呈长条形，下端向下弯曲呈圆弧，簪首左右折叠三层，簪身背后中部錾刻网格纹。通长14.5、宽1.6厘米（图二九，14；图版一三，5）。

铜烟袋，1组3件。标本 I M4：8，由三件组成，一件烟锅、两件烟嘴。烟锅为铜质（M4：8-2，图二九，4；图版一三，7），直口，圆唇，柄部比腹部稍细，断面均呈圆形，内中空，口径1.6、柄径1、长6.7厘米。一件烟嘴为铜质（M4：8-3；图版一三，7），整体呈空心圆柱形，断面呈圆形，口径比柄径稍小，柄内残存木屑痕迹，直径0.7—1.1、长5.8厘米。另一件烟嘴为石质（M4：8-1，图二九，7；图版一三，7），空心圆柱形，口径比柄径稍小，柄部与一个细长木柄相合，直径0.6—1.2、烟嘴长10.7、通长16.8厘米。

银耳环，1件。标本 I M4：15，完整，圆环未闭合，素面，直径1.8厘米（图二九，11）。

铜钱，2组。

标本 I M4：1，1组，锈蚀不清，已多处锈结在一起，可辨认者有1枚嘉庆通宝，方穿，有内外廓，外廓较厚，正面楷书"嘉庆通宝"，直读，背书满文"宝源"，直径2.5、孔径0.65厘米（图二九，15；图版一三，1）。

标本 I M4：9，1组5枚，1枚锈蚀不清，无法辨识。可辨者有1枚道光通宝，方穿，有内外廓，外廓较厚，正面楷书"道光通宝"，直读，背书满文"宝泉"，直径2.15、孔径0.65厘米（图二九，16；图版一三，8）。1枚乾隆通宝，方穿，有内外廓，外廓较厚，正面楷书"乾隆通宝"，直读，背书满文"宝泉"，直径2.3、孔径0.6厘米。2枚嘉庆通宝，方穿，有内外廓，外廓较厚，正面楷书"嘉庆通宝"，直读，背书满文"宝晋"，直径2.5、孔径0.6厘米。

（3）玉器

玉纽扣，1组2枚。

标本 I M4：14，完整，整体白色，2枚顶部有红色晕染，整体呈实心球状，扣体上方有一方形纽，纽中部有一圆形穿孔。通高1.3、扣直径1厘米（图二九，2；图版一三，2）。

（4）符瓦

符瓦，3件。

标本 I M4：11，完整，泥质灰陶，板瓦，横截面呈弧形，长23.4、上宽14.7、下宽15.8、厚4.5厘米。正面上部墨书"已未日符"，正中朱砂绘符，符箓两侧墨书"三吉献瑞，六秀迎祥"，下部墨书"千秋"，背部从左至右墨书，"周氏""千年大利""杨门"（图二九，1；图版一四，3）。

标本 I M4：12，残，泥质灰陶，板瓦，横截面呈弧形，残长17.2、宽13、厚3.6厘米。正面上部墨书"口节符"，正中朱砂绘符，符箓两侧墨书推测为"三吉献瑞，六秀迎祥"，下部残缺（图二九，8；图版一四，4）。

标本 I M4：13，角部略残，泥质灰陶，板瓦，横截面呈弧形，长22.8、上宽12.3、下宽14、厚4厘米。正面上部墨书"乙卯日符",正中朱砂绘符,符箓两侧墨书"左青龙镇穴,右白虎除凶",下部墨书"镇墓",背部墨书右侧"道光廿年五月廿六日亡室",左侧墨书"千年大吉"(图二九,3;图版一四,5)。

五、ⅠM5

1. 墓葬位置

位于Ⅰ区东南部,北邻ⅠM6,西邻ⅠM4,方向为38°。

2. 墓葬形制与结构

竖井墓道土洞墓,由墓道、墓室两部分组成(图三〇;图版一五,1)。

墓道东部为断崖,打破墓道,残存墓道西部,平面呈长方形,上口长1、宽0.7、深0.3米,墓道底长1、宽0.7米,距现地表1.76米。墓室为土洞,位于墓道南端,平面呈长方形,四壁平整,拱形顶,墓底平坦。墓底长1.6、宽1.2—1.3、高0.5—0.8米,距现地表1.76米。

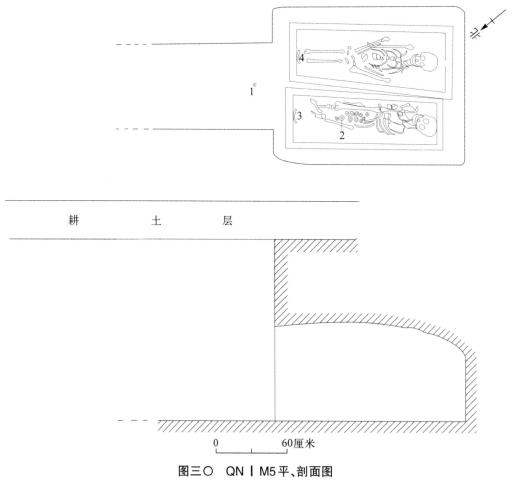

图三〇　QNⅠM5平、剖面图

1. 瓷盏　2. 瓷钵　3、4. 符瓦

3. 葬具、葬式

发现木棺两具,南北向置于墓室正中,已朽,平面呈长方形,东南棺长1.36、宽0.5—0.6米,西北棺长1.36、宽0.5—0.6米。

发现人骨两具,保存情况较好,均头向西南,面向上,人骨分布散乱,应为二次葬。

北侧墓主为24—26岁的男性,南侧墓主可能为女性,年龄为40—44岁。

4. 随葬器物

随葬器物共4件。包括瓷盏和瓷钵各1件,符瓦2件。2件符瓦分别立于两具棺内的东侧棺板上,北侧棺内东部人骨腿部处置1件瓷钵,墓门处有1件瓷盏。

（1）瓷器

瓷盏,1件。标本ⅠM5:1,完整,缸胎,敛口,方唇,斜弧腹,圈足。口部、内壁及上腹部施黑褐釉。器底中心有一柱状突起,较倾斜,应为灯芯。口径4.9、底径3.4、腹径5.3、通高2.5厘米（图三一,6;图版一五,2）。

瓷钵,1件。标本ⅠM5:2,完整,敛口,圆唇,斜弧腹,圈足。灰白胎,表面施有化妆土。通体施白釉,内外施釉,口部施蓝釉,表面施釉不均匀,绘有蓝色的草叶纹。口径9.2、底径5.2、腹径10、高5.65厘米（图三一,10;图版一五,3）。

（2）符瓦

标本ⅠM5:3,残,泥质灰陶,板瓦,横截面呈弧形,宽12.5、厚3厘米。正面上部墨书"庚甲日……",两侧墨书"三……六……",下部残缺（图三一,2;图版一五,4）。

标本ⅠM5:4,残,泥质灰陶,板瓦,横截面呈弧形,残长18.1、宽12.2、厚3.2厘米。正面墨书,仅能辨认出"承镇千年……能……"（图三一,8;图版一五,5）。

六、ⅠM6

1. 墓葬位置

位于Ⅰ区东部,北邻ⅠM11,南邻ⅠM5,西邻ⅠM7,方向为48°。

2. 墓葬形制与结构

竖穴墓道土洞墓,由墓道、墓门、墓室三部分组成（图三二;图版一六,1）。

墓道东部为断崖,打破墓道,残存墓道西部,平面呈长方形,上口长0.8、宽0.84、深0.3米,墓道底长0.8、宽0.84米,距现地表1.64米。墓室为土洞,位于墓道西端,平面呈长方形,四壁平整,拱形顶,墓底平坦。墓底长1.8、宽1.4—1.6、高0.76米,距现地表1.64米。

3. 葬具、葬式

发现木棺三具,东西向置于墓室正中,已朽,平面呈长方形,东南棺长1.2、宽0.2米,中间棺长

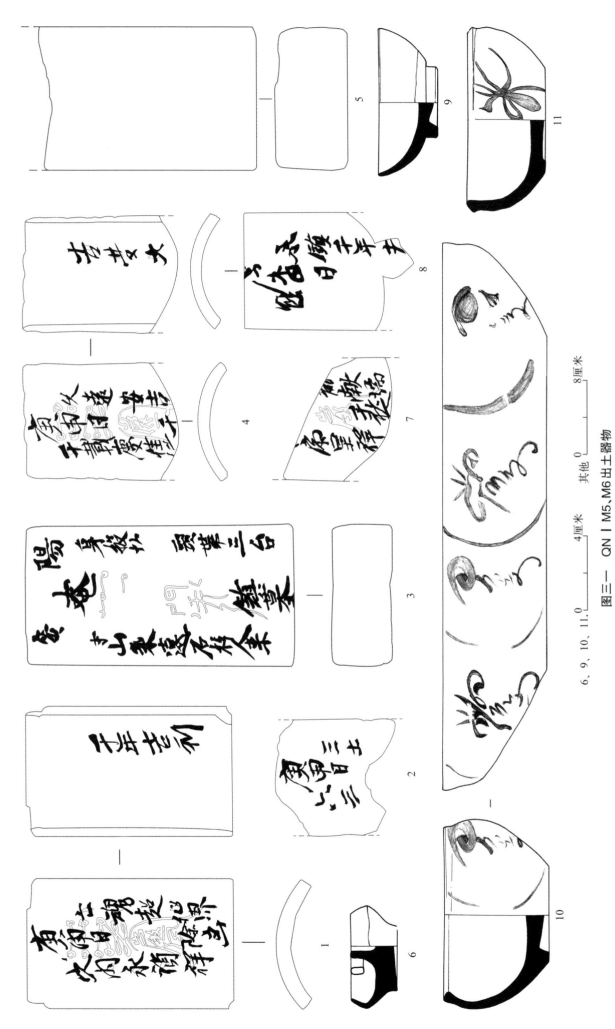

图三一　QN I M5、M6 出土器物

1、2、4、7、8. 符瓦（I M6：4、M5：3、M6：3、M6：5、M5：4）　3、5. 符砖（I M5：1）　6. 瓷盏（I M6：2）
6、9、10、11. 瓷钵（I M5：2、M6：1）　9. 瓷盖（I M6：2）　10、11. 瓷钵（I M5：2、M6：1）

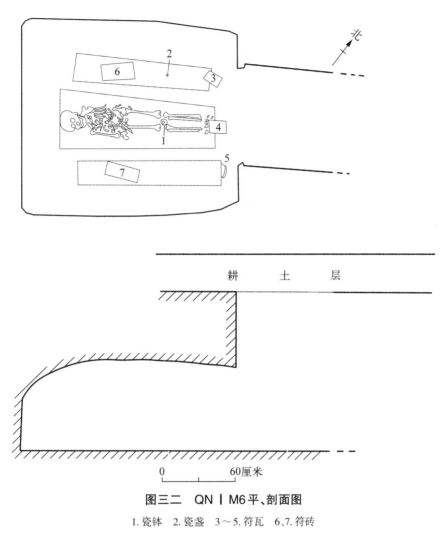

图三二　QN Ⅰ M6平、剖面图

1. 瓷钵　2. 瓷盏　3～5. 符瓦　6、7. 符砖

1.3、宽0.34—0.5米,西北棺长1.16、宽0.18—0.24米。

　　发现人骨一具,位于中间木棺内,骨架保存较为完整,头向西南,仰身直肢,肋骨散乱。

　　墓主可能为男性,年龄为30—34岁。

　　4. 随葬器物

　　随葬器物共7件。瓷钵和瓷盏各1件,符瓦3件,符砖2件。3具木棺东侧各放置1件符瓦,北侧和南侧棺内无人骨,而各置1件符砖,北侧棺内东部有1件瓷盏,中间棺内人骨两膝之间有1件瓷钵。

　　（1）瓷器

　　瓷钵,1件。标本Ⅰ M6:1,完整,直口、厚圆唇,斜弧腹,卧足。灰胎,通体施灰白釉,足部无釉,口部、内部施黑釉,绘黑色草叶纹,上腹部有两道环状凸纹,分布有裂纹。口径9.8、底径5.5、高4.2厘米(图三一,11;图版一六,2)。

瓷盏,1件。标本ⅠM6:2,完整,侈口,斜弧腹,圈足,外底心微凸。灰胎,内施满釉,外壁施釉至下腹部,白釉,口部和上腹施有一层化妆土。口径7.8、底径3.5、高3.2厘米(图三一,9;图版一六,3)。

(2)符砖、符瓦

符瓦3件。

标本ⅠM6:3,残,泥质灰陶,板瓦,横截面呈弧形,宽12、厚3厘米。正面上部墨书"庚申日",正中朱砂绘符,符篆两侧墨书"久远安吉……千载庆佳……",下部墨书"千□",背部墨书"吉□穴"(图三一,4;图版一六,4)。

标本ⅠM6:4,基本完整,泥质灰陶,板瓦,横截面呈弧形,长21、上宽12.5、下宽13、厚3.5厘米。正面上部墨书"庚申日",正中朱砂绘符,符篆两侧墨书"亡魂超仙界,穴内永祯祥",下部墨书"除凶",背部墨书"千年吉利"(图三一,1;图版一六,5)。

标本ⅠM6:5,残,仅剩中下部,泥质灰陶,板瓦,横截面呈弧形,长12.5、厚3.5厘米。正中朱砂绘符,符篆两侧墨书"……□献瑞……□呈祥",下部墨书"千秋"(图三一,7)。

符砖2件。

标本ⅠM6:6,完整,泥质灰陶,长方形,长26.2、宽13.3、厚5.8厘米。正面上部墨书"阳圹""唵",中部朱砂绘符,符篆两侧墨书推测为"身披北斗头带三台,寿山永远石朽人来",下部墨书"镇墓"(图三一,3)。

标本ⅠM6:7,残,泥质灰陶,长方形,长20.5、宽13.1、厚6厘米。无文字(图三一,5)。

七、ⅠM7

1. 墓葬位置

位于Ⅰ区中部,北邻ⅠM11,南邻ⅠM4,东邻ⅠM6,西邻ⅠM2,方向为77°。

2. 墓葬形制与结构

竖井墓道土洞墓,由墓道、墓室两部分组成(图三三;图版一七,1)。

墓道平面呈不规则四边形,上口长1.8、宽0.88、深0.3米,墓道底长1.8、宽0.88米,距现地表2.6米。墓室为土洞,位于墓道西端,平面呈梯形,墓室顶部塌陷严重,墓室底部较平整,长2.8、宽1.84—2.3、高0.5—1.1米,距现地表2.6米。

3. 葬具、葬式

墓室内有木棺两具,已朽,一具置于墓室正中,另一具置于墓室南侧,南侧棺长1.92、宽0.39—0.7米,中间棺长2、宽0.5—0.66米。

发现人骨三具,骨架保存完整,均头向西南,北侧和中间人骨为仰身直肢,南侧人骨散乱。

北侧墓主为24—26岁的女性,中间墓主为50—60岁的男性,南侧墓主为24—26岁的女性。

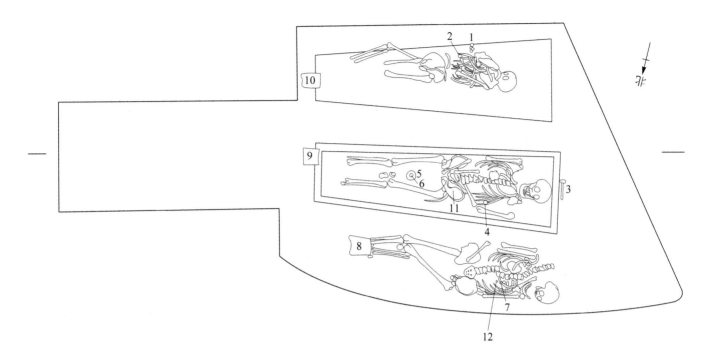

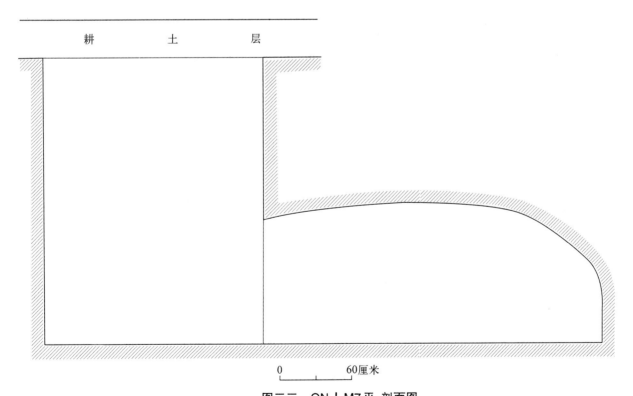

图三三　QN丨M7平、剖面图

1、4、11.铜钱　2.银耳环　3.铜扁方　5.瓷罐　6.瓷盏　7.铜纽扣　8～10.符瓦　12.玉纽扣

4. 随葬器物

随葬器物共12件/组。包括瓷罐和瓷盏各1件,银耳环1件、铜扁方1件、铜纽扣1组5枚、符瓦3件、铜钱3组12枚、玉纽扣1枚。北侧人骨足部以及中间与南侧棺东侧各置1件符瓦,北侧人骨胸部有1组铜纽扣和1枚玉纽扣,中间棺外西侧有1件铜扁方,人骨肋骨和盆骨处各有1组铜钱,两腿之间有1件瓷罐和1件瓷盏,瓷盏置于罐内,南侧棺内人骨肋骨有1件银耳环,银耳环南侧有1组铜钱。

（1）瓷器

瓷罐,1件。标本ⅠM7:5,双耳残,敛口,圆唇,鼓腹,圈足。灰胎,芒口,表面有窑变痕迹,外壁施酱釉至下腹部,内壁施酱釉,内部有漩涡状的凹纹。口径8.8、底径7.4、高6.3厘米（图三四,11;图版一八,1）。

瓷盏,1件。标本ⅠM7:6,完整,直口,圆唇,折腹,平底。缸胎,内壁施黑釉,器身有明显灯油融化后凝固的痕迹。口径4.9、底径3、宽5、高1.8厘米（图三四,8;图版一八,2）。

（2）铜、银器

银耳环,1件。标本ⅠM7:2,完整,圆环未闭合,一端弯曲成环,下坠一银叶片饰件。通长4、直径2.1厘米（图三四,13;图版一七,3）。

铜扁方,1件。标本ⅠM7:3,完整,整体呈扁平长条形,簪首上翘,左右折叠三层,簪尾錾刻花卉纹样。通长14.3、宽1.5—1.8厘米（图三四,12;图版一七,4）。

铜纽扣,1组5枚。标本ⅠM7:7,形制一致,大小不一,完整,扣体呈球状,内部中空,素面,扣体上铸有一环形纽。大的通高1.5、扣直径1.1;小的通高1.3、扣直径1厘米（图三四,9、10;图版一八,3）。

铜钱,3组。

标本ⅠM7:1,完整,多锈蚀严重,字迹不清。可辨者有3枚嘉庆通宝,方穿,有内外廓,外廓较厚,正面楷书"嘉庆通宝",直读,2枚背书满文"宝源",1枚背书满文"宝泉"（ⅠM7:1）,直径2.3、孔径0.6厘米（图三四,2;图版一七,2）。2枚乾隆通宝,方穿,有内外廓,外廓较厚,正面楷书"乾隆通宝",直读,背书满文"宝泉",1枚直径2.5、孔径0.65厘米,1枚直径2.3、孔径0.6厘米。

标本ⅠM7:4,完整,多锈蚀严重,多处锈结在一起,钱文无法辨认。可辨者有3枚乾隆通宝,方穿,有内外廓,外廓较厚,正面楷书"乾隆通宝",直读,背书满文"宝泉",直径2.3、孔径0.6厘米。1枚嘉庆通宝（ⅠM7:4）,方穿,有内外廓,外廓较厚,正面楷书"嘉庆通宝",直读,背书满文"宝源",直径2.5、孔径0.6厘米（图三四,14;图版一七,5）。1枚道光通宝,方穿,有内外廓,外廓较厚,正面楷书"道光通宝",直读,背书满文"宝泉",直径2.3、孔径0.6厘米。

标本ⅠM7:11,完整,多锈蚀严重,钱文无法辨认。可辨者有2枚道光通宝,方穿,有内外廓,外廓较厚,正面楷书"道光通宝",直读,1枚背书满文"宝泉"（ⅠM7:11-1）（图三四,3;图版一八,7）,1枚背书满文"宝源"（ⅠM7:11-2）,直径2.4、孔径0.7厘米（图三四,1;图版一八,7）。

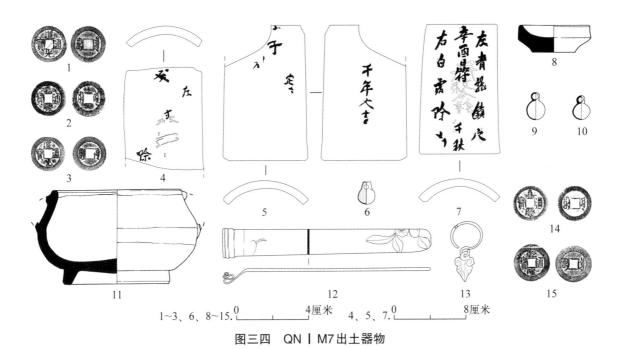

图三四　QN Ⅰ M7出土器物

1～3、14～15.铜钱(ⅠM7∶11-2、1、11-1、4、11-3)　4、5、7.符瓦(ⅠM7∶10、8、9)　6.玉纽扣(ⅠM7∶12)
9、10.铜纽扣(ⅠM7∶7-1、7-2)　8.瓷盏(ⅠM7∶6)　11.瓷罐(ⅠM7∶5)　12.铜扁方(ⅠM7∶3)　13.银耳环(ⅠM7∶2)

1枚乾隆通宝(ⅠM7∶11-3),方穿,有内外廓,外廓较厚,正面楷书"乾隆通宝",直读,背书满文"宝泉",直径2.4、孔径0.6厘米(图三四,15;图版一八,7)。

（3）玉器

玉纽扣,1枚。标本ⅠM7∶12,完整,实心球状,粉色,素面,扣体上铸有一环形纽。通高1.5、扣直径1.1厘米(图三四,6;图版一八,8)。

（4）符瓦

符瓦,3件。

标本ⅠM7∶8,残,泥质灰陶,板瓦,横截面呈弧形,长22、上宽14.5、下宽12.5、厚4厘米。正面内容漫漶不清,背部墨书"千年大吉"(图三四,5;图版一八,5)。

标本ⅠM7∶9,完整,泥质灰陶,板瓦,横截面呈弧形,长21.8、上宽12.4、下宽13.9、厚3.5厘米。正面上部墨书"辛酉日符",正中朱砂绘符,符箓两侧墨书"左青龙镇穴,右白虎除凶",下部墨书"千秋"(图三四,7;图版一八,6)。

标本ⅠM7∶10,残,泥质灰陶,板瓦,横截面呈弧形,长7.3、宽13、厚3.5厘米。正面朱砂绘写,内容漫漶不清(图三四,4;图版一八,4)。

八、Ⅰ M8

1. 墓葬位置

位于Ⅰ区北部,东邻ⅠM10,南邻ⅠM3,方向为59°。

2. 墓葬形制与结构

竖井墓道土洞墓,由墓道、墓室两部分组成(图三五;图版一九,1)。

墓道平面呈梯形,上口长2.2、宽0.7—0.96、深0.3米,墓道底长2.2、宽0.7—0.96米,距现地表2.8米。墓室为土洞,位于墓道西端,平面呈斜梯形,四壁平整,拱形顶,墓底平坦。墓底长2.8、宽1.52—2.54、高0.88—1.36米,距现地表2.8米。

3. 葬具、葬式

墓室内有木棺一具,已朽,置于墓室正中,平面呈长方形,西南棺长1.8、宽0.32—0.7米。

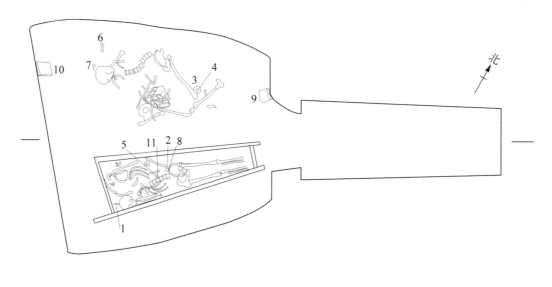

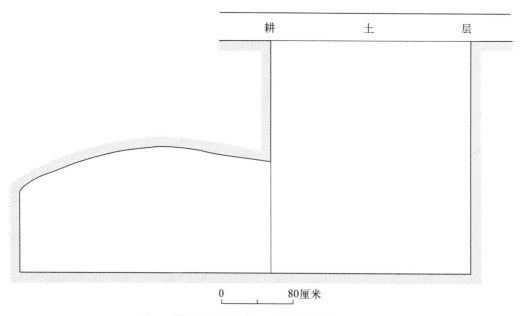

图三五　QN Ⅰ M8平、剖面图

1. 银簪　2、6. 铜钱　3. 瓷罐　4. 瓷盏　5. 铜纽扣　7. 铜帽顶　8. 银耳环　9. 符瓦　10. 符砖　11. 玉纽扣

发现人骨两具，保存情况一般，均头向西南，骨架散乱放置，推测为二次葬。

北侧墓主为29—30岁的男性，南侧墓主为40—44岁的女性。

4. 随葬器物

随葬器物共11件/组。包括瓷罐1件、瓷盏1件、银簪1件、铜纽扣1组5枚、铜帽顶1组3件、银耳环1件、符砖1件、符瓦1件、铜钱2组7枚和玉纽扣1组2枚。

（1）瓷器

瓷罐，1件。标本Ⅰ M8：3，双耳残，直口，圆唇，鼓腹，圈足外底心微凸。灰胎，外壁施酱釉至下腹部，内壁施酱釉，内部有漩涡状的凹纹。口径8.25、腹径11、底径5.2、高6.5厘米（图三六，15；图版一九，4）。

瓷盏，1件。标本Ⅰ M8：4，完整，侈口，口部规整，斜直腹，圈足，外底心微凸。灰胎，内施满釉，外壁施釉置下腹部，白釉，内壁和上腹施有一层化妆土。口径7.2、底径4.3、高3.1厘米（图三六，8；图版一九，5）。

（2）铜、银器

银簪，1件。标本Ⅰ M8：1，残损，锈蚀严重，呈扁长条形。残长7，残宽1—1.6厘米（图版一九，2）。

铜纽扣，1组5枚。标本Ⅰ M8：5，形制一致，完整，扣体呈球状，内部中空，素面，有一环形纽相扣一铜环。通高2.1、扣直径1.1厘米（图三六，3；图版二〇，1）。

铜帽顶，1组3件。

标本Ⅰ M8：7-1，圆形垫片，中空，内凹，直径2.8、高0.8厘米（图三六，10；图版二〇，3）。

标本Ⅰ M8：7-2，只剩连接轴，连接轴上端呈圆形，下端接圆柱形，施数周螺纹。直径1.4、高1.8厘米（图三六，11；图版二〇，3）。

标本Ⅰ M8：7-3，只剩连接轴，连接轴上端呈圆形，下端接圆柱形，施数周螺纹。直径0.6、高2.9厘米（图三六，12；图版二〇，3）。

银耳环，1件。标本Ⅰ M8：8，完整，素面，圆环，未闭合。直径2厘米（图三六，9；图版二〇，4）。

铜钱，2组。

铜钱，1枚。标本Ⅰ M8：2，完整，多锈蚀严重，字迹不清。可辨者有乾隆通宝1枚，方穿，有内外廓，外廓较厚，正面楷书"乾隆通宝"，直读，背书满文"宝源"，直径2.3、孔径0.65厘米（图版一九，3）。

铜钱，1组6枚。标本Ⅰ M8：6，完整，多锈蚀严重锈结在一起，字迹不清。可辨者有嘉庆通宝1枚，方穿，有内外廓，外廓较厚，正面楷书"嘉庆通宝"，直读，背书满文"宝泉"，直径2.4、孔径0.6厘米。（图版二〇，2）

（3）玉器

玉纽扣，1组2枚。标本Ⅰ M8：11、扣体呈实心球状，白色，纽部分已残。直径1.1厘米（图三六，13；图版二〇，7）。

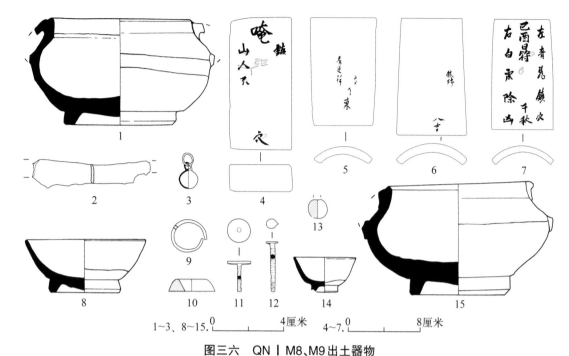

图三六　QN Ⅰ M8、M9 出土器物

1、15.瓷罐（ⅠM9：1、M8：3）　2.银簪（ⅠM8：10）　3.铜纽扣（ⅠM8：5）　4.符砖（ⅠM8：10）
5~7.符瓦（ⅠM9：4、M9：3、M8：9）　8.瓷盏（ⅠM8：4）　9.银耳环（ⅠM8：8）　10~12.铜帽顶（ⅠM8：7-1、7-2、7-3）
13.玉纽扣（ⅠM8：11）　14.瓷盏（ⅠM9：2）

（4）符瓦、符砖

符瓦，1件。标本ⅠM8：9，完整，泥质灰陶，板瓦，横截面呈弧形，长22.2、上宽12.5、下宽13.5、厚3.8厘米。正面上部墨书"己酉日符"，正中朱砂绘符，符篆两侧墨书"左青龙镇穴，右白虎除凶"，下部墨书"千秋"（图三六，7；图版二〇，5）。

符砖，1件。标本ⅠM8：10，完整，泥质灰陶，横截面呈长方形，长26.5、宽12.8、厚5.6厘米。正面上部墨书"唵"，中部朱砂绘符，符篆两侧墨书字迹不清，仅辨认出"镇……山人……"，下部墨书"口穴"（图三六，4；图版二〇，6）。

九、Ⅰ M9

1. 墓葬位置

位于Ⅰ区东北部，西邻ⅠM3，北邻ⅠM10，南邻ⅠM11，方向为58°。

2. 墓葬形制与结构

竖井墓道土洞墓，由墓道、墓室两部分组成（图三七；图版二一，1）。

墓道平面呈梯形，上口长1.5、宽0.46—0.7、深0.3米，墓道底长1.5、宽0.46—0.7米，距现地表1.9米。墓室为土洞，位于墓道西南，平面呈长方形，四壁平整，拱形顶，墓底平坦。墓底长1.9、宽0.92—1.06、高0.84米，距现地表1.9米。

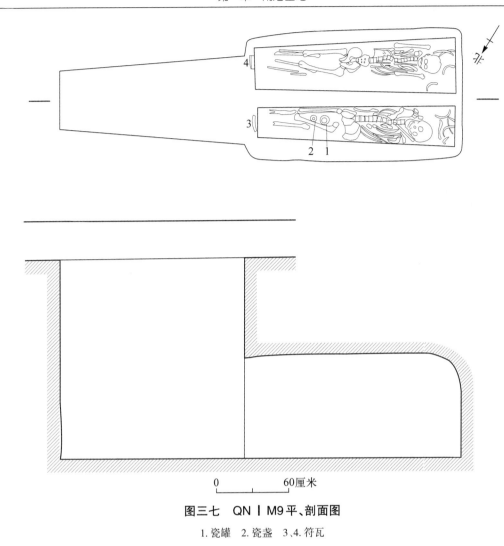

图三七 QNⅠM9平、剖面图

1. 瓷罐 2. 瓷盏 3、4. 符瓦

3. 葬具、葬式

墓内有木棺两具,已朽,置于墓室正中,平面呈长方形,东南棺长1.64、宽0.32—0.42米,西北棺长1.64、宽0.28—0.32米。

发现人骨两具,保存情况较好,均为头向西南,面向上,上身人骨散乱,下身直肢。

北侧墓主为45—50岁的男性,南侧墓主为45—49岁的女性。

4. 随葬器物

随葬器物共4件/组。有瓷罐1件、瓷盏1件和符瓦2件。瓷罐、瓷盏位于北侧棺内人骨两腿之间,两棺东侧各置1件符瓦。

(1)瓷器

瓷罐,1件。标本ⅠM9:1,双耳残,直口,圆唇,鼓腹,圈足,外底心微凸。灰胎,外壁施酱釉至下腹部,内壁施酱釉,内部有漩涡状的凹纹。口径8.35、腹径10.6、底径6.1、高6.1厘米(图三六,1;图版二一,2)。

瓷盏,1件。标本ⅠM9:2,口残,侈口,斜直腹,圈足。灰白胎,内施满白釉,外壁施釉置下腹部,内外壁施有一层化妆土。口径3.8、底径1.6、高2厘米(图三六,14;图版二一,3)。

(2)符瓦

符瓦,2件。

标本ⅠM9:3,完整,泥质灰陶,板瓦,横截面呈弧形,长25、上宽15.2、下宽13.6、厚4.5厘米。正面上部墨书推测为"壬□日□",正中朱砂绘符,符篆右侧墨书推测为"□□龙献瑞",左侧已无法辨认,下部墨书"……吉"(图三六,6;图版二一,4)。

标本ⅠM9:4,完整,泥质灰陶,板瓦,横截面呈弧形,长22.7、上宽13.6、下宽15、厚4厘米。正面上部字迹漫漶不清,正中朱砂绘符,符篆两侧墨书"……瑞……秀迎祥",下部字迹无法辨认(图三六,5;图版二一,5)。

一〇、ⅠM10

1. 墓葬位置

位于Ⅰ区北部,西邻ⅠM8,南邻ⅠM9,方向为70°。

2. 墓葬形制与结构

竖井墓道土洞墓,由墓道、墓室两部分组成(图三八;图版二二,1)。

墓道平面呈梯形,上口长1.9、宽0.6—0.8、深0.3米,墓道底长1.9、宽0.6—0.8米,距现地表3米。墓室为土洞,位于墓道西南,平面呈梯形,四壁平整,拱形顶,墓底平坦。墓底长2.36、宽1.96、高0.7—1.06米,距现地表3米。

3. 葬具、葬式

发现木棺三具,已朽,置于墓室正中,平面呈长方形,东南棺长1.7、宽0.34—0.44米,中间棺长1.72、宽0.36—0.42米,西北棺长1.04、宽0.26米。

发现人骨三具,保存情况较好,均为头向西南,置于木棺之内。北侧棺内人骨散乱,应为二次葬;中间棺内人骨为仰身直肢,双手置于身体两侧;南侧人骨略微散乱,上身仰卧,下肢受扰动微曲。

北侧墓主为24—26岁的女性,中间墓主为40—44岁的男性,南侧墓主可能为男性,年龄为50—59岁。

4. 随葬器物

随葬器物共11件/组。瓷罐2件、瓷碗2件、铜饰件1组3件、铜烟袋1组2件、铜帽顶1件、铜纽扣1组3枚、符瓦2件、铜钱1组4枚。北侧棺内人骨胸部有1件铜饰件,腿部有1件瓷罐和1件瓷碗,中间棺内人骨头顶有1组铜帽顶,手臂南侧有1组铜烟袋,盆骨处有1组铜钱,中间和南侧

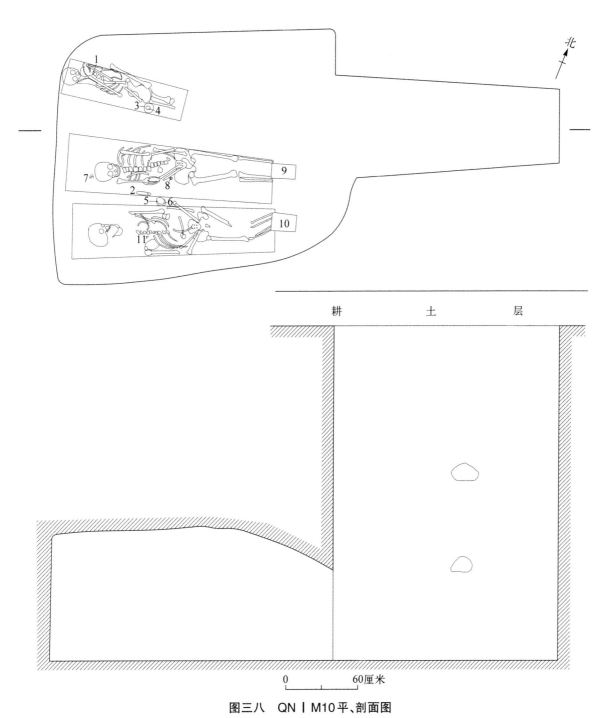

图三八 QN I M10平、剖面图

1. 铜饰件 2. 铜烟袋 3、5. 瓷罐 4、6. 瓷碗 7. 铜帽顶 8. 铜钱 9、10. 符瓦 11. 铜纽扣

棺的东侧各置1件符瓦,中间棺和南侧棺之间放置瓷罐1件、瓷碗1件;南侧棺内人骨胸部有1件铜纽扣。

（1）瓷器

瓷罐,2件。

标本ⅠM10:3,完整,直口,圆唇,桥形耳,扁圆腹,外底心微凸,圈足。灰胎,颈肩部,上腹部施红褐釉,内口部、下腹部及足部无釉,内外施釉,内部呈螺旋状凸纹。口径8.7、腹径11、底径6.2、高6.3厘米（图版二二,4）。

标本ⅠM10:5,直口,圆唇,折肩,桥形耳,弧腹,圈足。灰胎。通体施黑釉,足部和内壁无釉。口径6.8、腹径8.2、底径4.8、高7.5厘米（图三九,7;图版二三,1）。

瓷碗,2件。

标本M10:4,完整,侈口,斜弧腹,圈足,底心微凸。灰胎,口部,下腹部施黑釉,器身施白釉,足部无釉,内壁施满白釉。口径11.1、底径5.3、高4.3厘米（图三九,5;图版二二,5）。

标本M10:6,完整,侈口,斜腹,圈足,底部微突。灰胎,口部,上腹部施白釉,足部无釉,内部满白釉,表面有草字状黑色纹饰,内部有圆圈状黑色纹饰,敷有化妆土。口径11.1、底径5、高4.5厘米（图三九,9;图版二三,2）。

（2）铜器

铜饰件,1组3件。

标本ⅠM10:1-1,锈残,整体呈圆柱形,首部近方形并有一圆孔相扣一铜环,整体中近首部的三分之一处一段较粗,尾部较扁平,素面。通长8.3厘米（图三九,1;图版二二,2）。

标本ⅠM10:1-2,锈残,整体呈圆柱形,首部近方形并有一圆孔相扣一铜环,整体中近首部的三分之一处一段较粗,尾部较扁平,素面。通长8.1厘米（图三九,3;图版二二,2）。

标本ⅠM10:1-3,锈残,整体从中间分开,一头呈扁长方形,首部有一小圆孔,另一头呈圆柱形,尾部呈钩形,钩尖较圆钝,素面。通长6.7、宽0.5厘米（图三九,2;图版二二,2）。

铜烟袋,1组2件。标本ⅠM10:2,残断,仅存铜质烟嘴和铜质烟锅,木柄已朽,烟嘴整体呈空心圆柱形,断面呈圆形,口径比柄径稍小,烟嘴为直口,圆唇,柄部比腹部稍细,断面均呈圆形,内中空。烟嘴长7.8、直径1.2厘米,烟锅长8.4、直径1.2厘米（图三九,8;图版二二,3）。

铜帽顶,1件。标本ⅠM10:7,由帽珠、连接轴、铜座构成,锈残,帽珠呈空心球状,顶部錾刻有"寿"字,下有仰莲形托;铜座呈伞台状,饰有数周小圆突起,铜座内部有圆形垫片。铜座直径4、通高5.5厘米（图三九,6;图版二三,3）。

铜纽扣,1组3枚。标本ⅠM10:11,完整,扣体呈空心球状,扣体上铸一环形纽。通高1.4、扣直径1厘米（图三九,4;图版二三,7）。

铜钱,1组4枚。标本ⅠM10:8,1枚乾隆通宝（ⅠM10:8-1,图三九,11;图版二三,4）,方穿,有内外廓,外廓较厚,正面楷书"乾隆通宝",直读,背书满文"宝源",直径2.5、孔径0.65厘米。2枚嘉庆通宝（ⅠM10:8-2,图三九,13;图版二三,4）,方穿,有内外廓,外廓较厚,正面楷书"嘉庆通宝",直读,背书满文"宝泉",直径2.3、孔径0.65厘米。另1枚锈蚀不清（图三九,11、13;图版二三,4）。

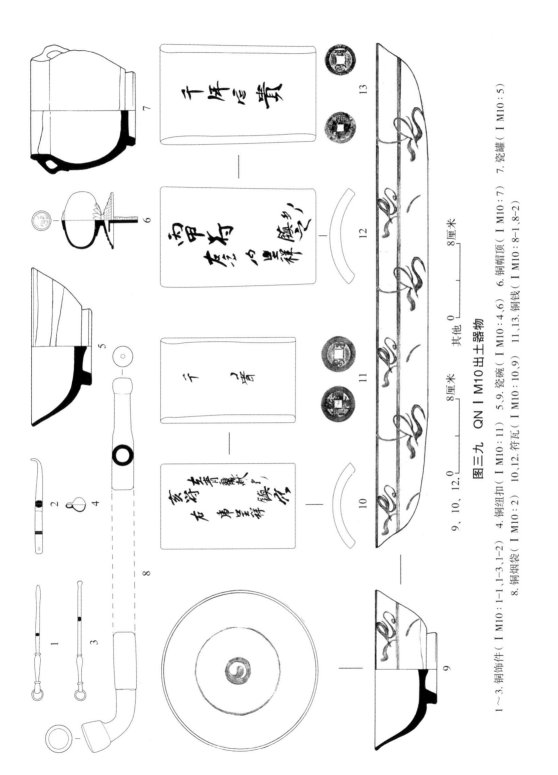

图三九 QN I M10出土器物

1～3.铜饰件（I M10：1-1，1-3，1-2） 4.铜纽扣（I M10：11） 5.9.瓷碗（I M10：4，6） 6.铜帽顶（I M10：7） 7.瓷罐（I M10：5）
8.铜烟袋（I M10：2） 10，12.符瓦（I M10：10，9） 11，13.铜钱（I M10：8-1，8-2）

（3）符瓦

符瓦，2件。

标本ⅠM10：9，完整，泥质灰陶，板瓦，横截面呈弧形，长21、上宽12.6、下宽13.3、厚3.5厘米。正面上部墨书"丙申符"，正中朱砂绘符，符箓两侧墨书推测为"左□□献瑞，右□□呈祥"，下部墨书"镇穴"，背部墨书"千年富贵"（图三九，12；图版二三，5）。

标本ⅠM10：10，完整，泥质灰陶，板瓦，横截面呈弧形，长21.2、上宽13、下宽13、厚3.5厘米。正面上部墨书"亥符"，正中朱砂绘符，符箓两侧墨书推测为"左青龙献瑞，右白虎呈祥"，下部墨书"镇穴"，背部墨书推测为"千年亡魂"（图三九，10；图版二三，6）。

一一、ⅠM11

1. 墓葬位置

位于Ⅰ区中东部，西邻M3，北邻M9，方向为78°。

2. 墓葬形制与结构

竖井墓道土洞墓，由墓道、甬道、墓室三部分组成（图四〇；图版二四，1）。

墓道平面呈梯形，上口长1.96、宽0.7—1.1、深0.3米，墓道底长1.96、宽0.7—1.1米，距现地表2.6米。墓室为土洞，位于墓道西南，平面呈长方形，四壁平整，拱形顶，墓底平坦。墓底长2.24、宽1.76—2.2、高1.3米，距现地表2.6米。

3. 葬具、葬式

发现木棺三具，已朽，置于墓室正中，平面呈长方形，东南棺长1.7、宽0.4—0.7米，中间棺长1.4、宽0.22—0.4米，西北棺长1.5、宽0.22—0.34米。

发现人骨三具，保存情况较好，均为头西足东，置于棺内。北侧棺和中间棺内人骨面向上，仰身直肢，南侧棺面向北，侧身屈肢，三具人骨的肋骨部位均有扰动。

北侧墓主为39—43岁的女性，中间墓主为27—28岁的男性，南侧墓主可能为女性，年龄为老年。

4. 随葬器物

随葬器物共8件/组。包括铜发饰1组2件、银戒指1组4件、铜顶针1件、铜纽扣1枚、符瓦2件、铜钱1组3枚、玉纽扣1组5枚。北侧棺内人骨足部置1件符瓦，中间棺内人骨足部有1件符瓦，南侧棺内人骨头顶有1组铜发饰，胸部北侧有1组铜钱和1组银戒指，腹部有1组玉纽扣、铜顶针。

（1）铜、银器

铜发饰，1组2件。

标本ⅠM11：1-1，残断，首部向下弯曲，整体呈勺状，素面。残长7.1、高7.5、宽0.8—2厘米

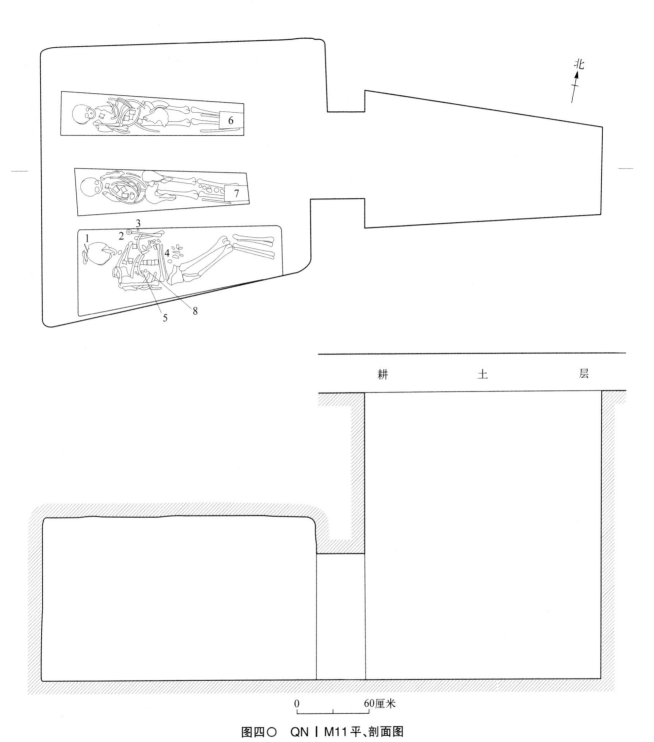

北

耕 土 层

0 60厘米

图四〇 QN Ⅰ M11平、剖面图

1.铜发饰 2.铜钱 3.银戒指 4.铜顶针 5.铜纽扣 6、7.符瓦 8.玉纽扣

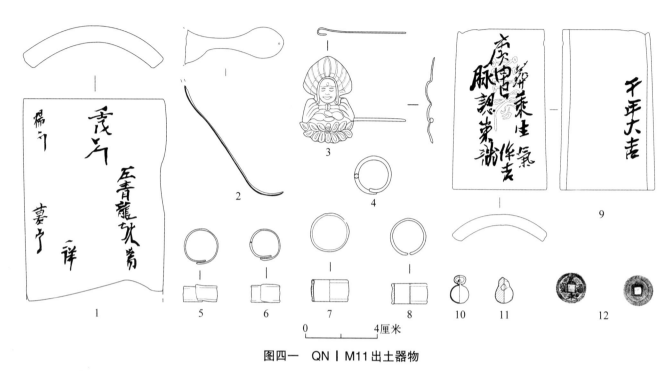

图四一　QN Ⅰ M11出土器物

1、9.符瓦（ⅠM11：6、7）　2、3.铜发饰（ⅠM11：1-1、1-2）　4.铜顶针（ⅠM11：4）　5～8.银戒指（ⅠM11：3-3、3-4、3-1、3-2）
10.铜纽扣（ⅠM11：5）　11.玉纽扣（ⅠM11：8）　12.铜钱（ⅠM11：2）

（图四一，2；图版二四，2）。

标本ⅠM11：1-2，铜簪花呈坐佛状，佛像面相祥和，于莲瓣之中露出上半身，双耳有耳饰，头光中间为莲瓣纹，周围为火焰纹。通高6.4、宽5、厚0.1厘米（图四一，3；图版二四，2）。

银戒指，1组4件。

标本ⅠM11：3-1，圆环未闭合，素面，边缘饰两周凸棱。直径2.3、宽1.3厘米（图四一，7）。

标本ⅠM11：3-2，圆环未闭合，素面，边缘饰两周凸棱。直径2.1、宽1.2厘米（图四一，8）。

标本ⅠM11：3-3，圆环未闭合，素面，边缘饰两周凸棱。直径1.9、宽1厘米（图四一，5）。

标本ⅠM11：3-4，素面，圆环形，未闭合。直径2.2厘米（图四一，6）。

铜顶针，1件。标本ⅠM11：4，呈椭圆形，展开呈扁长条状，外壁铸有数个小圆形窝点。直径1.5、宽0.9厘米（图四一，4）。

铜纽扣，1枚。标本ⅠM11：5，形制一致，完整，扣体呈球状，内部中空，素面，扣体上铸有一环形纽并相扣一细铜环。通高1.6、扣直径1厘米（图四一，10；图版二五，1）。

铜钱，1组3枚。标本ⅠM11：2，完整，多锈蚀严重，锈结在一起，钱文无法辨识。可辨者有1枚宽永通宝，方穿，有内外廓，外廓较厚，正面楷书"宽永通宝"，直读，背面光素，直径2.4、孔径0.6厘米（图四一，12；图版二四，3）。

（2）玉器

玉纽扣，1组5枚。标本ⅠM11：8，完整，粉红色，整体呈球状，扣体下连接一个细圆孔。通高

1.5、扣直径1.1厘米（图四一，11；图版二五，2）。

（3）符瓦

符瓦，2件。

标本Ⅰ M11：6，残，泥质灰陶，板瓦，横截面呈弧形，残长20、上宽14.6、下宽13.3、厚4.8厘米。正面上部墨书"壬戌符"，正中朱砂绘符，符篆两侧墨书推测为"左青龙献瑞，□□虎呈祥"，左侧墨书推测为"杨门□□墓室"（图四一，1；图版二四，4）。

标本Ⅰ M11：7，完整，泥质灰陶，板瓦，横截面呈弧形，长20.4、上宽11.6、下宽13、厚3.5厘米。正面上部墨书"庚申日"，正中朱砂绘符，符篆两侧墨书"齐乘生气，脉认来就"，下部墨书"作吉"，背部墨书"千年大吉"（图四一，9；图版二四，5）。

第二节 Ⅱ 区

一、Ⅱ M1

1. 墓葬位置

位于Ⅱ区北部，东邻Ⅱ M5，南邻Ⅱ M2，方向为83°。

2. 墓葬形制与结构

竖井墓道砖室墓，由墓道、甬道、墓室三部分组成（图四二；图版二五，3）。

墓道平面呈梯形，墓道口长1.8、宽0.5—1.3米，距现地表0.2米，墓道底长1.02、宽0.5—1.3米，距现地表3.1米。墓门宽0.7、高1.3米，距现地表2.6米。墓室建于竖穴土圹之内，位于甬道西端，平面呈长方形，四壁用长0.24、宽0.14、厚0.06米砖平铺砌垒而成，拱形券顶，墓底铺砖一层。墓室南、北两壁中部各建有一宽0.28、进深0.28、高0.28米的壁龛。墓底长2.22、宽2.08、高1.56米，距现地表3.1米。

3. 葬具葬式

无葬具。

发现人骨两具，保存情况较差，骨架分布散乱，应为二次葬，头向西南。

北侧墓主为24—26岁的男性，南侧墓主为51—60岁的女性。

4. 随葬器物

随葬器物为1件。为瓷钵，位于墓室中部。

瓷钵，1件。标本Ⅱ M1：1，平沿，尖唇，微竖颈，斜弧腹，假圈足微凹。灰胎，外壁口沿至下腹部施褐釉，釉面光亮，内壁无釉。口径12、腹径11.6、底径6、高6.2厘米（图四三，13；图版二五，4）。

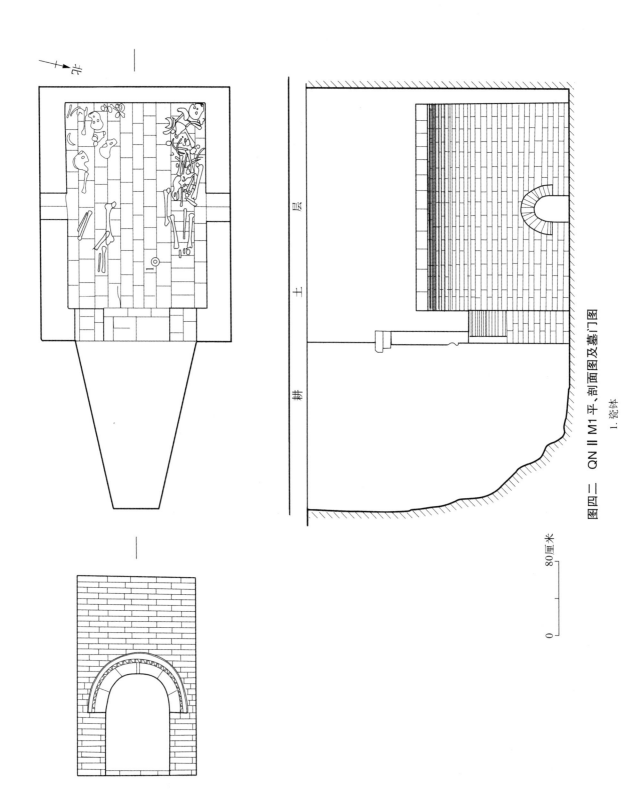

图四二　QN Ⅱ M1平、剖面图及墓门图

1. 瓷钵

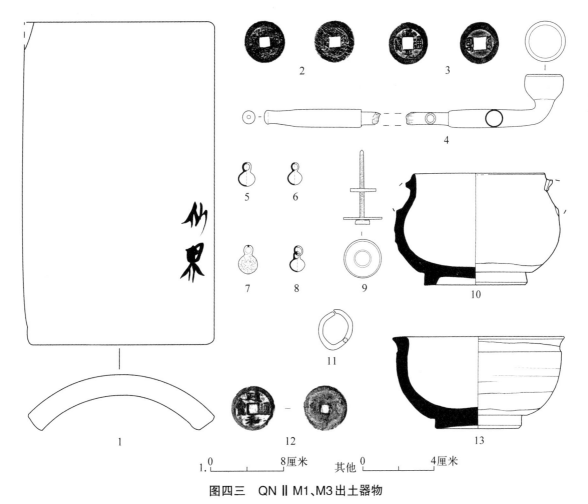

图四三　QN Ⅱ M1、M3出土器物

1. 符瓦（ⅡM3：11）　2、3、12. 铜钱（ⅡM3：4-2、4-1、10）　4. 铜烟袋（ⅡM3：7）　5～8. 铜纽扣（ⅡM3：9-1、9-2、3-1、3-2）
9. 铜帽顶（ⅡM3：1）　10. 瓷罐（ⅡM3：5）　11. 银耳环（ⅡM3：8）　13. 瓷钵（ⅡM1：1）

二、Ⅱ M2

1. 墓葬位置

位于Ⅱ区东北部，北邻ⅡM1，东邻ⅡM5，方向为92°。

2. 墓葬形制与结构

斜坡墓道砖室墓，由墓道、墓门、甬道、墓室四部分组成（图四四；图版二六，1）。

墓道平面呈梯形，斜坡式，斜坡上有六级台阶，墓道口长3.1、宽0.66—1.76、深0.2米，墓道底长1.2、宽0.66—1.76米，距现地表3.2米。墓门为青砖砌成，为长方形板门状、门框为券顶结构、门框绘有楷书对联一副，上联书："面抱漳流世泽长"，下联书："龙来华岁家声远"，横批书："竹苞松茂"。对联以上的门框处有一圆形砖雕十字形镂空纹饰。券顶门框之上绘有牌匾，牌匾上朱书楷体"逍遥居"三字（图版二六，2）。墓门宽0.4、高0.64米，距现地表2.6米。砖室建于竖穴土圹

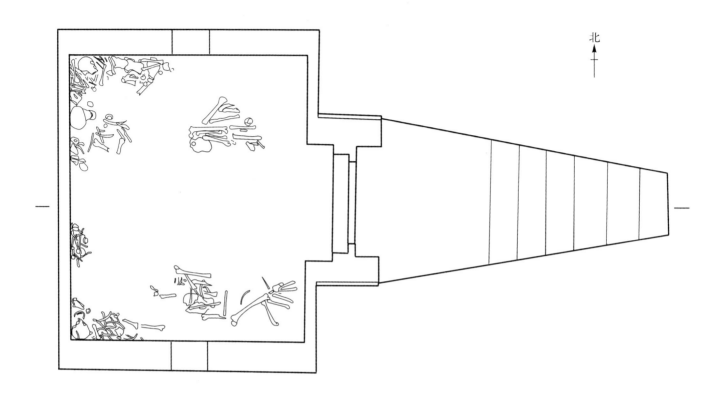

北

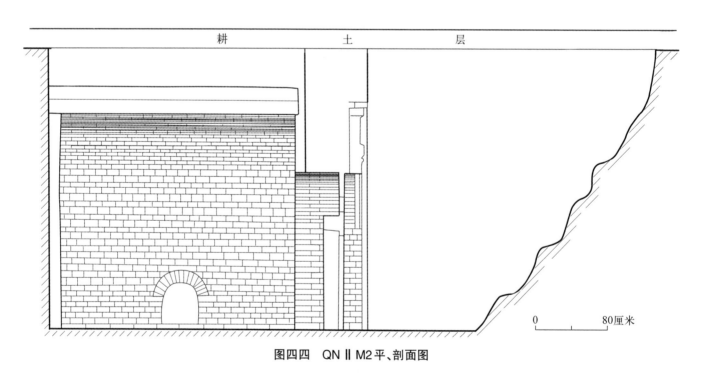

耕　　　　土　　　　层

0　　　　　80厘米

图四四　QNⅡM2平、剖面图

之内,位于甬道西端,平面呈长方形,四壁用长0.28、宽0.14、厚0.06米砖平铺砌垒而成,砖券拱顶,墓底铺砖一层,墓底长2.58、宽3.62、高2.6米,距现地表3.2米。墓室东、西两壁中部各建有一宽0.4、进深0.3、高0.3米的壁龛。

3. 葬具、葬式

无葬具。

发现人骨6具,骨架散乱分布于墓室的四角,均为二次葬。人骨的性别、年龄信息自南向北依次为：① 性别不详,年龄为15—17岁；② 60多岁的女性；③ 性别不详,年龄为15—17岁；④ 中老年男性；⑤ 15—17岁的女性；⑥ 性别不详,年龄为中老年。

4. 随葬器物

无。

三、ⅡM3

1. 墓葬位置

位于Ⅱ区西南部,东邻ⅡM8,方向为93°。

2. 墓葬形制与结构

竖井墓道土洞墓,由墓道、甬道、墓室三部分组成(图四五；图版二七,1)。

墓道平面呈梯形,墓道口长1.84、宽0.5—0.78米,距现地表0.3米,墓道底长1.84、宽0.5—0.78米,距现地表2.5—2.64米。甬道长0.3、宽0.6、高0.8米。墓室为土洞,位于甬道西端,平面呈长方形,四壁平整,拱形券顶,墓底长1.96、宽1.44—1.8、高0.8—1.1米,距现地表2.7米。

3. 葬具、葬式

发现木棺两具,已朽,东西向置于墓室正中,平面呈长方形,北侧棺长1.86、宽0.5米,南侧棺长1.7、宽0.4—0.54米。

发现人骨两具,骨架保存完整,头向西,面向上,葬式均为仰身直肢,双手置于身体两侧。

北侧墓主为60多岁的男性,南侧墓主可能是女性,年龄为60多岁。

4. 随葬器物

随葬器物共11件/组。包括瓷罐1件、瓷盏1件、铜帽顶1组3件、铜纽扣2组18枚、铜烟袋1组2件、银耳环1件、铜钱3组7枚、符瓦1件。北侧棺内西北角有1枚铜钱,人骨头顶有1组铜帽顶,胸部有1组铜纽扣,胳膊处有1件铜烟袋,两腿之间有2枚铜钱,腿骨北侧有瓷罐、瓷盏各1件,脚下有1件符瓦,南侧棺内人骨头骨旁有1件银耳环,胸部有1组铜纽扣,腹部有1组铜钱。

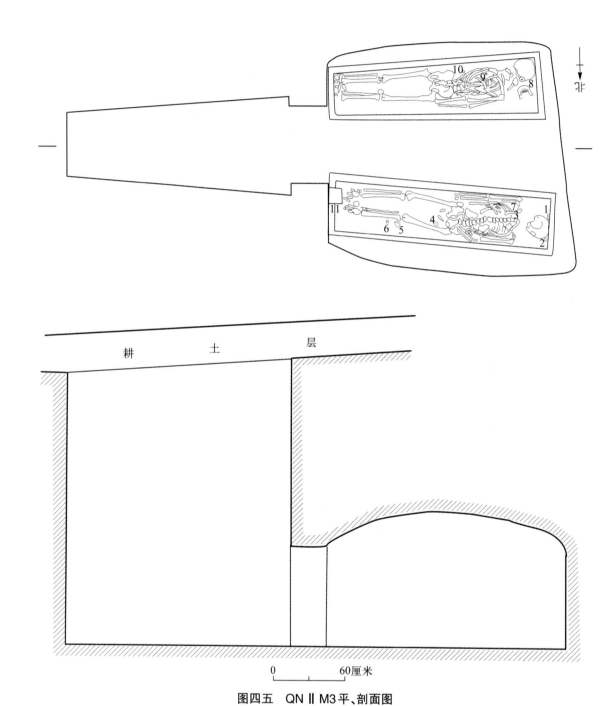

图四五　QN Ⅱ M3平、剖面图

1. 铜帽顶　2、4、10. 铜钱　3、9. 铜纽扣　5. 瓷罐　6. 瓷盏　7. 铜烟袋　8. 银耳环　11. 符瓦

（1）瓷器

瓷罐，1件。标本ⅡM3：5，直口，圆唇，扁鼓腹，双耳残，圈足。灰胎，口部、外壁施黑釉，足部无釉，外壁施数周凸棱，内壁施螺旋状凸纹。口径8.1、腹径10、底径6.2、高6.5厘米（图四三，10；图版二八，1）。

瓷盏，1件。标本ⅡM3：6，完整，侈口，口部规整，斜直腹，平底。灰胎，口部、内壁施黑釉。口径4.3、底径3、高1.6厘米（图版二八，2）。

（2）铜、银器

铜帽顶，1组3件。标本ⅡM3：1，残损，铜座由一个带螺纹的连接轴和两个圆形垫片组成，螺纹连接轴上有布屑残留。通高4.2，两个圆形垫片直径分别为1.4、2厘米（图四三，9；图版二七，2）。

铜纽扣，2组18枚。

标本ⅡM3：3，1组10枚，形制一致，大小不一，完整，扣体呈球状，内部中空，大纽扣有5枚（ⅡM3：3-1，图四三，7；图版二七，4），有五角星装饰，扣体上铸有一环形纽，通高1.5、扣直径1厘米。小纽扣5枚（ⅡM3：3-2，图四三，8；图版二七，4），扣体呈球状，内部中空，扣体上铸有一细环形纽，下接一细圆环，通高1.4、扣直径0.7厘米。

标本ⅡM3：9，1组8枚，形制一致，完整，扣体呈球状，内部中空，素面，扣体上铸有一环形纽。通高1.3、扣直径0.9厘米（图四三，5、6；图版二八，5）。

铜烟袋，1组2件。标本ⅡM3：7，残成两段，由铜质烟嘴、铜质烟锅和木柄组成。烟锅分离于木柄，烟锅、烟嘴共2件。烟锅呈直口，圆唇，柄部比腹部稍细，断面均呈圆形，内中空，柄部有木柄残留，烟袋锅长8、直径0.7厘米。烟嘴整体呈空心圆柱形，断面呈圆形，口径比柄径稍小，柄内残存木屑痕迹，烟嘴长6、直径0.7厘米（图四三，4；图版二八，3）。

银耳环，1件。标本ⅡM3：8，完整，圆环未闭合，表面光滑，素面。直径1.9—2.1厘米（图四三，11；图版二八，4）。

铜钱，3组7枚。

标本ⅡM3：2，1枚。方穿，有内外廓，外廓较厚，正面楷书"乾隆通宝"，直读，背书满文锈蚀不清，直径2.2、孔径0.6厘米（图版二七，3）。

标本ⅡM3：4，1组2枚。1枚道光通宝（ⅡM3：4-1），方穿，有内外廓，外廓较厚，正面楷书"道光通宝"，直读，背书满文"宝源"，直径2.5、孔径0.6厘米（图四三，3；图版二七，5）。1枚嘉庆通宝（ⅡM3：4-2），方穿，有内外廓，外廓较厚，正面楷书"嘉庆通宝"，直读，背书满文"宝泉"，直径2.5、孔径0.6厘米（图四三，2；图版二七，5）。

标本ⅡM3：10，1组4枚。2枚方穿，有内外廓，外廓较厚，正面楷书"乾隆通宝"，直读，背书满文"宝泉"，直径2.4、孔径0.6厘米。1枚政和通宝（ⅡM3：10），方穿，有内外廓，外廓较厚，正面楷书"政和通宝"，直读，背面光素，直径2.4、孔径0.6厘米。另1枚锈蚀严重，无法辨认（图四三，12；图版二八，6）。

（3）符瓦

符瓦1件。标本ⅡM3：11，完整，泥质灰陶，板瓦，横截面呈弧形，长22.8、上宽13.5、下宽13.2、厚3.5厘米。正面右侧墨书推测为"亡魂超仙界"，其他部分字迹漫漶不清（图四三，1）。

四、ⅡM4

1. 墓葬位置

位于Ⅱ区北部，东邻ⅡM6，西邻ⅡM1，方向为85°。

2. 墓葬形制与结构

竖井墓道砖室墓，由墓道、墓门、甬道、墓室四部分组成（图四六；图版二八，7）。

墓道平面呈梯形，墓道口长2.1、宽0.66—1.44米，距地表0.2米，墓道底长2.1、宽0.66—1.44米，距现地表2.5—2.6米。甬道长0.54、宽1、高1.8米。墓门宽1.02、高1.5米。墓室建于竖穴土圹之内，位于甬道西端，平面呈长方形，四壁用长0.23、宽0.12、厚0.06米砖平铺砌垒而成，拱形券顶，墓底铺砖一层。墓室南、北、西、三壁中部各建有一宽0.4、进深0.26、高0.26米的壁龛。墓底长2.76、宽3.14、高2.3米，距现地表2.6米。

3. 葬具、葬式

发现木棺两具，已朽，东西向置于墓室的中间和南侧，平面呈长方形，中间棺长1.86、宽0.58—0.7米，南侧棺长2、宽0.6—0.7米。

发现人骨三具，中间和南侧人骨置于木棺内。骨架均散乱放置，为二次葬。

北侧墓主为27—28岁的女性，中间墓主为35—39岁的男性，南侧墓主为51—60岁的女性。

4. 随葬器物

随葬器物14件/组，包括瓷罐3件、瓷盏2件、瓷壶1件、铜粉盒1件、银戒指2组3件、铜烟袋1组2件、铜纽扣1组7枚、铜钱1组2枚、符瓦2件。墓室西北角置1件瓷罐和1件瓷盏，墓室东部门口摆放有1件瓷壶、2件瓷罐、1件瓷盏和1件铜粉盒，北侧人骨足部有1件符瓦，中间人骨骨架堆内有1枚铜钱，南侧棺内人骨边有2件银耳环、1组铜烟袋和1组铜纽扣，墓室东南壁边竖立1块符瓦。

（1）瓷器

瓷罐，3件。

标本ⅡM4：2，敞口，平沿，圆唇，短粗颈、深弧腹，卧足，外底心微凸。灰胎。通体施黑釉，足部无釉，内壁口颈部施黑釉，腹部、底部施褐色釉，施数周浅凸棱。口径11.2、腹径12、底径8.6、高16.4厘米（图四七，16；图版三〇，3）。

标本ⅡM4：3，完整，直口，圆唇，深直腹，圈足。灰胎，通体施黑釉，足部、内腹部无釉。口径11.9、腹径13.3、底径9.1、高18.2厘米（图四七，1；图版三〇，4）。

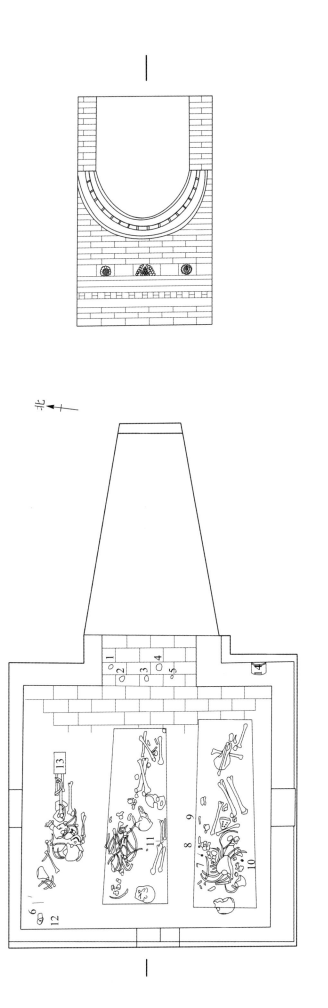

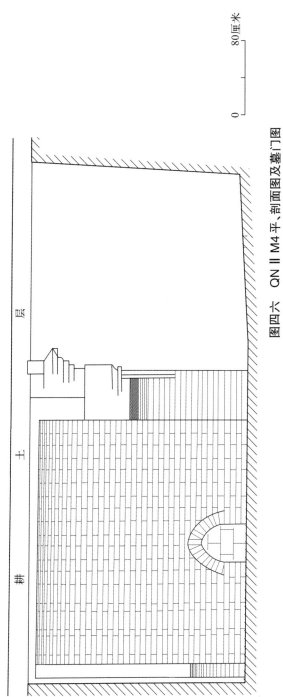

图四六　QNⅡM4平、剖面图及墓门图

1. 瓷壶　2、3、6. 瓷罐　4. 铜粉盒　5、12. 瓷盏　7、8. 银耳环　9. 铜烟袋　10. 铜纽扣　11. 铜钱　13、14. 符瓦

北

0　　　　　　80厘米

标本ⅡM4：6，完整，口微侈，圆唇，矮颈，深弧腹，圈足。灰胎，通体施黑釉，下腹部、足部无釉，内外施釉。口径9.7、腹径10.5、底径7.4、高10厘米（图四七，15；图版二九，4）。

瓷壶，1件。标本ⅡM4：1，完整，小口，圆唇，细束颈，广肩方折，下腹斜收，直腹下收，卧足。灰胎。通体施绿釉，足部无釉。口径2.9、腹径8、底径5.2、高7厘米（图四七，6；图版二九，1）。

瓷盏，2件。

标本ⅡM4：5，完整，侈口，圆唇，斜弧腹，圈足，外底心微凸。灰白胎，口部、上腹部施白釉，足部、下腹部无釉，内部满白釉，敷有化妆土。口径8.5、底径4.65、高3.2厘米（图四七，11；图版二九，3）。

标本ⅡM4：12，完整，侈口，圆唇，斜弧腹，圈足，外底心微凸。灰白胎，口部、上腹部施白釉，足部、下腹部无釉，内部满白釉，敷有化妆土。口径7.4、底径4、高3厘米（图四七，13；图版三〇，2）。

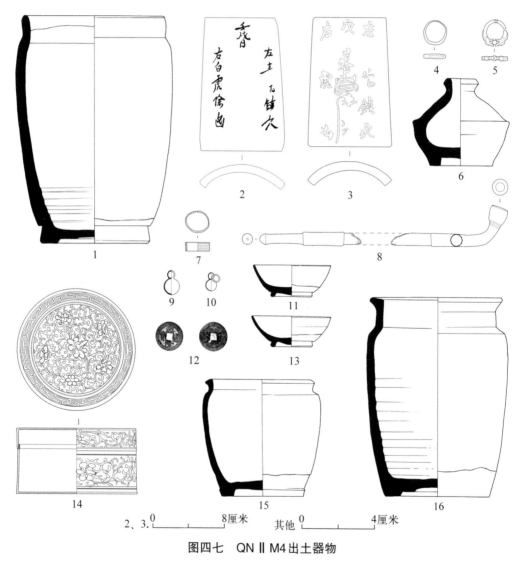

图四七　QNⅡM4出土器物

1、15、16. 瓷罐（ⅡM4：3、6、2）　2、3. 符瓦（ⅡM4：14、13）　4、5、7. 银戒指（ⅡM4：7-1、7-2、8）　6. 瓷壶（ⅡM4：1）　8. 铜烟袋（ⅡM4：9）　9、10. 铜纽扣（ⅡM4：10-1、10-2）　11、13. 瓷盏（ⅡM4：5、12）　12. 铜钱（ⅡM4：11）　14. 铜粉盒（ⅡM4：4）

（2）铜、银器

铜粉盒，1件。标本ⅡM4：4，残，整体呈圆柱形，子母扣，深直腹，卧足。器物外部周身以黄彩为底，饰绿彩草叶纹和粉彩花卉纹。器盖呈圆形，在圆形草叶花卉图外饰一周粉彩弦纹和一周白底蓝彩回字纹。器底和内壁为白色。直径10、通高4.8厘米（图四七，14；图版二九，2）。

银戒指，2组3件。

标本ⅡM4：7-1，锈残，整体呈圆环形，闭合，正面较宽，饰一道凹弦纹。直径2、宽0.2—0.4厘米（图四七，4；图版二九，5）。

标本ⅡM4：7-2，残，整体呈圆环形，闭合，戒指头饰二龙戏珠纹饰。直径2、宽0.4厘米（图四七，5；图版二九，5）。

标本ⅡM4：8，锈残，整体呈圆环形，未闭合，饰三周凹弦纹。直径2、宽0.7厘米（图四七，7；图版二九，6）。

铜烟袋，1组2件。标本ⅡM4：9，残成两段，由铜质烟嘴、铜质烟锅和木柄组成。烟锅呈直口，圆唇，柄部比腹部稍细，断面均呈圆形，内中空，柄部有木柄残留，烟锅长10、直径1厘米。烟嘴整体呈空心圆柱形，断面呈圆形，口径比柄径稍小，柄内残存木屑痕迹，烟嘴残长8.2、直径0.7—1.1厘米（图四七，8；图版二九，7）。

铜纽扣，1组7枚。标本ⅡM4：10，形制一致，锈残，扣体呈空心球状，素面，扣体上铸有一环形纽并相扣一铜环。通高2、扣直径1厘米（图四七，9、10；图版二九，8）。

铜钱，1组2枚。标本ⅡM4：11，方穿，有内外廓，外廓较厚，正面楷书"乾隆通宝"，直读，背书满文，锈蚀不清无法辨认，直径2.3、孔径0.6厘米（图四七，12；图版三〇，1）。

（3）符瓦

符瓦2件。

标本ⅡM4：13，完整，泥质灰陶，板瓦，横截面呈弧形，长22.2、上宽13.5、下宽14.8、厚4.2厘米。正面上部朱书"戊申日符"，正中朱砂绘符，符箓两侧墨书推测为"左青龙镇穴，右白虎除凶"（图四七，3）。

标本ⅡM4：14，完整，泥质灰陶，板瓦，横截面呈弧形，长22.5、上宽13.5、下宽15.5、厚4.8厘米。正面上部墨书"壬戌日"，正中朱砂绘符，符箓两侧墨书推测为"左青龙镇穴，右白虎除凶"，下部字迹不清（图四七，2）。

五、ⅡM5

1. 墓葬位置

位于Ⅱ区北部，西邻ⅡM1，北邻ⅡM6，方向为89°。

2. 墓葬形制与结构

斜坡墓道石室墓，由墓道、墓门、墓室三部分组成（图四八；图版三〇，5）。

墓道平面呈梯形，上口长2.4、宽0.6—1米，距现地表0.2米，墓道底长2.4、宽0.6—1米，距现

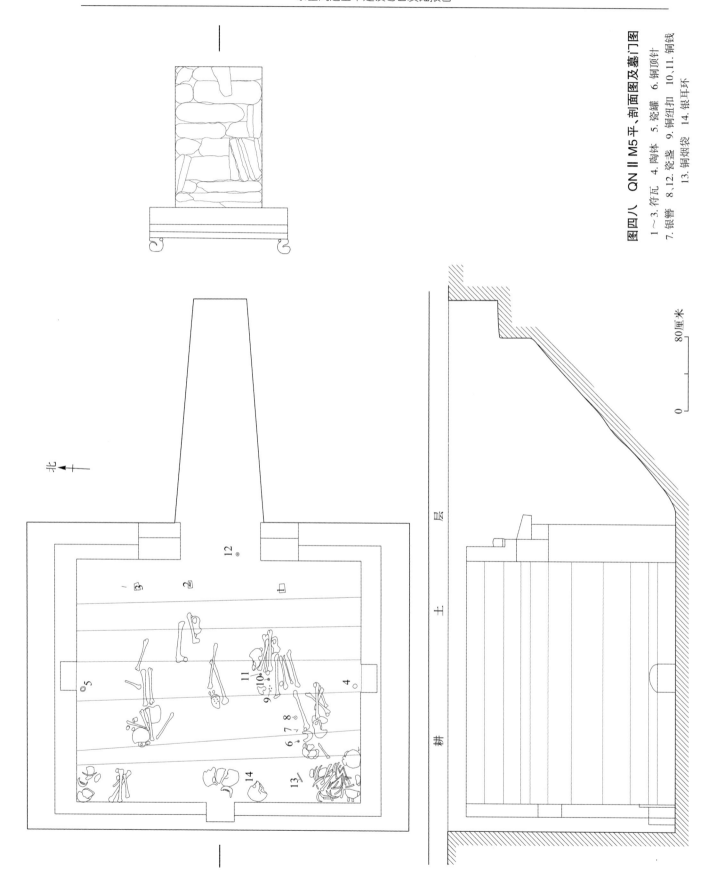

图四八　QN II M5平、剖面图及墓门图

1~3.符瓦　4.陶钵　5.瓷罐　6.铜顶针
7.银簪　8,12.瓷盏　9.铜纽扣　10,11.铜钱
13.铜烟袋　14.银耳环

北

耕　土　层

0　　　　　　　80厘米

地表2.7米。墓室建于竖穴土圹之内,位于甬道西端,平面呈长方形,四壁平整,拱形券顶,墓底平坦。墓室南、北、西、三壁中部各建有一宽0.3、进深0.18、高0.18米的壁龛。墓底长3.26、宽3.6米,距现地表2.7,墓门宽1、高1.6米,距现地表1.3米。

3. 葬具、葬式

发现木棺,只存棺底板,南北向置于墓室正中。棺底板长3.2、宽0.26—0.4米。

发现人骨十具,保存情况较差,多不完整,骨架散乱分布于墓室中部和西部,均为二次葬。性别年龄信息如下:西北角人骨为50—59岁的女性,北部人骨为15—18岁的女性,中间北侧棺内人骨为60多岁的男性,中间棺内人骨为60多岁的女性,其余6具人骨均堆放在墓室西南角。其中2具仅存少量烧骨,无法鉴定,还有2具骨骼保存较差,仅可知年龄为成年,性别年龄不详,其他2具人骨分别为13—16岁的男性和14—16岁的女性。

4. 随葬器物

随葬器物14件/组。包括瓷罐1件、瓷盏2组3件、陶钵1件、铜顶针1件、银簪1件、铜纽扣1组4枚、铜烟袋1组3件、银耳环1件、符瓦3件、铜钱2组6枚。墓室门口放置3件符瓦,墓室北壁壁龛边放有1件瓷罐,墓室南壁壁龛边有1件陶钵,墓门处有1件瓷盏,墓室西壁壁龛边放有1件银耳环,其余器物均散落在西南侧的人骨上。

（1）陶、瓷器

瓷罐,1件。标本ⅡM5:5,口部微残,直口,圆唇,深弧腹,圈足,外底心微凸。灰胎。通体施褐釉、下腹部、底部无釉,内外施釉,表面有窑变痕迹。口径7.1、腹径8.7、底径5.5、高11厘米(图四九,1;图版三一,3)。

瓷盏,2组3件。

标本ⅡM5:8,完整,侈口,腹部弧收至平底,内施黑釉,器表仅口沿一周施黑釉。口径4、底径2.4、高1.7厘米(图四九,16;图版三一,6)。

标本ⅡM5:12-1,完整,侈口,腹部弧收至平底,内施黑釉,器表仅口沿一周施黑釉。口径4.3、底径3、高1.7厘米(图版三二,2)。

标本ⅡM5:12-2,完整,侈口,腹部弧收至平底,内施黑釉,器表仅口沿一周施黑釉。口径4、底径2.6、高1.6厘米(图版三二,2)。

陶钵,1件。标本ⅡM5:4,完整,泥质黑陶,表面磨光,敛口,圆唇,鼓腹,平底,有明显的轮制痕迹。口径6.8、底径8.5、高8.5厘米。(图四九,6;图版三一,1)

（2）铜、银器

铜顶针,1件。标本ⅡM5:6,锈残,呈椭圆形,展开呈扁长条状,外壁铸有数个小圆形窝点。直径1.8、宽0.85、厚0.1厘米(图四九,4;图版三一,2)。

银簪,1件。标本ⅡM5:7,残断,簪首呈如意形,向上弯折,簪体扁平,簪尾断裂,素面。残长8.8、宽0.5—0.6、厚0.1厘米(图四九,9;图版三一,5)。

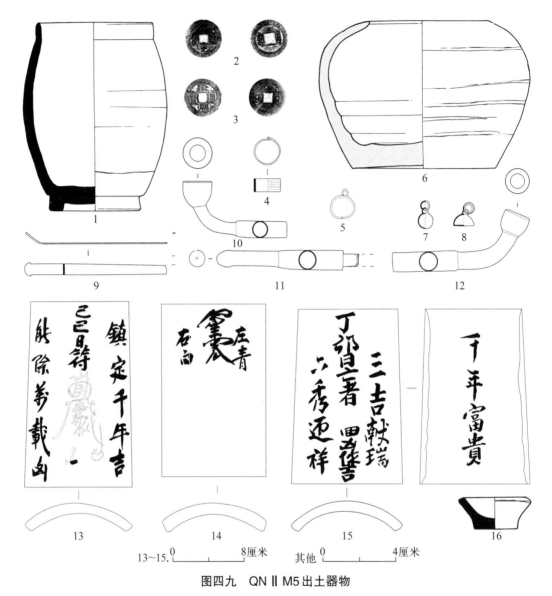

图四九　QN Ⅱ M5 出土器物

1. 瓷罐（Ⅱ M5：5）　2、3. 铜钱（Ⅱ M5：10、11）　4. 铜顶针（Ⅱ M5：6）　5. 银耳环（Ⅱ M5：14）　6. 陶钵（Ⅱ M5：4）
7、8. 铜纽扣（Ⅱ M5：9-1、9-2）　9. 银簪（Ⅱ M5：7）　10～12. 铜烟袋（Ⅱ M5：13-1、13-2、13-3）
13～15. 符瓦（Ⅱ M5：1-3）　16. 瓷盏（Ⅱ M5：8）

铜纽扣，1组4枚。形状有2种。

标本Ⅱ M5：9-1，3枚，锈残，扣体呈空心球状，素面，铸有一环形纽相扣一铜环。通高1.8、扣直径1厘米（图四九，7；图版三一，7）。

标本Ⅱ M5：9-2，1枚，锈残，扣体呈半球状，空心，素面，扣体铸有一环形纽相扣一铜环。通高1.5、直径1.1厘米（图四九，8；图版三一，7）。

铜烟袋，1组3件。标本Ⅱ M5：13，残断，由铜质烟嘴、铜质烟锅组成。铜烟锅有2件，烟嘴有1件，烟锅形制相近，呈直口，圆唇，柄部比腹部稍细，断面均呈圆形，内中空，1件烟锅（Ⅱ M5：13-1）长6.35、直径1—1.8厘米（图四九，10；图版三二，3）；1件烟嘴整体呈空心圆柱形，断面呈圆形，口径比柄径稍小,烟嘴(ⅡM5:13-2)长7.7、直径1.2厘米(图四九,11;图版三二,3)。1件烟锅(ⅡM5:13-3)长8.6、直径1.2—1.6厘米(图四九,12;图版三二,3)。

银耳环,1件。标本ⅡM5:14,完整,未闭合圆环,另一端弯曲成一小环。耳环直径2.4—2.6、断面直径0.15厘米(图四九,5;图版三二,4)。

铜钱,2组6枚。

标本ⅡM5:11,1组2枚。1枚方穿,有内外廓,外廓较厚,正面楷书"康熙通宝",直读,背书满文已经锈蚀不清,直径2.3、孔径0.6厘米。1枚锈蚀不清,钱文无法辨认(图四九,3;图版三一,8)。

标本ⅡM5:10,1组4枚。3枚锈蚀不清,钱文无法辨认;1枚方穿,有内外廓,外廓较厚,正面楷书"道光通宝",直读,背书满文"宝泉",直径2.25、孔径0.65厘米(图四九,2;图版三二,1)。

（3）符瓦

符瓦3件。

标本ⅡM5:1,残,泥质灰陶,板瓦,横截面呈弧形,长24、上宽14、下宽14.8、厚3.8厘米。正面上部墨书"己巳日符",正中朱砂绘符,符篆两侧墨书"镇定千年吉,能除万载凶"(图四九,13)。

标本ⅡM5:2,完整,泥质灰陶,板瓦,横截面呈弧形,长22、上宽14、下宽14、厚3.8厘米。正面两侧墨书"左青……右白……",其他部分字迹漫漶不清(图四九,14)。

标本ⅡM5:3,完整,泥质灰陶,板瓦,横截面呈弧形,长22、上宽13.5、下宽14.5、厚3.8厘米。正面上部墨书"丁卯日亡者",两侧墨书"三吉献瑞,六秀迎祥",下部墨书"回凶作吉",背部墨书"千年富贵"(图四九,15;图版三一,4)。

六、ⅡM6

1. 墓葬位置

位于Ⅱ区北部,西邻ⅡM4,南邻ⅡM5,方向为93°。

2. 墓葬形制与结构

竖井墓道土洞墓,由墓道、墓室两部分组成(图五〇;图版三二,5)。

墓道平面呈梯形,墓道口长2.3、宽0.74—1.14、深0.3米,墓道底长2.3、宽0.74—1.14米,距现地表1.86—2.24米。墓室为土洞,位于墓道西端,平面呈梯形,四壁平整,拱形券顶,墓底平坦。墓底长2.34、宽1.46—2.22、高0.84—1.24米,距现地表2.42米。

3. 葬具、葬式

发现木棺两具,已朽,东西向置于墓室正中,平面呈长方形,北棺长1.88、宽0.4—0.66米,南棺长1.8、宽0.4—0.5米。

发现人骨两具,保存情况较好,北侧人骨头向西,面向上,仰身直肢;南侧人骨头向西,面向上,仰身直肢,小腿交叉。

北侧墓主为51—60岁的男性,南侧墓主为60多岁的女性。

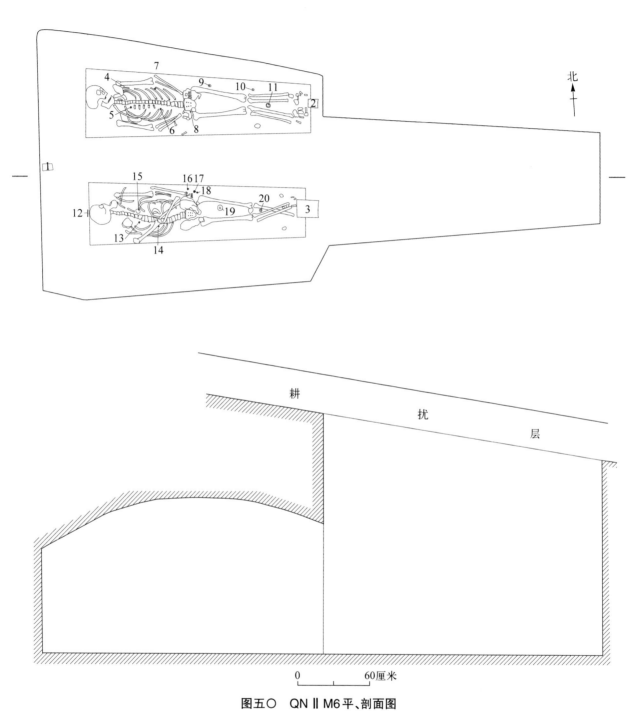

图五〇　QN Ⅱ M6平、剖面图

1. 符砖　2、3. 符瓦　4. 铜烟锅　5、13. 铜纽扣　6～10、14、18. 铜钱　11、20. 瓷罐　12. 银扁方　15. 银耳环　16. 银戒指
17. 铜戒指　19. 瓷盏

4. 随葬器物

随葬器物共20件/组。包括瓷罐2件、瓷盏1件、铜烟锅1件、铜纽扣2组24枚、银扁方1件、银耳环1组2件、银戒指1件、铜戒指1件、符瓦2件、符砖1件、铜钱7组12枚。墓室西北角有1块符砖,两具人骨足部各有1件符瓦,北侧人骨胸部有1件铜烟锅和1组铜纽扣,人骨周围还散落有5枚铜钱,两腿之间置1件瓷罐,南侧人骨头顶有1件银扁方,胸部有1件银耳环和1组铜纽扣,腹部有2枚铜钱,左手手指骨上有1枚银戒指和1枚铜戒指,两腿之间有1件瓷罐和1件瓷盏。

（1）瓷器

瓷罐,2件。

标本ⅡM6:11,残,直口,圆唇,束颈,双耳残,扁鼓腹,圈足。灰胎、口部、颈部、上腹部施褐釉,下腹部、足部及底部无釉,内外施釉,内壁有螺旋状凸纹。口径11.1、腹径12.8、底径6.1、高6.7厘米(图五一,2;图版三三,8)。

标本ⅡM6:20,残,直口,圆唇,双耳残,扁鼓腹,圈足。灰胎。通体施红褐釉,口部、下腹部及足部无釉,内外施釉,内壁有黑色螺旋凸纹。口径9.4、腹径12.5、底径6.3、高7厘米(图五一,1)。

瓷盏,1件。标本ⅡM6:19,完整,敛口,斜直腹,平底。灰胎,口部施黑釉,其余部位无釉,内壁满施黑釉。口径4.5、底径2.9、高2厘米(图五一,7;图版三四,8)。

（2）铜、银器

铜烟锅,1件。标本ⅡM6:4,锈残,直口,圆唇,柄部比腹部稍细,断面均呈圆形,内中空,柄部有木柄残留。残长6.3厘米(图五一,10;图版三三,1)。

铜纽扣,2组24枚。

标本ⅡM6:5,1组14枚。形制相同,大小有所不同,锈残,扣体呈空心球状,素面,铸有一环形纽相,环形纽上相扣一铜环。4枚大的通高1.8、扣直径1.3厘米;10枚小的通高1.3、扣直径1厘米(图五一,9;图版三三,2)。

标本ⅡM6:13,1组10枚。形制相同,锈残,扣体呈空心球状,素面,扣体上铸有一环形纽并相扣一铜环。通高2、扣直径1厘米(图版三四,2)。

银扁方,1件。标本ⅡM6:12,整体呈长方形,簪首弯曲卷两周半呈圆柱形,整体扁长,簪首堆塑一蝙蝠纹样,簪颈錾刻圆形"寿"字纹,中部及簪尾部錾刻花草纹。背部錾刻文字,已模糊不清。长13.9、宽1.8厘米(图五一,3;图版三四,1)。

银耳环,1组2件。标本ⅡM6:15,形制大小相同,锈残,呈未闭合圆环形,环托上有梅花装饰纹样。直径2厘米(图五一,6;图版三四,4)。

银戒指,1件。标本ⅡM6:16,锈残变形,圆环形,素面光滑,未闭合,饰两道凹弦纹。直径2、宽0.9厘米(图五一,5;图版三四,5)。

铜戒指,1件。标本ⅡM6:17,残断,圆环形,素面。残径1.6、宽0.9厘米(图五一,4;图版三四,6)。

铜钱,7组12枚。

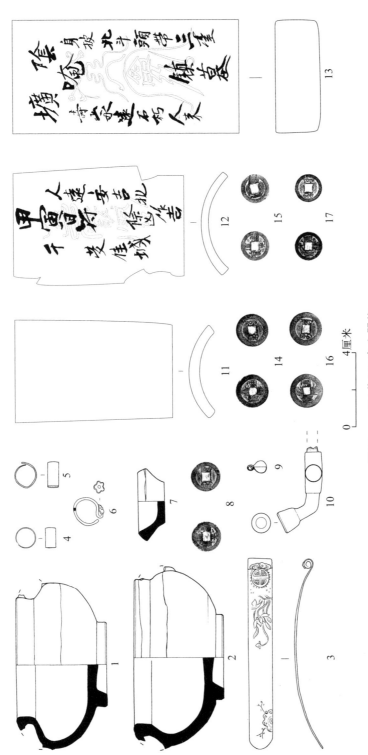

图五一　QN Ⅱ M6 出土器物

1.2. 瓷罐（ⅡM6：20,11）　3. 银扁方（ⅡM6：12）　4. 铜戒指（ⅡM6：16）　5. 银戒指（ⅡM6：17）　6. 银耳环（ⅡM6：15）
7. 瓷盏（ⅡM6：19）　8,14～17. 铜钱（ⅡM6：9,6-1,10-1,6-2,8）　9. 铜纽扣（ⅡM6：5）　10. 铜烟锅（ⅡM6：4）
11～12. 符瓦（Ⅱ6：3,2）　13. 符砖（ⅡM6：1）

标本ⅡM6：6，2枚。嘉庆通宝1枚（ⅡM6：6-1），方穿，有内外廓，外廓较厚，正面楷书"嘉庆通宝"，直读，背书满文"宝泉"，直径2.4、孔径0.6厘米（图五一，14；图版三三，3）。乾隆通宝1枚（ⅡM6：6-2），方穿，有内外廓，外廓较厚，正面楷书"乾隆通宝"，直读，背书满文"宝泉"，直径2.4、孔径0.6厘米（图五一，16；图版三三，3）。

标本ⅡM6：7，1枚。方孔圆钱，轻薄，磨损严重无法辨识。直径1.7、孔径0.6厘米（图版三三，4）。

标本ⅡM6：8，1枚。方穿，有内外廓，外廓较厚，正面楷书"光绪通宝"，直读，背书满文"宝云"，直径2.1、孔径0.65厘米（图五一，17；图版三三，5）。

标本ⅡM6：9，1枚。方穿，有内外廓，外廓较厚，正面楷书"道光通宝"，直读，背书满文"宝源"，直径2.2、孔径0.6厘米（图五一，8；图版三三，6）。

标本ⅡM6：10，1组5枚。1枚道光通宝（ⅡM6：10-1），方穿，有内外廓，外廓较厚，正面楷书"道光通宝"，直读，背书满文"宝泉"，直径2.2、孔径0.6厘米（图五一，15；图版三三，7）；1枚咸丰通宝（ⅡM6：10-2），方穿，有内外廓，外廓较厚，正面楷书"咸丰通宝"，直读，背书满文锈蚀不清，直径2、孔径0.6厘米；3枚锈蚀不清，钱文无法辨认。

标本ⅡM6：14，1枚。锈蚀不清，无法辨认。直径2.2、孔径0.6厘米（图版三四，3）。

标本ⅡM6：18，1枚。残破成半截，钱文无法辨认（图版三四，7）。

（3）符瓦、符砖

符瓦，2件。

标本ⅡM6：2，残，泥质灰陶，板瓦，横截面呈弧形，长22.7、上宽14、下宽15.2、厚3.5厘米。正面上部墨书"甲寅日符"，正中朱砂绘符，符箓两侧墨书推测为"久远安吉北，千载□佳城"，下部墨书"除凶作吉"（图五一，12）。

标本ⅡM6：3，完整，泥质灰陶，板瓦，横截面呈弧形，长21.7、上宽13.8、下宽12.8、厚4厘米。文字内容漫漶不清（图五一，11）。

符砖，1件。标本ⅡM6：1，完整，泥质灰陶，长方形，长28、宽23.5、厚5.5厘米。正面上部墨书"阴圹""唵"，中部朱砂绘符，符箓两侧墨书"身披北斗头带三台，寿山永远石朽人来"，下部墨书"镇墓"（图五一，13）。

七、ⅡM7

1. 墓葬位置

位于Ⅱ区中部，东邻ⅡM11，南邻ⅡM8，方向为100°。

2. 墓葬形制与结构

竖井墓道土洞墓，由墓道、墓室两部分组成（图五二；图版三五，1）。

墓道平面呈梯形，墓道口长1.94、宽0.56—1.06、深0.3米，墓道底长1.94、宽0.56—1.06米，距现地表2.4—2.54米。墓室为土洞，位于墓道西端，平面呈长方形，四壁平整，拱形券顶，墓底平坦。

墓底长1.9、宽1.4、高0.96—1.34米,距现地表2.56米。

3. 葬具、葬式

发现木棺一具,已朽,东西向置于墓室北侧,平面呈长方形,北棺长1.8、宽0.54米。

发现人骨两具,北侧人骨置于棺内,保存完整,头向西,仰身直肢;南侧人骨散乱堆放,为二次葬。

北侧墓主为60多岁的男性,南侧墓主为50—59岁的女性。

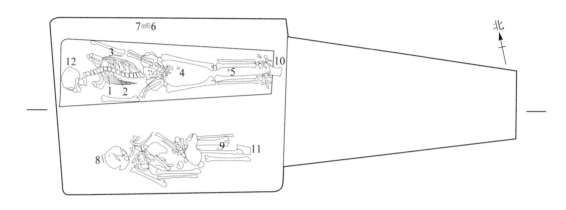

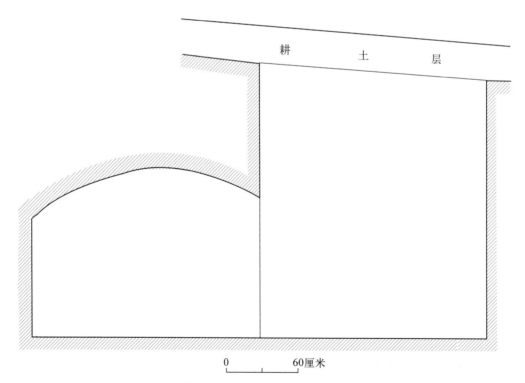

0　　　60厘米

图五二　QN Ⅱ M7平、剖面图

1. 铜纽扣　2、4、5、9. 铜钱　3. 铜烟袋　6. 瓷罐　7. 瓷盏　8. 银扁方　10、11. 符瓦　12. 铜扁方

4. 随葬器物

随葬器物共12件/组。包括瓷罐1件、瓷盏1件、铜纽扣1组12枚、铜烟袋1件、银扁方1件、铜扁方1件、符瓦2件、铜钱4组5枚。北侧棺内人骨头骨处有1件铜扁方,胸部有1组铜纽扣和1件铜烟袋,腹部、两腿之间有3枚铜钱,腿骨北侧有1件瓷罐和1件瓷盏,瓷盏置于瓷罐内,足部有1件符瓦,南侧人骨头顶有1件银扁方,两腿之间有1枚铜钱,足部有1件符瓦。

（1）瓷器

瓷罐,1件。标本ⅡM7:6,口部和双耳残,直口,圆唇,鼓腹,圈足,器底心微凸。灰白胎,通体施黄褐釉,釉面光亮,有少量气泡,下腹部、底部无釉,内壁施满釉,表面有窑变痕迹。口径8.35、腹径10.5、底径6.4、高6.65厘米（图五三,13;图版三六,2）。

瓷盏,1件。标本ⅡM7:7,完整,侈口,腹部弧收至平底。灰胎,口部、内壁施黑釉。口径4.6、底径2.55、高1.6厘米（图五三,2;图版三六,3）。

（2）铜、银器

铜纽扣,1组12枚。标本ⅡM7:1,形制一致,大小不一,完整,扣体呈球状,内部中空,素面,扣体上铸有一环形纽。5枚小的（标本ⅡM7:1-1）通高1.2、扣直径0.8厘米（图五三,8;图版三五,2）;6枚大的（标本ⅡM7:1-3）通高1.7、扣直径1.2厘米（图五三,10;图版三五,2）;1枚中

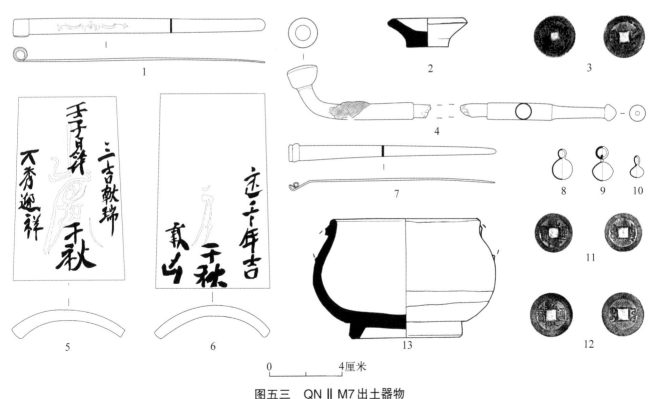

0   4厘米

图五三　QNⅡM7出土器物

1. 银扁方（ⅡM7:8）　2. 瓷盏（ⅡM7:7）　3、11、12. 铜钱（ⅡM7:4、2、9）　4. 铜烟袋（ⅡM7:3）　5、6. 符瓦（ⅡM7:10、11）
7. 铜扁方（ⅡM7:12）　8～10. 铜纽扣（ⅡM7:1-1、1-2、1-3）　13. 瓷罐（ⅡM7:6）

的（标本Ⅱ M7：1-2）扣体上铸有一环形纽，并相扣一铜环，扣直径1.2、通高2厘米（图五三，9；图版三五，2）。

铜烟袋，1件。标本Ⅱ M7：3，残成两段，只剩下烟锅和烟嘴，木柄已朽，在烟嘴和烟锅连接口有所残留，烟锅呈直口，圆唇，柄部比腹部稍细，断面均呈圆形，内中空，长8.2、直径3米。烟嘴整体呈空心圆柱形，断面呈圆形，口径比柄径稍小，烟嘴长9、管径0.6—0.9厘米（图五三，4；图版三五，4）。

银扁方，1件。标本Ⅱ M7：8，残断，簪首弯曲两周，簪体扁平呈细长条状，上宽下窄，簪身錾刻花草纹，簪尾较圆钝。通长14.5、宽0.7—0.9厘米（图五三，1；图版三六，4）。

铜扁方，1件。标本Ⅱ M7：12，完整，呈扁长条状，簪首左右折叠两层，簪身上宽下窄，簪尾较圆钝。通长11.9、宽0.3—0.8厘米（图五三，7；图版三六，6）。

铜钱，4组5枚。

标本Ⅱ M7：2，1枚。方穿，有内外廓，外廓较厚，正面楷书"乾隆通宝"，直读，背书满文"宝泉"，直径2.3、孔径0.6厘米（图五三，11；图版三五，3）。

标本Ⅱ M7：4，1枚。方穿，有内外廓，外廓较厚，正面楷书"嘉庆通宝"，直读，背书满文锈蚀不清，直径2.4、孔径0.6厘米（图五三，3；图版三五，5）。

标本Ⅱ M7：5，1组2枚。一枚方穿，有内外廓，外廓较厚，正面楷书"乾隆通宝"，直读，背书满文"宝泉"，直径2.4、孔径0.6厘米。一枚方穿，有内外廓，外廓较厚，正面楷书"道光通宝"，直读，背书隐约可见满文"宝南"，直径2.2、孔径0.6厘米（图版三六，1）。

标本Ⅱ M7：9，1枚。方穿，有内外廓，外廓较厚，正面楷书"乾隆通宝"，直读，背书满文"宝源"，直径2.4、孔径0.6厘米（图五三，12；图版三六，5）。

（3）符瓦

符瓦2件。

标本Ⅱ M7：10，完整，泥质灰陶，板瓦，横截面呈弧形，长23.1、上宽13.5、下宽14.5、厚3.5厘米。正面上部墨书"壬子日符"，正中朱砂绘符，符箓两侧墨书"三吉献瑞，六秀迎祥"，下部墨书"千秋"（图五三，5；图版三六，7）。

标本Ⅱ M7：11，完整，泥质灰陶，板瓦，横截面呈弧形，长24、上宽13.8、下宽15、厚4.3厘米。正面上部字迹不清，中部朱砂绘符，符箓两侧墨书"……年吉……载凶"，下部墨书"千秋"（图五三，6；图版三六，8）。

八、Ⅱ M8

1. 墓葬位置

位于Ⅱ区南部，东邻Ⅱ M10，北邻Ⅱ M7。方向为93°。

2. 墓葬形制与结构

竖井墓道土洞墓，由墓道、墓室两部分组成（图五四；图版三七，1）。

墓道平面呈梯形,墓道口长2、宽0.6—1.04、深0.3米,墓道底长1.6、宽0.6—1.04米,距现地表2.74—2.84米。墓室为土洞,位于墓道西端,平面呈长方形,四壁平整,拱形顶,墓底平坦。墓底长2.06、宽1.82、高0.8—1.26米,距现地表2.9米。

3. 葬具、葬式

发现木棺一具,已朽,东西向置于墓室正中,平面呈长方形,棺长1.74、宽0.46—0.6米。

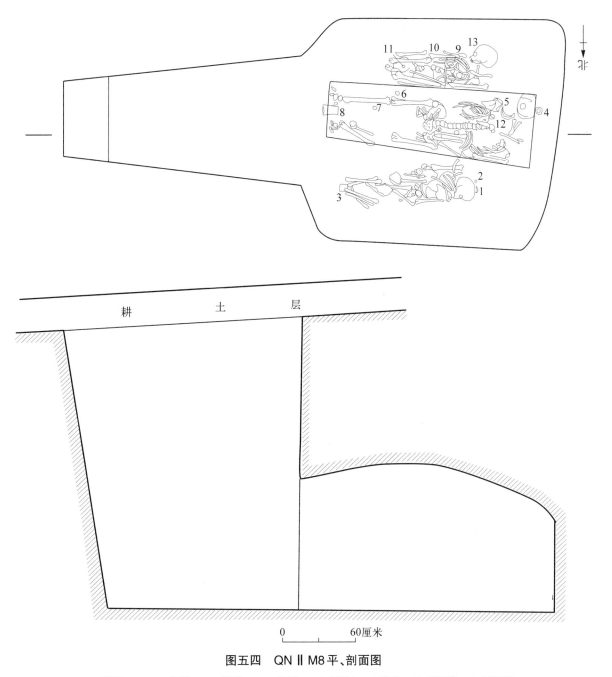

图五四 QN Ⅱ M8平、剖面图

1. 铜簪 2、7、11. 铜钱 3、8. 符瓦 4、10. 瓷罐 5、9. 铜纽扣 6. 瓷盏 12. 石烟嘴 13. 铜帽顶

发现人骨三具,保存情况较差,均散乱的放置在墓室中部,为二次葬。

北侧墓主为60多岁的男性,中间墓主为60多岁的女性,南侧墓主为50—59岁的女性。

4. 随葬器物

随葬器物共13件/组。包括瓷罐2件、瓷盏1件、铜簪1件、铜纽扣2组18枚、铜帽顶1组2件、符瓦2件、铜钱3组4枚、石烟嘴1件。北侧人骨头顶有1件铜簪和1枚铜钱,足部有1件符瓦,中间人骨头顶有1件瓷罐,胸部有1组铜纽扣和1件石烟嘴,腿部有2枚铜钱和1件瓷盏,足部有1件符瓦,南侧人骨头顶有1件铜帽顶,胸部有1组铜纽扣和1件瓷罐,腿部有1枚铜钱,

（1）瓷器

瓷罐,1件。标本ⅡM8：4,口微残,直口,圆唇,束颈,鼓腹,圈足,外底心微凸。灰胎,内施满釉,外壁施釉至下腹部,黑釉,釉面光亮。口径3.85、底径4.3、腹径6、高4.3厘米（图五五,13;图版三七,4）。

瓷盏,1件。标本ⅡM8：6,侈口,圆唇,斜弧腹,圈足,外底心微凸。灰白胎,口部、上腹部施白釉,足部、下腹部无釉,内部满白釉。口径7.9、底径3.8、高3.3厘米（图五五,12;图版三八,1）。

瓷罐,1件。标本ⅡM8：10,完整,直口,圆唇,深直腹,圈足。灰胎,内施满釉,外壁施釉至下腹部,黑釉,釉面光亮,内壁可见瓦棱纹。口径8.3、腹径9.3、底径6.85、高13.9厘米（图五五,1;图版三八,7）。

（2）铜器

铜簪,1件。标本ⅡM8：1,残成两段,簪首向下弯曲,左右折叠成三层,簪体扁平呈细长条状,簪尾较圆钝,素面。通长14.8、宽0.5—0.8厘米（图五五,3;图版三七,2）。

铜纽扣,2组18枚。

标本ⅡM8：5,1组9枚。形制一致,大小不一,完整,扣体呈球状,内部中空,素面,扣体上铸有一环形纽并相扣一铜环。大的（标本ⅡM8：5-1）通高2、扣直径1厘米（图五五,6;图版三七,5）,小的（标本ⅡM8：5-2）通高1.5、扣直径0.8厘米（图五五,7;图版三七,5）。

标本ⅡM8：9,1组9枚。形制一致,完整,扣体呈球状,内部中空,素面,扣体上铸有一环形纽并相扣一铜环。通高2、扣直径1厘米（图五五,8、9;图版三八,3）。

铜帽顶,1组2件。

标本ⅡM8：13-1,由一个连接轴和两个圆形垫片组成,连接轴三分之一处有一圆形垫片,垫片施两周凸弦纹,靠近底部有一较大圆形垫片,垫片施两周凸弦纹。连接轴施螺纹。连接轴残高2.9厘米,一圆形垫片直径2、一圆形垫片外径1.2厘米（图五五,4;图版三八,6）。

标本ⅡM8：13-2,铜帽顶构件,呈圆形,中心有一圆形穿孔,孔径上大下小,直径2.7、孔径1.5厘米（图五五,5;图版三八,6）。

铜钱,3组4枚。

标本ⅡM8：2,1枚。方穿,有内外廓,外廓较厚,正面楷书"嘉庆通宝",直读,背书满文"宝泉",直径2.5、孔径0.65厘米（图五五,11;图版三七,3）。

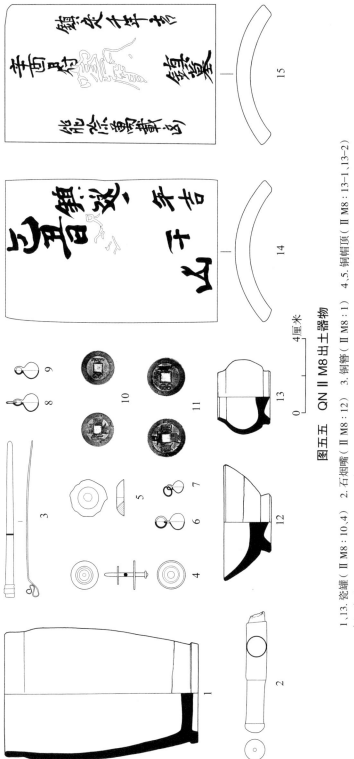

图五五　QN Ⅱ M8 出土器物

1、13. 瓷罐（Ⅱ M8：10，4）　2. 石烟嘴（Ⅱ M8：12）　3. 铜簪（Ⅱ M8：1）　4、5. 铜帽顶（Ⅱ M8：13-1，13-2）
6～9. 铜纽扣（Ⅱ M8：5-1，5-2，9-1，9-2）　10、11. 铜钱（Ⅱ M8：7，2）　12. 瓷盏（Ⅱ M8：6）　14、15. 符瓦（Ⅱ M8：3，8）

标本ⅡM8：7，2枚。方穿，有内外廓，外廓较厚，正面楷书"乾隆通宝"，直读，背书满文"宝泉"，直径2.4、孔径0.6厘米（图五五，10；图版三八，2）。

标本ⅡM8：11，1枚。锈蚀不清，钱文无法辨认（图版三八，4）。

（3）石器

石烟嘴，1件。标本ⅡM8：12，残断，只剩烟嘴部分。烟嘴为石制，整体呈空心圆柱形，断面呈圆形，口径比柄径稍小，柄内残存木屑痕迹，烟嘴残长8.1、直径1.4厘米（图五五，2；图版三八，5）。

（4）符瓦

符瓦，2件。

标本ⅡM8：3，残，泥质灰陶，板瓦，横截面呈弧形，长22、上宽13.2、下宽13.9、厚3.8厘米。正面上部墨书"乙丑日"，正中朱砂绘符，符箓两侧墨书推测为"镇定千年吉，能除万载凶"，下部墨书"千秋"（图五五，14；图版三八，8）。

标本ⅡM8：8，残，泥质灰陶，板瓦，横截面呈弧形，长21.7、上宽13.5、下宽14.5、厚3.6厘米。正面上部墨书"辛酉日符"，正中朱砂绘符，符箓两侧墨书"镇定千年吉，能除万载凶"，下部墨书"镇墓"（图五五，15）。

九、ⅡM9

1. 墓葬位置

位于Ⅱ区南部，北邻ⅡM10，方向为82°。

2. 墓葬形制与结构

竖井墓道土洞墓，由墓道、墓室两部分组成（图五六；图版三九，1）。

墓道平面呈梯形，上口长2.4、宽0.5—0.78、深0.3米，墓道底长2.2、宽0.5—0.78米，距现地表2.32—2.48米。墓室为土洞，位于墓道西端，平面近似长方形，四壁平整，拱形顶，墓底平坦。墓底长2、宽1.36、高0.9—1.14米，距现地表2.5米。

3. 葬具、葬式

未发现葬具。

发现人骨两具，保存情况较好，北侧人骨头西面北，仰身直肢；南侧人骨头向西面向上，上身仰卧，腿部微曲。

北侧墓主为50—59岁的男性，南侧墓主为40—44岁的女性。

4. 随葬器物

随葬器物共16件/组。包括瓷罐1件、瓷钵1件、瓷盏1件、铜帽顶1件、铜纽扣2组15枚、铜簪1组2件、铜烟袋1组2件、铜耳环1件、铁灯盏1件、符瓦1件、铜钱5枚。北侧人骨头顶有1组铜帽顶，头骨南侧有1件铜耳环，胸部有1组铜纽扣和1组铜烟袋，骨架周围散布有3枚铜钱，两腿之

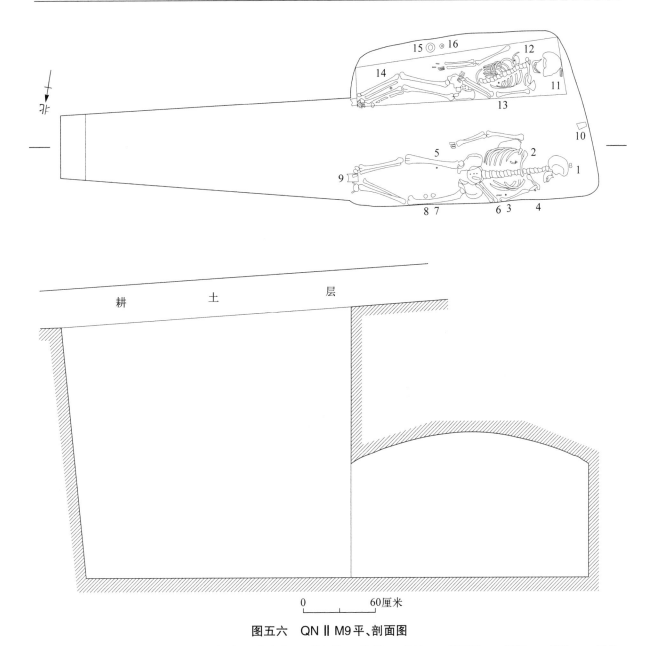

图五六　QN Ⅱ M9 平、剖面图

1. 铜帽顶　2、12. 铜纽扣　3～5、13、14. 铜钱　6. 铜烟袋　7. 铁灯盏　8. 瓷罐　9. 符瓦　10. 铜耳环　11. 铜簪　15. 瓷钵　16. 瓷盏

间有 1 件瓷罐和 1 件铁灯盏，足部东侧置 1 件符瓦，南侧人骨头骨处有 1 件铜簪，胸部有 1 组铜纽扣，腹部和腿部各有 1 枚铜钱，人骨南侧有 1 件瓷钵，1 件瓷盏。

（1）瓷器

瓷罐，1 件。标本 Ⅱ M9：8，耳残，直口，圆唇，扁鼓腹，圈足。灰胎，口部、上腹部施红褐釉，下腹部、足部无釉，内外施釉，内部有黑色螺旋状凸纹。口径 7.1、腹径 9.8、底径 5.4、高 6.6 厘米（图五七，3；图版四〇，4）。

瓷钵，1 件。标本 Ⅱ M9：15，完整，口微敛，平沿，弧腹，假圈足。灰胎，腹部施黑釉，口部、足部无釉,内部无釉,哑光。口径10.8、底径6.5、高5.6厘米(图五七,18;图版三九,5)。

瓷盏,1件。标本ⅡM9:16,完整,侈口,斜弧腹,平底。灰胎,口部施黑釉,腹部、底部无釉,内壁满黑釉。口径4.3、底径2.7、高1.6厘米(图五七,10)。

(2)铜、铁器

铜帽顶,1件。标本ⅡM9:1,由帽顶垫片和连接轴组成。垫片呈圆形,1大1小,素面,连接轴有螺纹。大垫片直径2、小垫片直径1.1、通高3.6厘米(图五七,8;图版三九,2)。

铜纽扣,2组15枚。

标本ⅡM9:2-1,4枚。形制大小一致,扣体呈空心球状,素面,扣体上铸有一环形纽并相扣一铜环。通高1.9、扣直径1厘米(图五七,6;图版三九,3)。

标本ⅡM9:2-2,3枚。形制大小一致,扣体呈空心球状,素面,扣体上铸有一环形纽。通高1.5、扣直径1厘米(图五七,7;图版三九,3)。

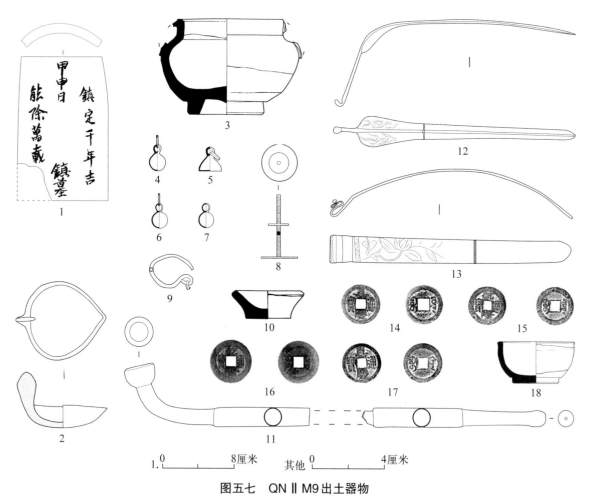

图五七　QNⅡM9出土器物

1. 符瓦(ⅡM9:9)　2. 铁灯盏(ⅡM9:7)　3. 瓷罐(ⅡM9:8)　4～7. 铜纽扣(ⅡM9:12-2、12-1、2-1、2-2)
8. 铜帽顶(ⅡM9:1)　9. 铜耳环(ⅡM9:10)　10. 瓷盏(ⅡM9:16)　11. 铜烟袋(ⅡM9:6)　12、13. 铜簪(ⅡM9:11-2、11-1)
14～17. 铜钱(ⅡM9:14、4、13、3)　18. 瓷钵(ⅡM9:15)

标本ⅡM9：12-1,1枚。锈残,扣体呈半球状,空心,素面,扣体上铸有一环形纽并相扣一铜环。半球通高1.6、扣直径1.2厘米(图五七,5;图版四〇,7)。

标本ⅡM9：12-2,7枚。锈残,扣体呈空心球状,素面,扣体上铸有一环形纽并相扣一铜环。通高1.8、直径1(图五七,4;图版四〇,7)。

铜烟袋,1组2件。标本ⅡM9：6,残断,由铜质烟嘴、铜质烟锅组成,木柄已朽。烟锅呈直口,圆唇,柄部比腹部稍细,断面均呈圆形,内中空,烟锅长11.3、直径1—1.1厘米。烟嘴整体呈空心圆柱形,断面呈圆形,口径比柄径稍小,烟嘴长10.8、直径0.9—1.1厘米(图五七,11;图版四〇,2)。

铁灯盏,1件。标本ⅡM9：7,完整,整体铸造,油灯部分呈桃状,表面腐蚀较重。宽9.6、通高5.8厘米(图五七,2;图版四〇,3)。

铜耳环,1件。标本ⅡM9：10,完整,素面,不规则椭圆形,首部弯曲成环状,上套一圆形小环,断面呈圆形。直径1.6厘米(图五七,9;图版四〇,5)。

铜簪,1组2件。

标本ⅡM9：11-1,完整,素面,簪首向下弯曲,左右折叠成三层,簪体扁平呈细长条状,簪身錾刻花草纹,簪尾较圆钝。通长14.1、宽1.2—1.4厘米(图五七,13;图版四〇,6)。

标本ⅡM9：11-2,锈残,整体呈柳叶形,首部呈勺状,錾刻云纹,簪径细长,簪身上宽下窄,簪尾较尖细。长15.7、宽0.6—1.8厘米(图五七,12;图版四〇,6)。

铜钱,5枚。

标本ⅡM9：3,1枚。方穿,有内外廓,外廓较厚,正面楷书"嘉庆通宝",直读,背书满文"宝南",直径2.3、孔径0.65厘米(图五七,17;图版三九,4)。

标本ⅡM9：4,1枚。方穿,有内外廓,外廓较厚,正面楷书"乾隆通宝",直读,背书满文"宝泉",直径2.2、孔径0.62厘米(图五七,15)。

标本ⅡM9：5,1枚。乾隆通宝,方穿,有内外廓,外廓较厚,正面楷书"乾隆通宝",直读,背书满文锈蚀不清,直径2.2、孔径0.62厘米(图版四〇,1)。

标本ⅡM9：13,1枚。方穿,有内外廓,外廓较厚,正面楷书"乾隆通宝",直读,背书满文"宝源",直径2.4、孔径0.63厘米(图五七,16;图版四〇,8)。

标本ⅡM9：14,1枚。方穿,有内外廓,外廓较厚,正面楷书"嘉庆通宝",直读,背书满文"宝源",直径2.4、孔径0.63厘米(图五七,14)。

（3）符瓦、符砖

符瓦,1件。

标本ⅡM9：9,残,泥质灰陶,板瓦,横截面呈弧形,长24.1、上宽12.7、下宽14.5、厚4.2厘米。正面上部墨书"甲申日",两侧墨书推测为"镇定千年吉,能除万载凶",下部墨书"镇墓"(图五七,1)。

一〇、ⅡM10

1. 墓葬位置

位于Ⅱ区南部,北邻ⅡM11,南邻ⅡM9,西邻ⅡM8,方向为105°。

2. 墓葬形制与结构

竖井墓道土洞墓,由墓道、甬道、墓室三部分组成(图五八;图版四一)。

墓道平面呈梯形,上口长1.66、宽0.6—0.9、深0.3米,墓道底长1.66、宽0.6—0.9米,距现地表1.92—2.26米。甬道长0.4、宽1.4、高0.8米。墓室为土洞,位于墓道西端,平面呈长方形,四壁平

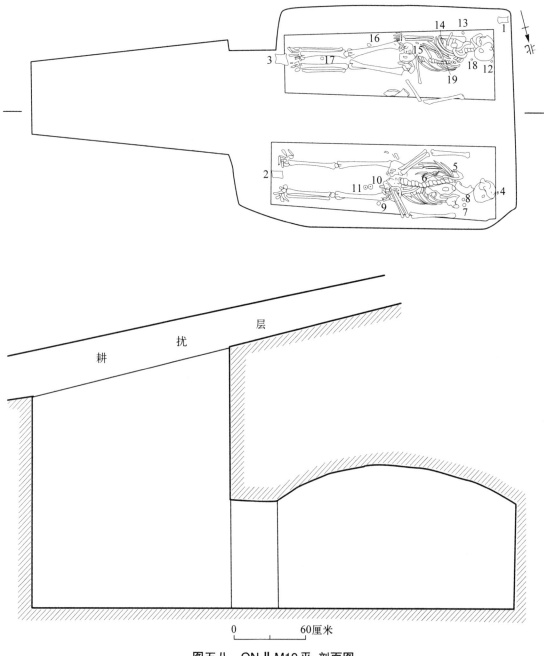

0　　　　60厘米

图五八　QNⅡM10平、剖面图

1. 符砖　2、3. 符瓦　4. 铜帽顶　5. 铜烟袋　6、14. 铜纽扣　7～9、13、15～17. 铜钱　10. 瓷罐　11. 瓷盏　12. 铜扁方　18. 银耳环　19. 玉纽扣

整,拱形顶,墓底平坦。墓底长1.96、宽1.82、高0.8—1.08米,距现地表2.54米。

3. 葬具、葬式

发现木棺两具,已朽,东西向置于墓室正中,平面呈长方形,南棺长1.74、宽0.46—0.58米,北棺长1.84、宽0.48—0.6米。

发现人骨两具,骨架保存情况较好,均为头西足东,北侧棺仰身直肢,南侧棺侧身直肢。

北侧墓主为40—44岁的男性,南侧墓主为60多岁的女性。

4. 随葬器物

随葬器物共19件/组。瓷罐1件、瓷盏1件、铜帽顶1组2件、铜烟袋1组2件、铜纽扣2组13枚、铜扁方1件、银耳环1组2件、符瓦2件、符砖1件、铜钱7组9枚、玉纽扣1枚。墓室西南角置1块符砖,两具木棺东侧各置1块符瓦,北侧人骨头顶有1件铜帽顶,胸部有1件铜烟袋、1组铜纽扣和2枚铜钱,左腿北侧有1枚铜钱,两腿之间有1件瓷罐和1件瓷盏,瓷盏置于瓷罐之内,南侧人骨头顶有1件铜扁方,头骨北侧有1组银耳环,肩胛骨处、腹部、右腿南侧以及两腿之间各有1枚铜钱,胸部有1组铜纽扣和1枚玉纽扣。

（1）瓷器

瓷罐,1件。标本ⅡM10:10,双耳残,直口,圆唇,鼓腹,圈足。灰胎,口部、上腹部施黄褐釉,下腹部、足部无釉,内外施釉,内部有褐色螺旋状凸纹。口径8.3、腹径11.2、底径6.5、高7.1厘米(图五九,12;图版四二,7)。

瓷盏,1件。标本ⅡM10:11,侈口,圆唇,斜弧腹,圈足,外底心微凸。灰白胎,口部、上腹部施白釉,足部、下腹部无釉,内部满白釉。口径7.7、底径3.7、高3厘米(图五九,8;图版四二,8)。

（2）铜、银器

铜帽顶,1组2件。标本ⅡM10:4,由帽顶垫片和连接轴组成。帽顶呈圆盘状,边缘有两孔,内施两周双弦纹,垫片呈圆形,一大一小,素面,连接轴有螺纹。帽顶直径1.7—3、通高4厘米(图版四二,1)。

铜烟袋,1组2件。标本ⅡM10:5,残成两段,由铜质烟嘴、铜质烟锅和木柄组成,木柄已朽,在烟嘴和烟锅连接口有所残留。烟嘴整体呈空心圆柱形,断面呈圆形,口径比柄径稍小,柄内残存木屑痕迹,烟嘴长7.6、直径1.2厘米。烟锅呈直口,圆唇,柄部比腹部稍细,断面均呈圆形,内中空,柄部有木柄残留,烟袋锅长8.5、直径1.3厘米(图五九,6;图版四二,2)。

铜纽扣,2组13枚。

标本ⅡM10:6-1,1组6枚。形制一致,完整,扣体呈球状,内部中空,素面,扣体上铸有一环形纽并相扣一铜环。通高1.9、扣直径1厘米(图五九,4;图版四二,3)。

标本ⅡM10:6-2,1组2枚。形制一致,完整,扣体呈球状,内部中空,素面,扣体上铸有一双环形纽,并相扣一铜环。通高1.9、扣直径1厘米(图五九,5;图版四二,3)。

标本ⅡM10:14,1组5枚。形制一致,完整,扣体呈球状,内部中空,素面,扣体上铸有一环形纽相扣一铜环。通高2.1、扣直径1厘米（图五九，10；图版四三，3）。

铜扁方，1件。标本ⅡM10：12，完整，簪首向下弯曲，近似半圆形，簪体扁平呈细长条状，上饰花纹，簪尾较圆钝。通长13、宽0.7—1厘米（图五九，7；图版四三，1）。

银耳环，1组2件。标本ⅡM10：18，完整，呈蛇吞尾造型，素面，直径2.5、宽0.4厘米（图五九，9；图版四三，7）。

铜钱，7组9枚。

标本ⅡM10：7，1枚。方穿，有内外廓，外廓较厚，正面楷书"嘉庆通宝"，背书满文"宝泉"，直径2.4、孔径0.65厘米（图五九，17；图版四二，4）。

标本ⅡM10：8，1枚。方穿，有内外廓，外廓较厚，正面楷书"嘉庆通宝"，直读，背书满文"宝

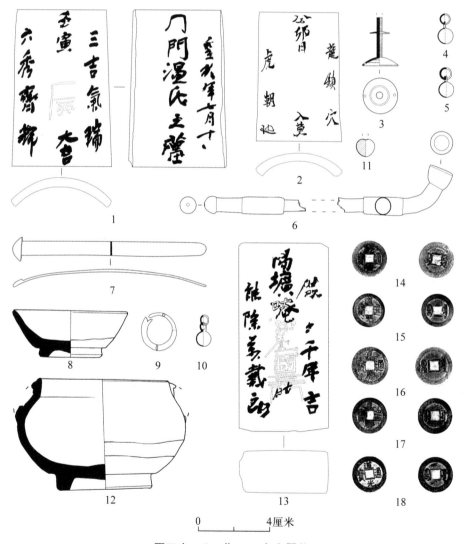

0　　　　　　4厘米

图五九　QNⅡM10出土器物

1、2. 符瓦（ⅡM10：3、2）　3. 铜帽顶（ⅡM10：14）　4、5、10. 铜纽扣（ⅡM10：6-1、6-2、14）　6. 铜烟袋（ⅡM10：5）
7. 铜扁方（ⅡM10：12）　8. 瓷盏（ⅡM10：11）　9. 银耳环（ⅡM10：18）　11. 玉纽扣（ⅡM10：19）
12. 瓷罐（ⅡM10：10）　13. 符砖（ⅡM10：1）　14～18. 铜钱（ⅡM10：9、15、8、7、13）

泉",直径2.4、孔径0.65厘米(图五九,16;图版四二,5)。

标本ⅡM10:9,2枚。方穿,有内外廓,外廓较厚,正面楷书"乾隆通宝",直读,背书隐约可见满文"宝源",直径2.4、孔径0.63厘米(图五九,14;图版四二,6)。

标本ⅡM10:13,1枚。方穿,有内外廓,外廓较厚,正面楷书"道光通宝",直读,背书满文"宝泉",直径2.4、孔径0.6厘米(图五九,18;图版四三,2)。

标本ⅡM10:15,1枚。方穿,有内外廓,外廓较厚,正面楷书"道光通宝",直读,背书满文"宝泉",直径2.25、孔径0.6厘米(图五九,15;图版四三,4)。

标本ⅡM10:16,1枚。微残,方穿,有内外廓,外廓较厚,正面楷书"乾隆通宝",直读,背书隐约可见满文"宝泉",直径2.4、孔径0.6厘米(图版四三,5)。

标本ⅡM10:17,2枚。1枚嘉庆通宝,方穿,有内外廓,外廓较厚,正面楷书"嘉庆通宝",直读,背书满文"宝源",直径2.4、孔径0.6厘米。1枚锈蚀不清(图版四三,6)。

(3)玉器

玉纽扣,1枚。标本ⅡM10:19、扣体呈白色实心球状。直径1.3厘米(图五九,11;图版四三,8)。

(4)符瓦

符瓦,2件。

标本ⅡM10:2,完整,泥质灰陶,板瓦,横截面呈弧形,长21.2、上宽12.2、下宽13.8、厚3.8厘米。正面上部墨书"癸卯日",正中朱砂绘符,已模糊不清,符箓两侧墨书推测为"青龙镇穴,白虎朝地",下部墨书"入墓"(图五九,2)。

标本ⅡM10:3,完整,泥质灰陶,板瓦,横截面呈弧形,长24.9、上宽13、下宽16、厚4.8厘米。正面上部墨书"壬寅",正中朱砂绘符,符箓两侧墨书"三吉气瑞,六秀齐辉",下部墨书"大吉",背部墨书推测为"□□□□七月十四日,周门温氏之墓"(图五九,1)。

符砖,1件。标本ⅡM10:1,完整,泥质灰陶,长方形,长27.6、宽13.5、厚5.8厘米。正面上部墨书"阳圹""唵",中部朱砂绘符,符箓两侧墨书推测为"镇定千年吉,能除万载凶",下部墨书"镇穴"(图五九,13)。

一一、ⅡM11

1. 墓葬位置

位于Ⅱ区南部,北邻ⅡM12,南邻ⅡM10,西邻ⅡM7,方向为92°。

2. 墓葬形制与结构

竖井墓道土洞墓,由墓道、墓室两部分组成(图六〇;图版四四)。

墓道平面呈梯形,上口长2、宽0.6—0.96、深0.3米,墓道底长2.4、宽0.6—0.96米,距现地表2.38—2.68米。墓室为土洞,位于墓道西端,平面呈长方形,四壁平整,拱形顶,墓底平坦。墓底长2、宽1.3—1.64、高0.9—1.22米,距现地表2.84米。

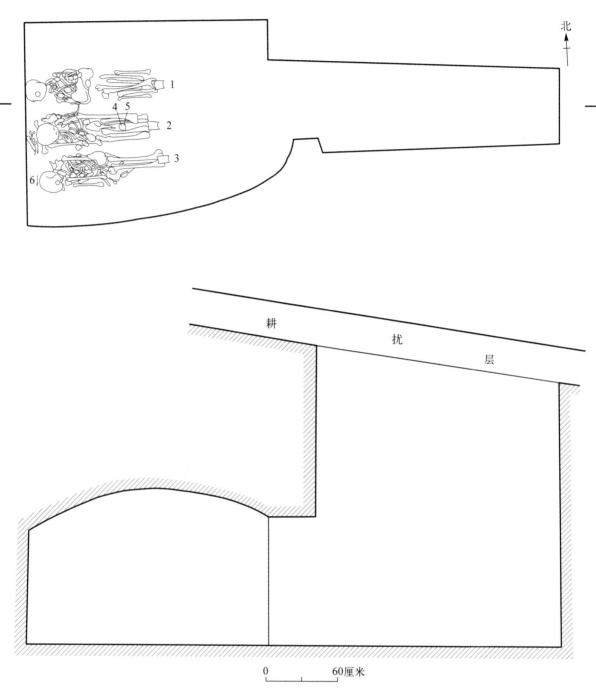

图六〇　QN Ⅱ M11 平、剖面图

1～3. 符瓦　4. 瓷钵　5. 瓷盏　6、7. 铜簪

3. 葬具、葬式

无葬具。

发现人骨三具,均为头西足东,骨架堆叠,为二次葬。

北侧墓主为50—59岁的女性,中间墓主为60多岁的男性,南侧墓主为50—60岁的女性。

4. 随葬器物

随葬器物共7件/组。包括瓷钵1件、瓷盏1件、铜簪2件、符瓦3件。三具人骨东侧各有1件符瓦,中间和南侧人骨头顶各有1件铜簪,中间人骨两腿之间置瓷钵和瓷盏,瓷盏摆放于瓷钵内。

（1）瓷器

瓷钵,1件。标本ⅡM11:4,完整,口微侈,平沿,斜弧腹,假圈足。灰胎,腹部施黄褐釉,口部、足部无釉,内部无釉,哑光。口径11.8、底径6.4、高7厘米（图六一,11;图版四五,1）。

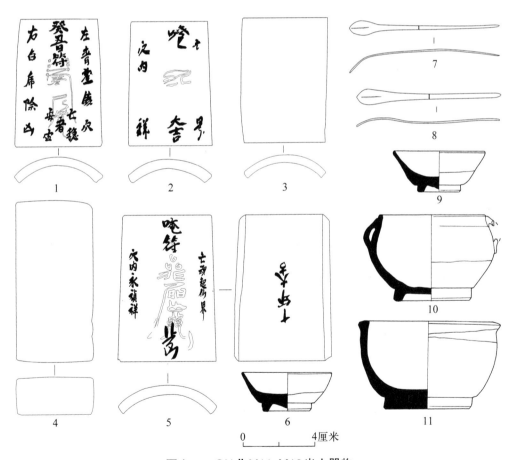

0　　　　　　4厘米

图六一　QNⅡM11、M12出土器物

1、2、3、5.符瓦（ⅡM11:3、M11:2、M12:3、M11:1）　4.符砖（ⅡM12:1）　6、9.瓷盏（ⅡM12:4、M11:5）
7、8.铜簪（ⅡM11:7、6）　10.瓷罐（ⅡM12:2）　11.瓷钵（ⅡM11:4）

瓷盏,1件。标本ⅡM11：5,侈口,圆唇,斜弧腹,圈足,外底心微凸。灰白胎,口部、上腹部施白釉,足部、下腹部无釉,内部满白釉。口径7.8、底径3.5、高3.25厘米(图六一,9;图版四五,2)。

（2）铜器

铜簪,2件。

标本ⅡM11：6,完整,簪首向下弯曲,呈勺状,簪体扁平呈细长条状,下窄上宽,簪尾较尖润,素面。通长12、宽0.3—1.3厘米(图六一,8;图版四五,3)。

标本ⅡM11：7,完整,簪首向下弯曲,呈勺状,簪体扁平呈细长条状,下窄上宽,簪尾较尖润,素面。通长12.5、宽0.2—1.2厘米(图六一,7;图版四五,4)。

（3）符瓦

符瓦,3件。

标本ⅡM11：1,完整,泥质灰陶,板瓦,横截面呈弧形,长25.5、上宽13.8、下宽16.3、厚4.8厘米。正面上部墨书"庵符",正中朱砂绘符,符篆两侧墨书"亡魂超仙界,穴内永祯祥",下部墨书"□凶",背部墨书"千年大吉"(图六一,5)。

标本ⅡM11：2,完整,泥质灰陶,板瓦,横截面呈弧形,长20、上宽12.5、下宽13.5、厚4.3厘米。正面上部墨书"庵",正中朱砂绘符,符篆两侧墨书推测为"亡魂超仙界,穴内永祯祥",下部墨书"大吉"(图六一,2)。

标本ⅡM11：3,完整,泥质灰陶,板瓦,横截面呈弧形,长21.5、上宽12.8、下宽14.6、厚4.3厘米。正面上部墨书"癸丑日符",正中朱砂绘符,符篆两侧墨书"左青龙镇穴,右白虎除凶",下部墨书"安亡者宁稳"(图六一,1)。

一二、ⅡM12

1. 墓葬位置

南邻ⅡM11,方向为95°。

2. 墓葬形制与结构

竖井墓道土洞墓,由墓道、墓室两部分组成(图六二;图版四五,5)。

墓道平面呈梯形,上口长1.5、宽0.46—0.78、深0.3米,墓道底长1.5、宽0.46—0.78米,距现地表2.12—2.24米。墓室为土洞,位于墓道西端,平面呈长方形,四壁平整,拱形顶,墓底平坦。墓底长1.6、宽0.52—0.98、高0.7—1米,距现地表2.2米。

3. 葬具、葬式

无葬具。

发现人骨一具,头西足东,骨架堆叠,为二次葬。

墓主为22—25岁的男性。

4. 随葬器物

随葬器物共4件/组。包括瓷罐1件、瓷盏1件、符砖1件、符瓦1件。符砖位于墓室西壁边，瓷罐和瓷盏位于人骨腿部，瓷盏置于瓷罐之内，人骨东侧有1件符瓦。

（1）瓷器

瓷罐，1件。标本ⅡM12∶2，一耳完好，一耳残，直口，圆唇，扁鼓腹，圈足。灰胎，口部、上腹部施黄褐釉，下腹部、足部无釉，内外施釉，内部有褐色螺旋状凸纹。口径8.65、腹径10.4、底径6.2、高6.9厘米（图六一，10；图版四六，1）。

瓷盏，1件。标本ⅡM12∶4，侈口，圆唇，斜弧腹，圈足，底部有尾突。灰白胎，口部、上腹部施白釉，足部、下腹部无釉，内部满白釉。口径7.6、底径3.55、高3.1厘米（图六一，6；图版四六，2）。

（2）符砖、符瓦

符砖，1件。标本ⅡM12∶1，残，泥质灰陶，长方形，长24.8、宽12、厚5.5厘米。文字内容漫漶

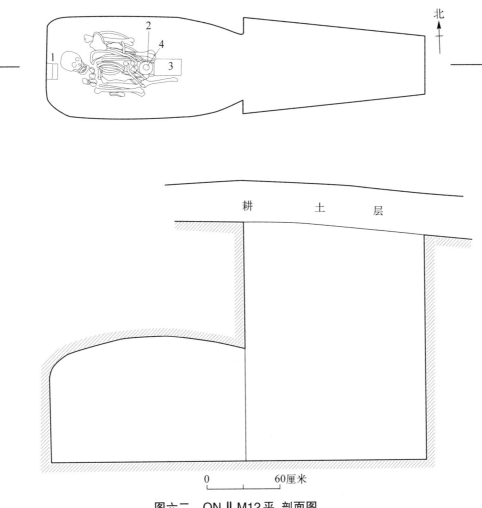

图六二　QNⅡM12平、剖面图

1. 符砖　2. 瓷罐　3. 符瓦　4. 瓷盏

不清(图六一,4)。

符瓦,1件。标本ⅡM12∶3,完整,泥质灰陶,板瓦,横截面呈弧形,长22、上宽13.7、下宽14.6、厚3.8厘米。文字内容漫漶不清(图六一,3)。

一三、ⅡM13

1. 墓葬位置

位于Ⅱ区东南部,西邻ⅡM10,南邻ⅡM14,方向为93°。

2. 墓葬形制与结构

竖井墓道土洞墓,由墓道、墓室两部分组成(图六三;图版四六,3)。

墓道平面呈梯形,上口长2、宽0.7—1.02、深0.2米,墓道底长2、宽0.7—1.02米,距现地表2.18—2.26米。墓室为土洞,位于墓道西端,平面呈长方形,四壁平整,拱形顶,墓底平坦。墓底长2.48、宽1.6、高0.98—1.26米,距现地表2.3米。

3. 葬具、葬式

发现木棺一具,已朽,东西向置于墓室北部,平面呈长方形,棺长1.8、宽0.54—0.36米。

发现人骨两具,两具人骨均头向西,上身骨架散乱,应为二次葬。

北侧墓主为60多岁的女性,南侧墓主为24—26岁的男性。

4. 随葬器物

随葬器物共10件/组。包括瓷钵1件、瓷杯1件、银扁方1件、铜纽扣1组2枚、银耳环1组2件、符瓦3件、铜钱2组3枚。北侧人骨头顶有1件银扁方,头骨南侧有2件银耳环,腹部有2枚铜纽扣,两腿之间有1件瓷钵和1枚铜钱,足部有1件符瓦,南侧人骨盆骨处有1枚铜钱,两腿之间有1件瓷杯,足部有2件符瓦。

(1)瓷器

瓷钵,1件。标本ⅡM13∶6,完整,口微侈,平沿,弧腹,平底。腹部施红釉,口部、底部无釉,内部无釉。口径11.6、底径6.9、高6.8厘米(图六四,10;图版四七,1)。

瓷杯,1件。标本ⅡM13∶9,残,青花瓷,直口,圆唇,直腹,圈足。灰胎,足底部无釉,表面有花草状纹饰。口径6.2、底径3.8、高7厘米(图六四,11;图版四七,4)。

(2)铜、银器

银扁方,1件。标本ⅡM13∶4,表面锈蚀,整体呈长方形弯弧状,簪尾呈弧形,向下弯曲,簪首弯曲一周呈圆柱形,簪颈錾刻两周弦纹,簪首錾刻圆形"寿"字纹,"寿"字纹下錾刻一道刻划云纹,和一组由小乳钉组成的云纹。背面有阳刻"世合"二字,字四周有长方形郭。通长11.7、宽2.2、厚0.02厘米(图六四,4;图版四六,4)。

铜纽扣,1组2枚。标本ⅡM13∶5,形制相同,大小有所不同,锈残,空心球状,素面,扣体上铸

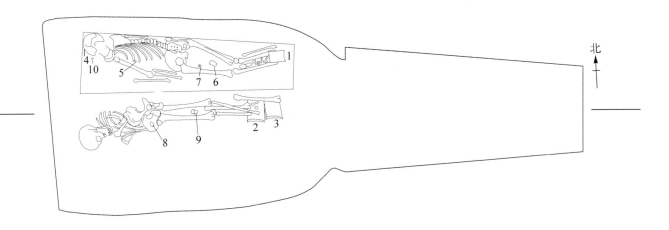

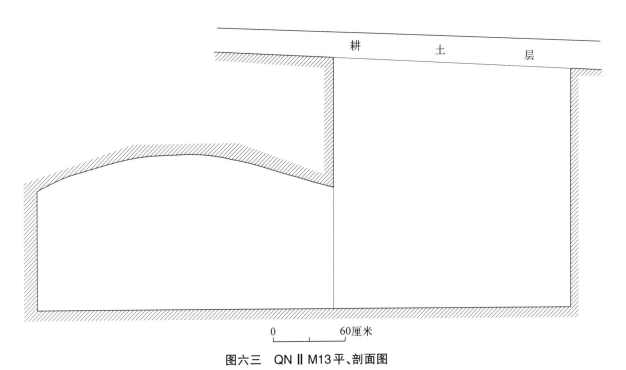

图六三　QN Ⅱ M13 平、剖面图

1～3. 符瓦　4. 银扁方　5. 铜纽扣　6. 瓷钵　7、8. 铜钱　9. 瓷杯　10. 银耳环

有一环形纽。大的（标本 Ⅱ M13：5-1）环形纽上刻两周凹弦纹，通高 1.8、扣直径 1.3 厘米（图六四，9；图版四六，5）；小的（标本 Ⅱ M13：5-2）通高 1.2、扣直径 0.8 厘米（图六四，8；图版四六，5）。

银耳环，1 组 2 件。标本 Ⅱ M13：10，整体呈环形，雕刻 5 片花瓣纹饰，耳环一端呈扁条形，另一端呈细圆柱形。直径 1.8 厘米（图六四，7；图版四七，5）。

（3）符瓦

符瓦，3 件。

　　标本ⅡM13：1，完整，泥质灰陶，板瓦，横截面呈弧形，长21.7、上宽13.3、下宽14.7、厚4厘米。无内容（图六四，2）。

　　标本ⅡM13：2，完整，泥质灰陶，板瓦，横截面呈弧形，长22.5、上宽13.2、下宽15、厚4.3厘米。正面上部墨书"未□"，正中朱砂绘符，符篆两侧墨书"三吉献瑞，六秀迎祥"，下部墨书"大吉"（图六四，3）。

　　标本ⅡM13：3，残，泥质灰陶，板瓦，横截面呈弧形，长20.5、上宽13.8、下宽13.8、厚4厘米。正面上部墨书"壬寅"，正中朱砂绘符，符篆两侧墨书"久远安吉兆，千载□佳城"，下部墨书"回凶作吉"（图六四，1）。

　　（4）铜钱

　　铜钱，2组3枚。

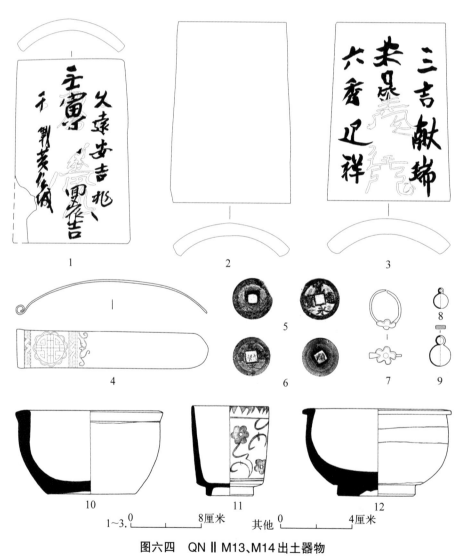

图六四　QNⅡM13、M14出土器物

1～3.符瓦（ⅡM13：3、1、2）　4.银扁方（ⅡM13：4）　5、6.铜钱（ⅡM13：8、7）　7.银耳环（ⅡM13：10）
8、9.铜纽扣（ⅡM13：5-2、5-1）　10、12.瓷钵（ⅡM13：6、M14：1）　11.瓷杯（ⅡM13：9）

标本ⅡM13∶7,1枚。方穿,有内外廓,外廓较厚,正面楷书"宽永通宝",直读,背面光素,直径2.2、孔径0.7厘米(图六四,6;图版四七,2)。

标本ⅡM13∶8,1组2枚。1枚宽永通宝,方穿,有内外廓,外廓较厚,正面楷书"宽永通宝",直读,背面光素,直径2.4、孔径0.6厘米(图六四,5;图版四七,3)。

一四、ⅡM14

1. 墓葬位置

位于Ⅱ区东南部,北邻ⅡM13,南邻ⅡM15,方向为93°。

2. 墓葬形制与结构

竖井墓道土洞墓,由墓道、墓室两部分组成(图六五;图版四八,1)。

墓道平面呈梯形,上口长1.8、宽0.5—0.8米,距现地表0.3米,墓道底长1.8、宽0.5—0.8米,距

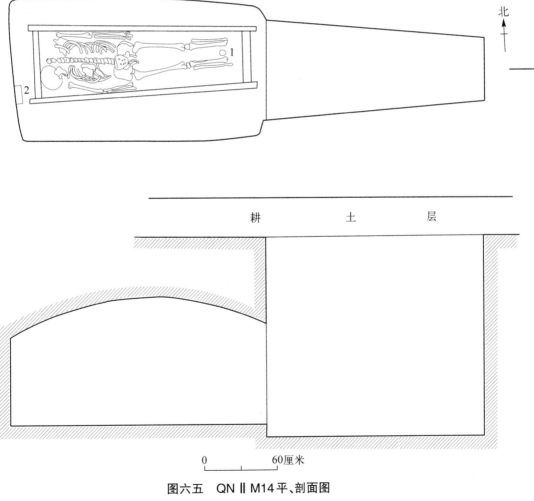

图六五　QN Ⅱ M14平、剖面图

1.瓷钵　2.符砖

现地表1.9米。墓室为土洞,位于墓道西端,平面呈长方形,四壁平整,拱形顶,墓底平坦。墓底长2.1、宽1.14、高0.7—1.02米,距现地表1.8米。

3. 葬具、葬式

发现木棺一具,已朽,东西向置于墓室正中,平面呈长方形,棺长1.88、宽0.5—0.64米。

发现人骨一具,骨架保存完整,头向西,面向上,仰身直肢,双手置于身体两侧。

墓主为35—39岁的男性。

4. 随葬器物

随葬器物共2件/组。瓷钵和符砖各1件。瓷钵1件位于棺内人骨两腿之间,符砖1件位于棺外西侧。

（1）瓷器

瓷钵,1件。标本ⅡM14∶1,完整,口微侈,平沿,弧腹,假圈足。灰胎,腹部施黄褐釉,釉面光亮,口部、足部无釉,内部无釉。口径11.3、底径6、高6.4厘米。（图六四,12;图版四八,2）

（2）符砖

符砖,1件。标本ⅡM14∶2,完整,泥质灰陶,长方形。长27.6、宽13.7、厚5.8厘米。无文字内容（图版四八,3）。

一五、ⅡM15

1. 墓葬位置

位于Ⅱ区东南部,北邻ⅡM14,东邻ⅡM16,方向为96°。

2. 墓葬形制与结构

竖井墓道土洞墓,由墓道、墓室两部分组成（图六六;图版四八,4）。

墓道平面呈梯形,上口长1.9、宽0.5—0.8、深0.32米,墓道底长1.68、宽0.5—0.8米,距现地表2.26—2.4米。墓室为土洞,位于墓道西端,平面呈长方形,四壁平整,拱形顶,墓底平坦。墓底长2.26、宽1.82、高0.8—1.12米,距现地表2.4米。

3. 葬具、葬式

无葬具。

发现人骨两具,骨架保存较完整,南侧头骨向西,面向北,仰身直肢,双手置于腹部;北侧头骨位于西北角,仰身直肢,双手置于腹部。

北侧墓主为51—60岁的男性,南侧墓主为35—39岁的女性。

4. 随葬器物

随葬器物共15件/组。包括瓷钵1件、瓷杯1件、铜烟袋1组2件、铁戒指1件、铜纽扣2组19

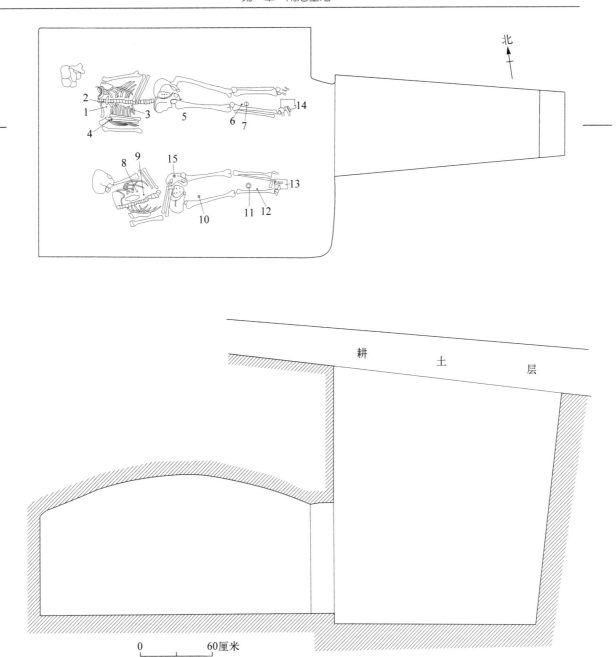

图六六　QN Ⅱ M15平、剖面图

1、8.铜纽扣　2、3、5、6、9、10、12.铜钱　4.铜烟袋　7.瓷杯　11.瓷钵　13、14.符瓦　15.铁戒指

枚、符瓦2件、铜钱7枚。北侧人骨胸部有1组铜纽扣和2枚铜钱，左臂处有1件铜烟袋，两腿之间
有1件瓷杯和2枚铜钱，足部东侧有1件符瓦，南侧人骨胸部有1组铜纽扣和1枚铜钱，左侧盆骨处
有1件铁戒指，两腿之间有1件瓷钵和2枚铜钱，足部东侧有1件符瓦。

（1）瓷器

瓷杯，1件。标本ⅡM15：7，把手残，青花瓷，口微侈，圆唇，直腹，圈足。灰白胎，足部无釉,表面绘有花草纹饰,内壁浅凸棱。口径6.9、底径4.2、高6.5厘米(图六七,3;图版四九,5)。

瓷钵,1件。标本ⅡM15:11,完整,直口,圆唇,弧腹,圈足。灰白胎,口部至上腹部施白釉,下腹部、足部无釉,内部施白釉,表面绘有灰黑色花卉纹饰。口径9.7、底径5.8、腹径9.7、高7厘米(图六七,16;图版四九,7)。

(2) 铜、铁器

铜纽扣,2组19枚。

标本ⅡM15:1-1,6枚。锈残,扣体呈空心球状,素面,扣体上铸有一环形纽并相扣一铜环,环形纽上刻一周凹弦纹。通高2.3、扣直径1.2厘米(图六七,7;图版四九,1)。

标本ⅡM15:1-2,2枚。完整,扣体呈空心球状,素面,扣体上铸有一环形纽,环形纽上刻两周凹弦纹。通高2、扣直径1.2厘米(图六七,5;图版四九,1)。

标本ⅡM15:1-3,1枚。完整,扣体呈空心球状,素面,扣体上铸有一环形纽。通高1.5、扣直径1厘米(图六七,6;图版四九,1)。

标本ⅡM15:1-4,3枚。完整,扣体呈扁圆形,正面饰有花卉和禽鸟,周围有一圈小乳钉装饰,背面为扣纽。扣直径1.6厘米(图六七,4;图版四九,1)。

标本ⅡM15:8-1,3枚。完整,扣体呈空心球状,素面,扣体上铸有一环形纽,环形纽上刻一周凹弦纹。通高1.7、扣直径1.2厘米(图六七,17;图版四九,6)。

标本ⅡM15:8-2,5枚。2枚残破,3枚完整,扣体呈空心球状,素面,扣体上铸有一环形纽,环形纽上刻两周凹弦纹。通高1.8、扣直径1.1厘米(图六七,18;图版四九,6)。

铜烟袋,1组2件。标本ⅡM15:4,残,仅剩铜质烟锅和石制烟嘴。烟嘴整体呈空心圆柱形,断面呈圆形,口径比柄径稍小,柄内残存木屑痕迹,烟嘴长5.8、直径1—1.6厘米。烟锅呈直口,圆唇,柄部比腹部稍细,断面均呈圆形,内中空,柄部有木柄残留,烟锅长7.8、直径1—1.4厘米(图六七,8;图版四九,4)。

铁戒指,1件。标本ⅡM15:15,锈残,整体为圆环形,锈蚀严重,无法看清纹饰。直径2、厚0.5、宽1.3厘米(图六七,19;图版四九,8)。

铜钱,7枚。

标本ⅡM15:2,1枚。为铜元,圆形无穿,正面圈内饰交叉五色旗和铁血十八星旗,圈外上环书"湖南省造"四字,下环字体模糊不清,背面外圈为英文"REPUB",内圈铸有嘉禾稻穗纹。直径3.2厘米(图六七,15;图版四九,2)。

标本ⅡM15:3,1枚。方穿,有内外廓,外廓较厚,正面楷书"乾隆通宝",直读,背书满文"宝源"。直径2.5、孔径0.6厘米(图六七,13;图版四九,3)。

标本ⅡM15:5,1枚。方穿,有内外廓,外廓较厚,正面楷书"康熙通宝",直读,背书满文"宝泉"。直径2.4、孔径0.6厘米(图六七,11)。

标本ⅡM15:6,1枚。方穿,有内外廓,外廓较厚,正面篆书"熙宁元宝"旋读,背面光素。直径2.4、孔径0.7厘米(图六七,12)。

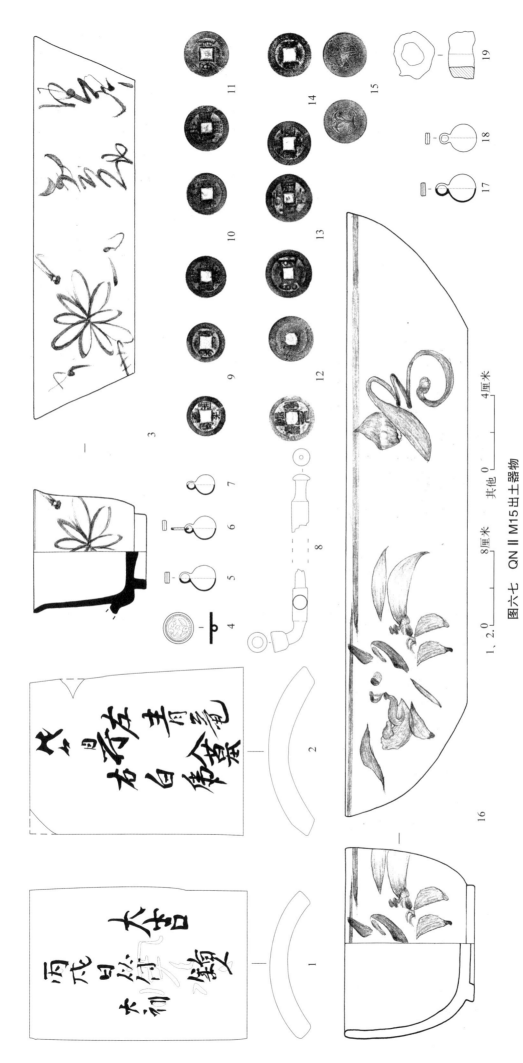

图六七 QN Ⅱ M15 出土器物

1、2. 符瓦（Ⅱ M15：13、14） 3. 瓷杯（Ⅱ M15：7） 4～7、17、18. 铜纽扣（Ⅱ M15：1-4，1-2，1-3，1-1，8-1，8-2） 8. 铜烟袋（Ⅱ M15：4）
9～15. 铜钱（Ⅱ M15：9、12、5、6、3、10、2） 16. 瓷钵（Ⅱ M15：11） 19. 铁戒指（Ⅱ M15：15）

标本ⅡM15：9，1枚。方穿，有内外廓，外廓较厚，正面楷书"道光通宝"，直读，背书满文"宝泉"。直径2.1、孔径0.6厘米（图六七，9）。

标本ⅡM15：10，1枚。方穿，有内外廓，外廓较厚，正面楷书"道光通宝"，直读，背书满文锈蚀严重。直径2.1、孔径0.6厘米（图六七，14）。

标本ⅡM15：12，1枚。方穿，有内外廓，外廓较厚，正面楷书"乾隆通宝"，直读，背书满文"宝泉"。直径2.2、孔径0.6厘米（图六七，10）。

（3）符瓦

符瓦2件。

标本ⅡM15：13，完整，泥质灰陶，板瓦，横截面呈弧形，长20、上宽13、下宽12.3、厚3.5厘米。正面上部墨书"丙戌日符"，正中朱砂绘符，符箓两侧墨书"大吉，大利"，下部墨书"镇人"（图六七，1）。

标本ⅡM15：14，残，泥质灰陶，板瓦，横截面呈弧形，长19、上宽13、下宽14.5、厚4厘米。正面上部墨书"戊□日符"，正中朱砂绘符，符箓两侧墨书"左青龙，右白虎"，下部墨书"入墓"（图六七，2）。

一六、ⅡM16

1. 墓葬位置

位于Ⅱ区东南部，西邻ⅡM15，北邻ⅡM14，方向为87°。

2. 墓葬形制与结构

竖井墓道土洞墓，由墓道、墓室两部分组成（图六八；图版五〇，1）。

墓道平面呈梯形，上口长1.6、宽0.8—0.9、深0.2米，墓道底长1.6、宽0.8—0.9米，距现地表2.06米。墓室为土洞，位于墓道西端，平面呈长方形，四壁平整，拱形顶，墓底平坦。墓底长2.3、宽1.44—1.66、高0.96—1.2米，距现地表2.2米。

3. 葬具、葬式

发现木棺一具，已朽，东西向置于墓室中部，平面呈长方形，棺长1.74、宽0.4—0.6米。

发现人骨两具，北侧人骨，保存较好，头向西，面向北，仰身直肢；南侧人骨保存较差，头向西，面向上，仰身直肢。

北侧墓主为35—39岁的女性，南侧墓主为45—50岁的男性。

4. 随葬器物

随葬器物共9件/组。包括瓷罐1件、瓷钵1件、瓷盏1件、符瓦1件、符砖1件、铜钱4组5枚。北侧棺内人骨胸部有铜钱5枚，两腿之间有瓷盏1件、瓷钵1件、瓷罐1件，足部有符瓦1件，墓室西侧有符砖1件。

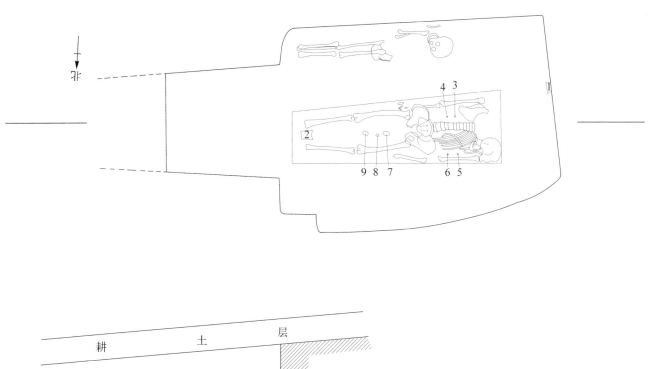

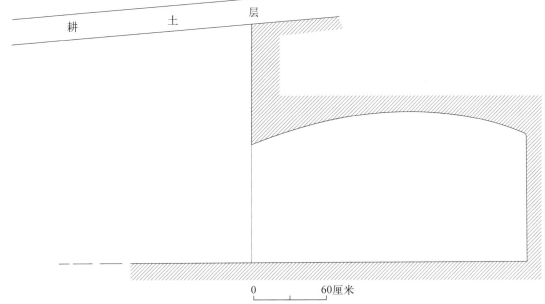

图六八　QN Ⅱ M16平、剖面图

1.符砖　2.符瓦　3～6.铜钱　7.瓷盏　8.瓷钵　9.瓷罐

（1）瓷器

瓷盏，1件。标本Ⅱ M16：7，口部略残，侈口，圆唇，斜腹，卧足。灰白胎，口部、上腹部施绿釉，足部无釉，内外施釉，哑光，表面有环状凹纹。口径3.3、底径1.5、高1.6厘米（图六九，2；图版五一，3）。

瓷钵，1件。标本Ⅱ M16：8，完整，口微敛，圆唇，弧腹，卧足。灰胎，通体施白釉，足部无釉，内外施釉，表面有花草纹饰。口径9.8、腹径9.6、底径5.9、高4.8厘米（图六九，1；图版五一，4）。

瓷罐,1件。标本ⅡM16:9,完整,口微侈,圆唇,深腹,卧足。灰胎,通体施黑釉,圈足无釉,内外施釉,表面有环状凸纹。口径10.25、腹径11.3、底径8.6、高14.8厘米(图六九,3;图版五〇,4)。

(2)符砖、符瓦

符砖,1件。标本ⅡM16:1,完整,泥质灰陶,长方形,长24、宽11.5、厚5.5厘米。正面上部墨书"阴阳具圹",两侧墨书"左青龙,右白虎",下部墨书"入墓"(图六九,5)。

符瓦,1件。标本ⅡM16:2,完整,泥质灰陶,板瓦,横截面呈弧形,长21.2、上宽14.7、下宽16.2、厚5.1厘米。正面上部墨书"庚戌日",两侧墨书"亡魂朝佛地,穴内永贞祥",最左侧墨书"□□年十一月十一日",下部墨书"入穴"(图六九,4;图版五〇,5)。

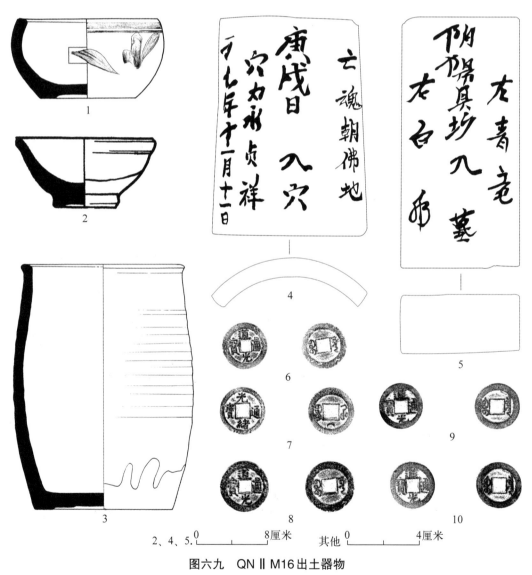

2、4、5.〔0　　　　　8厘米〕　　　其他〔0　　　　4厘米〕

图六九　QNⅡM16出土器物

1.瓷钵(ⅡM16:8)　2.瓷盏(ⅡM16:7)　3.瓷罐(ⅡM16:9)　4.符瓦(ⅡM16:2)　5.符砖(ⅡM16:1)
6～10.铜钱(ⅡM16:5、4、3-1、3-2、6)

（3）铜钱

铜钱,4组5枚。

标本ⅡM16:3-1、3-2,2枚。方穿,有内外廓,外廓较厚,正面楷书"道光通宝",直读,背书满文"宝泉"和"宝源",1枚直径2、孔径0.65厘米,1枚直径2.5、孔径0.6厘米(图六九,8、9;图版五〇,2)。

标本ⅡM16:4,1枚。方穿,有内外廓,外廓较厚,正面楷书"光绪通宝",直读,背书满文"宝河",直径2.2、孔径0.7厘米(图六九,7;图版五〇,3)。

标本ⅡM16:5,1枚。方穿,有内外廓,外廓较厚,正面楷书"道光通宝",直读,背书满文"宝源",直径2.2、孔径0.7厘米(图六九,6;图版五一,1)。

标本ⅡM16:6,1枚。方穿,有内外廓,外廓较厚,正面楷书"道光通宝",直读,背书满文"宝泉",直径2、孔径0.65厘米(图版五一,2)。

第三节　Ⅲ　　区

一、ⅢM1

1. 墓葬位置

位于Ⅲ区南部,西邻ⅢM2,北邻ⅢM7,东北邻ⅢM6,方向为57°。

2. 墓葬形制与结构

斜坡墓道砖室墓,由墓道、墓门、墓室三部分组成(图七〇;图版五一,5)。

墓道平面呈梯形,斜坡至墓门,上口长2.66、宽0.6—0.8、深0.2米,墓道底长0.34、宽0.6—0.8米,距现地表2.84米。墓室建于竖穴土圹之内,位于墓道西端,平面呈长方形,四壁用长0.32、宽0.14、厚0.06米砖平铺砌垒而成,拱形券顶,墓底铺砖一层。墓室南、北、西、三壁中部各建有一宽0.4、进深0.3、高0.3的壁龛。墓底长3.18、宽2.62、高2—2.16米,距现地表2.92米,墓门宽1.1、高2.14米,距现地表1.6米。

3. 葬具、葬式

发现木棺一具,已朽,置于墓室正中,平面呈长方形,棺长1.82、宽0.46—0.64米。
发现人骨两具,两侧头骨均向西南,骨架散乱,为二次葬。
西侧墓主为35—39岁的男性,东侧墓主为60多岁的女性。

4. 随葬器物

随葬器物共16件/组。包括瓷罐1件、银盘1组3件、银盏及盏托5组10件、银盏2组6件、银烛台1组3件、银壶1件、银香炉1件、银托盘1件、银碟1组4件、银罐2组5件、银小壶1件、铁灯盏1件、符瓦1件、铁器1件。铁器位于墓室西壁壁龛内,南侧木棺南部有铁灯盏1件,铁灯盏置于瓷罐之上,足部有符瓦1件,其他银器分组放置于墓室北壁和南壁的壁龛内。

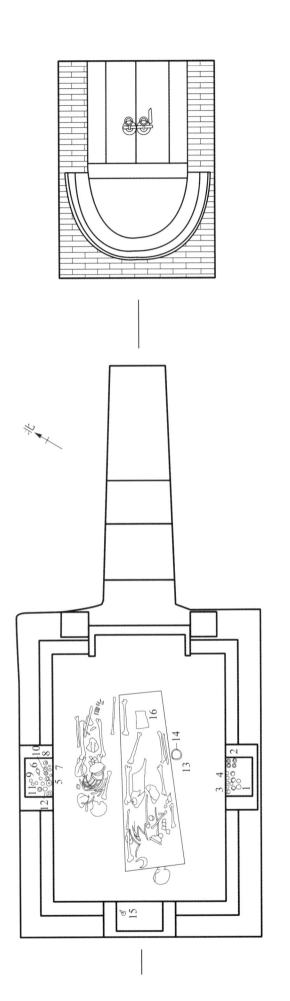

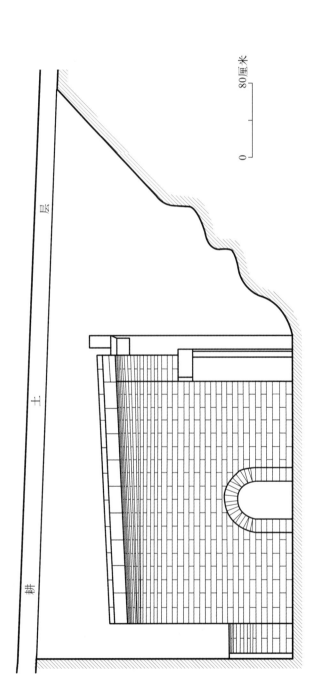

图七〇 QN Ⅲ M1 平、剖面图及墓门图

1. 银盘 2. 银盏及盏托 3、7. 银盏 4. 银烛
台 5. 银壶 6. 银香炉 8. 银托盘 9. 银碟
10、12. 银罐 11. 银罐 13. 铁灯盏
14. 瓷罐 15. 铁器 16. 符瓦

北

耕　土　层

0 ————————— 80厘米

（1）瓷器

瓷罐，1件。标本Ⅲ M1：14，双耳残，直口，圆唇，桥形耳，扁鼓腹，圈足。灰胎，口颈部施黄釉，腹部至足部无釉，内外施釉，内部有黑色漩涡凸纹。口径7.8、腹径10.5、底径7、高7.4厘米（图七一，15；图版五三，6）。

（2）银器

银盘，1组3件。标本Ⅲ M1：1，形制大小相近，完整，敞口，斜弧腹微折，圈足，素面。口径5.4、底径2.6、高0.9，沿厚0.01厘米（图七一，8；图版五二，1）。

银盏及盏托，5组10件。标本Ⅲ M1：2，5件银盏和5件银盏拖，每组由银盏和银盏托组成。银盏4件完整，1件残损，变形严重，同类形制大小相同，锈残，敞口，弧腹下收，假圈足，素面。口径3.5、底径1.2、高2.3厘米。银盏托平沿，斜弧腹下收，喇叭形底座，素面。口径4.6、底径2.3、通高2.4厘米（图七一，3；图版五二，2）。

银盏，2组6件。

标本Ⅲ M1：3，1组2件。形制大小相同，完整，敞口，弧腹下收，假圈足，素面。口径4.4、底径1.6、通高2.8厘米（图版五二，3）。

标本Ⅲ M1：7，1组4件。大小两种，形制一致，各2件。

标本Ⅲ M1：7-1，完整，敞口，弧腹下收，假圈足，素面。口径2.3、底径0.8、通高1.5厘米（图七一，5；图版五二，7）。

标本Ⅲ M1：7-2，完整，敞口，弧腹下收，假圈足，素面。口径1.9、底径0.6、通高0.8厘米（图七一，6；图版五二，7）。

银烛台，1组3件。标本Ⅲ M1：4，形制大小相同，锈残，双层盘、高柄，下接底座。上盘位于离柄首约五分之一处，圆唇，平底，底内凹，素面；下盘位于柄中部，敞口，卷沿，斜弧腹，平底，素面；底座有两道折棱。上盘口径2.4，底座底径4.1、通高10厘米（图七一，12；图版五二，4）。

银壶，1件。标本Ⅲ M1：5，完整，平盖，乳钉纽。子母口，溜肩，深腹外弧，平底。"s"形细管状流，位于下腹部，环形执柄。通体素面。口径2.4、底径3.9、宽4.9、通高5.5厘米（图七一，13；图版五二，5）。

银香炉，1件。标本Ⅲ M1：6，完整，由上下两部分构成。上部整体呈束腰形，敞口，束径，底部外撇，颈部饰一周凸弦纹，口部焊接一周银质宽带，宽带饰两周凸弦纹。下部为敛口，折肩，折腹，腹底内凹，下接三蹄足，素面。附双耳外侈。口径4.9、腹径5.7、通高7.25厘米（图七一，9；图版五二，6）。

银托盘，1件。标本Ⅲ M1：8，完整，平沿，直腹，平底，素面。口外径7、口内径4.3、底径4.35、通高1.5厘米（图七一，4；图版五二，8）。

银碟，1组4件。标本Ⅲ M1：9，形制大小一致，完整，敞口，斜弧腹微折，圈足，素面。口径3.2、底径1.4、高0.5厘米（图七一，11；图版五三，1）。

银罐，2组5件。

标本Ⅲ M1：10，1组3件，形制大小一致，完整，敛口，溜肩，鼓腹，平底，素面，颈部饰一周凸弦

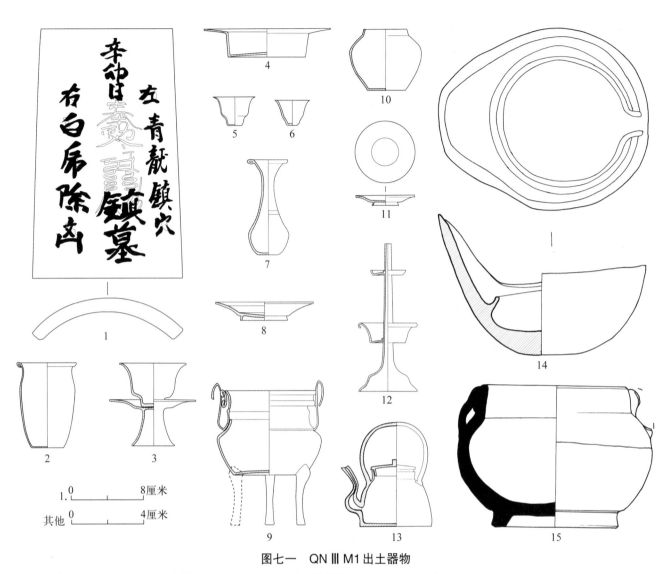

图七一　QNⅢM1出土器物

1. 符瓦（ⅢM1∶16）　2、10. 银罐（ⅢM1∶12、10）　3. 银盏及盏托（ⅢM1∶2）　4. 银托盘（ⅢM1∶8）　5、6. 银盏（ⅢM1∶7-1、7-2）　7. 银小壶（ⅢM1∶11）　8. 银盘（ⅢM1∶1）　9. 银香炉（ⅢM1∶6）　11. 银碟（ⅢM1∶9）　12. 银烛台（ⅢM1∶4）　13. 银壶（ⅢM1∶5）　14. 铁灯盏（ⅢM1∶13）　15. 瓷罐（ⅢM1∶14）

纹。口径2.3、腹径3.8、底径2.1、通高3.2厘米（图七一，10；图版五三，2）。

标本ⅢM1∶12，1组2件，完整，敞口，卷沿，短束颈，深弧腹，平底，素面。口径3.2、腹径3、底径1.7、通高4.5厘米（图七一，2；图版五三，4）。

银小壶，1件。标本ⅢM1∶11，完整，喇叭形口，卷沿，束颈，颈细长，溜肩，鼓腹，平底，颈部饰两道弦纹。口径2.6、腹径2.7、底径1.3、通高6厘米（图七一，7；图版五三，3）。

（3）铁器

铁器，1件。标本ⅢM1∶15，残，平面一端近环形，另一端呈直线形，表面腐蚀较重。通长5.6、宽4.1、厚1.3厘米（图版五三，7）。

铁灯盏，1件。标本ⅢM1：13，完整，内部有平沿状凸层，整体铸成，无分段痕迹，整体腐蚀痕迹较重。宽11.3、通高7.4厘米。(图七一,14；图版五三,5)

（4）符瓦

符瓦，1件。标本ⅢM1：16，残，泥质灰陶，板瓦，横截面呈弧形，长24、上宽14、下宽16.1、厚4.2厘米。正面上部墨书"辛卯日"，正中朱砂绘符，符篆两侧墨书"左青龙镇穴,右白虎除凶"，下部墨书"镇墓"(图七一,1；图版五三,8)。

二、ⅢM2

1. 墓葬位置

位于Ⅲ区南部，东邻ⅢM1，西邻ⅢM3，东北邻ⅢM7，北靠ⅢM8，方向为32°。

2. 墓葬形制与结构

竖穴墓道土洞墓，由墓道、墓室两部分组成(图七二；图版五四,1)。

墓道平面呈梯形，上口长1.8、宽0.66—0.96、深0.3米，墓道底长1.8、宽0.66—0.96米，距现地表2.24—2.46米。墓室为土洞，位于墓道西端，平面呈长方形，四壁平整，拱形顶，墓底平坦。墓底长1.92、宽0.57—1.44、高0.72—1.11米，距现地表2.52米。

3. 葬具、葬式

发现木棺两具，已朽，置于墓室正中，平面呈长方形，北棺长1.7、宽0.22—0.38米，南棺长1.7、宽0.5—0.7米。

发现人骨两具，东南侧棺人骨头向西南，面向上，仰身直肢；西北侧棺人骨头向西南，面向上，骨架散乱，为二次葬。

西侧墓主为35—39岁的男性，东侧墓主为50—59岁的女性。

4. 随葬器物

随葬器物共5件/组。包括瓷钵1件、玉饰件1组8颗、铜钱2组3枚、符瓦1件。南侧人骨右手处有1组玉饰件和1枚铜钱，两腿之间有1件瓷钵，足部处有1枚铜钱，棺外东侧有1件符瓦。

（1）瓷器

瓷钵，1件。标本ⅢM2：3，敛口，圆唇，扁鼓腹，假圈足。灰白胎，口部、腹部施褐釉，足部施数周凹弦纹。口径8.4、腹径11、底径5.9、高8.5厘米(图七三,5；图版五四,4)。

（2）符瓦

符瓦，1件。标本ⅢM2：5，完整，泥质灰陶，板瓦，横截面呈弧形，长25.5、上宽15、下宽17、厚4.7厘米。正面上部墨书"丙戌"，其他内容漫漶不清，只能认清"镇""能"字(图七三,1)。

（3）铜钱

铜钱，2组3枚。

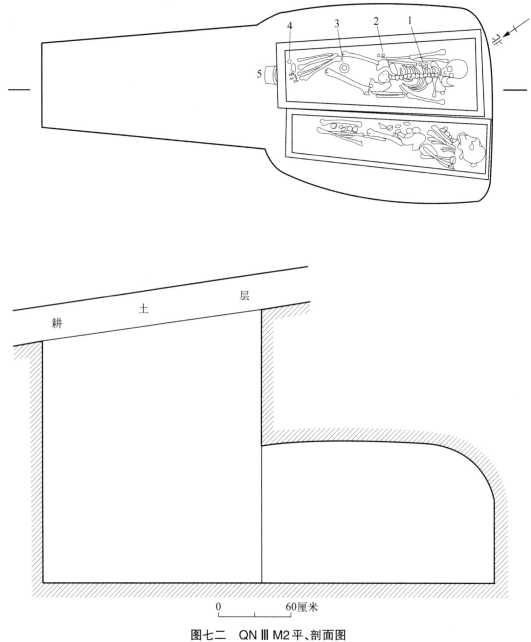

图七二　QN Ⅲ M2平、剖面图

1. 玉饰件　2、4. 铜钱　3. 瓷钵　5. 符瓦

　　标本Ⅲ M2：2，1组2枚，均为乾隆通宝，方穿，有内外廓，外廓较厚，正面楷书"乾隆通宝"，直读，背书满文"宝泉"，直径2.15、孔径0.6厘米（图七三，4；图版五四，3）。

　　标本Ⅲ M2：4，1枚乾隆通宝，方穿，有内外廓，外廓较厚，正面楷书"乾隆通宝"，直读，背书满文"宝源"，直径2.3、孔径0.6厘米（图版五四，5）。

（4）玉器

　　玉饰件，1组8颗。

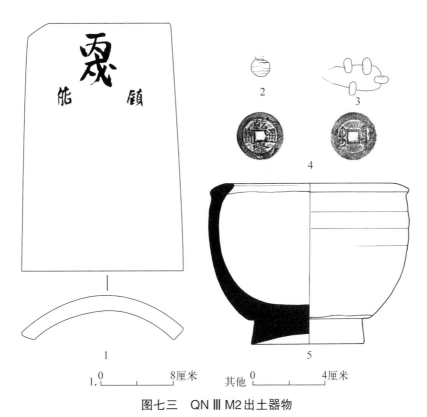

图七三　QNⅢM2出土器物

1. 符瓦（ⅢM2∶5）　2、3. 玉饰件（ⅢM2∶1-1、1-2）　4. 铜钱（ⅢM2∶2）　5. 瓷钵（ⅢM2∶3）

标本ⅢM2∶1-1,4颗,大小不一,玉质,圆球状,底部微内凹,直径1厘米（图七三,2;图版五四,2）。

标本ⅢM2∶1-2,4颗,大小不一,玉质,圆球状,有穿孔,直径0.5厘米（图七三,3;图版五四,2）。

三、ⅢM3

1. 墓葬位置

位于Ⅲ区南部,东邻ⅢM2,北邻ⅢM9,东北邻ⅢM8,西邻ⅢM4,方向为48°。

2. 墓葬形制与结构

竖井墓道土洞墓,由墓道、甬道、墓室三部分组成（图七四;图版五五,1）。

墓道平面呈梯形,上口长1.4、宽0.74—0.96、深0.34米,墓道底长1.4、宽0.74—0.96米,距现地表2.9—3.14米。甬道长0.46、宽0.76、高1米。墓室为土洞,位于墓道西南,平面呈长方形,四壁平整,拱形顶,墓底平坦。墓底长1.4、宽1.3、高1.14米,距现地表3.3米。

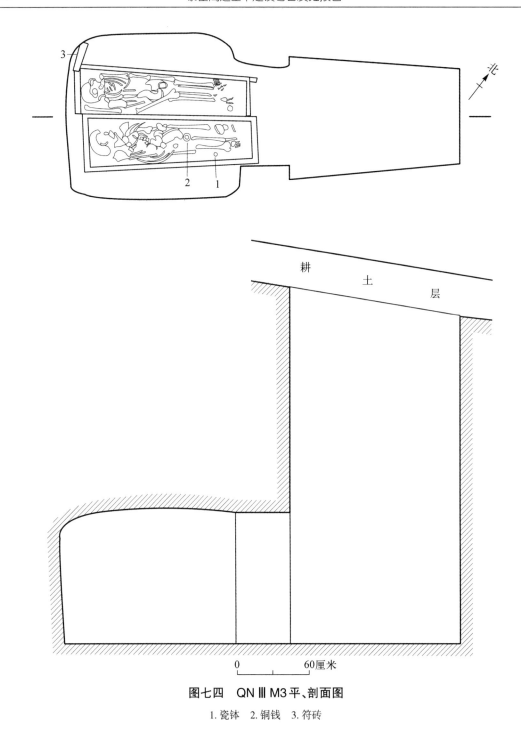

图七四　QN Ⅲ M3平、剖面图
1. 瓷钵　2. 铜钱　3. 符砖

3. 葬具、葬式

发现木棺两具,已朽,置于墓室正中,平面呈长方形,西北侧棺长1.4、宽0.3—0.4米,东南侧棺长1.46、宽0.4—0.46米。

发现人骨两具,头向西南,面向上,两具棺内人骨均较为散乱,应为二次葬。

西侧墓主为35—39岁的男性,东侧墓主性别不详,年龄为40—44岁。

4. 随葬器物

随葬器物共3件。分别为瓷钵、铜钱和符砖各1件。西侧棺内人骨两腿之间有1件瓷钵和1枚铜钱,墓室西南角侧立有1块符砖。

（1）瓷器

瓷钵,1件。标本ⅢM3∶1,口残,侈口,圆唇,斜直腹,圈足。灰白胎,腹部施黄釉。口径9.5、腹径7.8、底径4.4、高5厘米(图七六,5;图版五五,2)。

（2）铜钱

铜钱,1枚。标本ⅢM3∶2,残断成三截,大致可辨认为康熙通宝(图版五五,3)。

（3）符砖

符砖,1件。标本ⅢM3∶3,残,泥质灰陶,长方形,长26.1、宽25.6、厚6.3厘米。内容漫漶不清(图七六,1)。

四、ⅢM4

1. 墓葬位置

位于Ⅲ区西南部,东邻ⅢM3,北邻ⅢM14,西北邻ⅢM5,方向为42°。

2. 墓葬形制与结构

竖井墓道土洞墓,由墓道、洞室两部分组成(图七五;图版五五,4)。

墓道平面呈梯形,上口长2、宽0.66—0.96、深0.3米,墓道底长2、宽0.66—0.96米,距现地表2.6—2.94米。墓室为土洞,位于墓道西南,平面呈长方形,四壁平整,拱形顶,墓底平坦。墓底长2.04、宽1.44—1.6、高0.72—0.9米,距现地表3.04米。

3. 葬具、葬式

发现木棺两具,已朽,置于墓室正中,平面呈长方形,西北棺长1.4、宽0.4米,东南棺长1.8、宽0.38—0.7米。

发现人骨两具,保存情况较好,头向西南,面向上,人骨散乱,刻意摆放,为二次葬。

西侧墓主为50—59岁的男性,东侧墓主为60多岁的女性。

4. 随葬器物

随葬器物共4件/组。为瓷钵1件、铜纽扣1组2枚、铜钱1组2枚、符瓦1件。东侧棺内人骨腹部有2枚铜纽扣,两腿之间有1件瓷钵和2枚铜钱,棺外北侧有1件符瓦。

（1）瓷器

瓷钵,1件。标本ⅢM4∶1,侈口,圆唇,斜直腹,圈足。灰胎,腹部施绿釉,内壁施白釉。口径

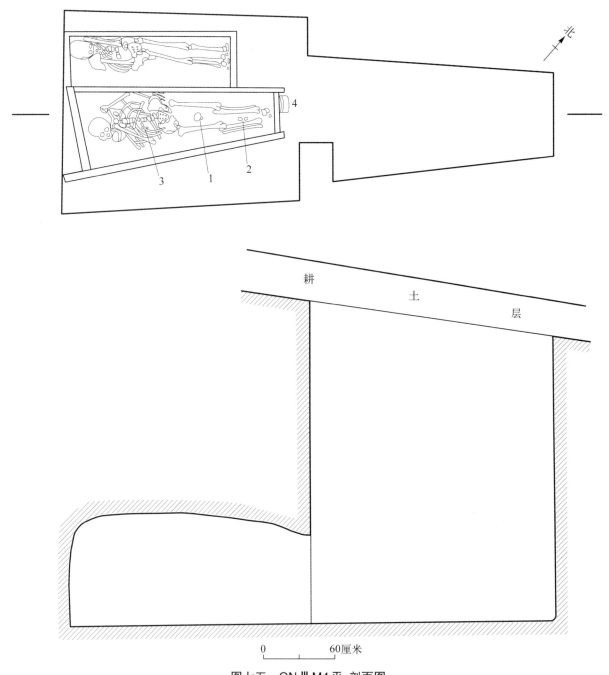

图七五　QNⅢM4平、剖面图

1. 瓷钵　2. 铜钱　3. 铜纽扣　4. 符瓦

9.4、底径3.5、高4.6厘米（图七六,4；图版五六,1）。

（2）铜器

铜钱,1组2枚。标本ⅢM4：2,2枚均为乾隆通宝,方穿,有内外廓,外廓较厚,正面楷书"乾隆通宝",直读,背书满文"宝泉",直径2.5、孔径0.63厘米（图七六,3；图版五六,2）。

铜纽扣,1组2枚。标本ⅢM4：3,残损,只剩空心球状扣体。扣直径0.9厘米（图七六,6；图版五六,3）。

（3）符瓦

符瓦,1件。标本ⅢM4：4,完整,泥质灰陶,板瓦,横截面呈弧形,长24.8、上宽15、下宽16.7、厚5厘米。正面上部墨书"丙午",正中朱砂绘符,符篆两侧墨书"镇定千年吉,能除万载凶",下部墨书"镇穴"（图七六,2；图版五六,4）。

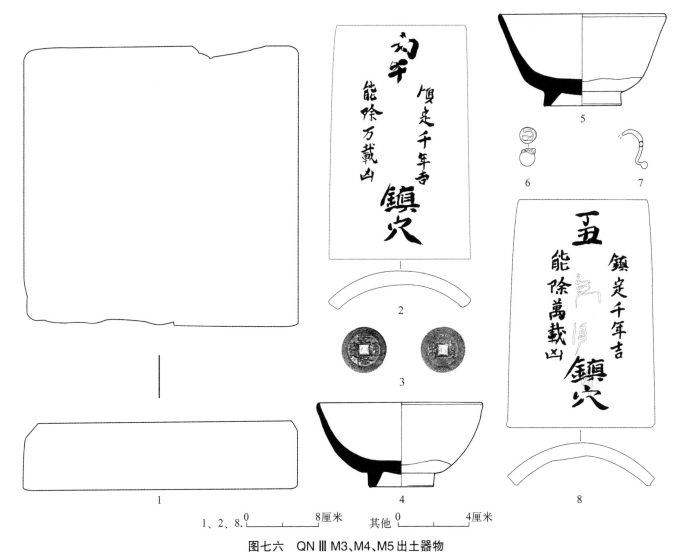

1、2、8. 0 ———— 8厘米　　　其他 0 ———— 4厘米

图七六　QN Ⅲ M3、M4、M5 出土器物

1.符砖（ⅢM3：3）　2、8.符瓦（ⅢM4：4、M5：3）　3.铜钱（ⅢM4：2）　6.铜纽扣（ⅢM4：3）　7.银耳环（ⅢM5：1）

4、5.瓷钵（ⅢM4：1、M3：1）

五、ⅢM5

1. 墓葬位置

位于Ⅲ区西南,东邻ⅢM4,西北邻ⅢM11,南靠隔梁,方向为36°。

2. 墓葬形制与结构

竖井墓道土洞墓,由墓道、甬道、墓室三部分组成(图七七;图版五六,5)。

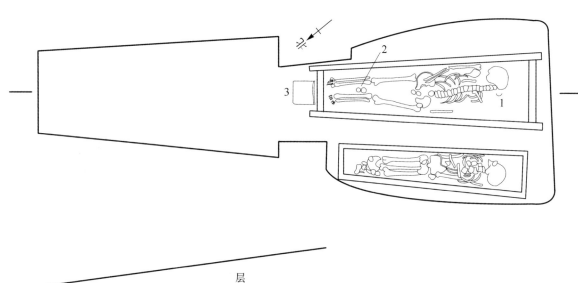

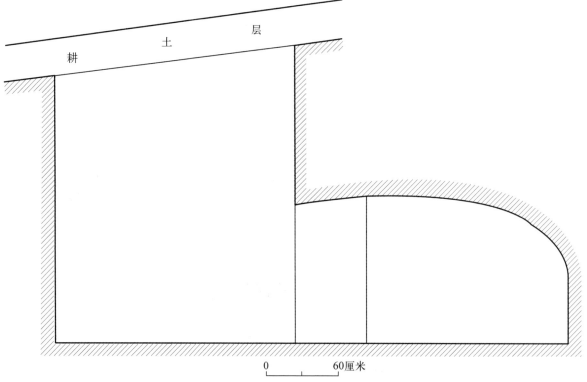

图七七　QNⅢM5平、剖面图

1.银耳环　2.铜钱　3.符瓦

墓道平面呈梯形,上口长2、宽0.66—0.96、深0.3米,墓道底长2、宽0.66—0.96米,距现地表2.44—2.7米。甬道长0.6、宽0.6、高1.1米,墓室为土洞,位于墓道西端,平面呈长方形,四壁平整,拱形顶,墓底平坦。墓底长1.64、宽1.1—1.46、高0.7—1.16米,距现地表2.8米。

3. 葬具、葬式

发现木棺两具,已朽,东西向置于墓室正中,平面呈长方形,西北侧棺长1.56、宽0.3—0.34米,东南侧南棺长1.92、宽0.4—0.6米。

发现人骨两具,保存情况较好,头向西南。东侧棺内人骨为仰身直肢,西侧棺内人骨堆叠,为二次葬。

西侧墓主为45—49岁的男性,东侧墓主为50—60岁的女性。

4. 随葬器物

随葬器物共3件/组。为银耳环1件,符瓦1件、铜钱1组2枚。银耳环位于东侧棺内墓主头骨西侧,铜钱位于东侧棺内墓主两腿之间,符瓦位于东侧棺外北侧。

(1)银器

银耳环,1件。标本ⅢM5:1,残断严重,呈倒"s"形,耳环尾部下坠一小圆球。残长2.2厘米(图七六,7;图版五七,1)。

(2)符瓦

符瓦,1件。标本ⅢM5:3,完整,泥质灰陶,板瓦,横截面呈弧形,长24.2、上宽14.6、下宽16.4、厚4.5厘米。正面上部墨书"丁丑",正中朱砂绘符,符箓两侧墨书"镇定千年吉,能除万载凶",下部墨书"镇穴"(图七六,8)。

(3)铜钱

铜钱,1组2枚。标本ⅢM5:2,2枚锈蚀严重,1枚大致辨认为乾隆通宝,方穿,有内外廓,外廓较厚,正面楷书"乾隆通宝",直读,背书满文锈蚀不清,直径2.3、孔径0.6厘米。1枚残破严重,无法辨认(图版五七,2)。

六、ⅢM6

1. 墓葬位置

位于Ⅲ区东南,东距隔梁3米,西南邻ⅢM7,北邻ⅢM13,方向为47°。

2. 墓葬形制与结构

竖井墓道土洞墓,由墓道、墓室两部分组成(图七八;图版五七,3)。

墓道平面呈梯形,上口长1.8、宽0.4—0.7、深0.3米,墓道底长1.8、宽0.4—0.7米,距现地表1.84—2.18米。墓室为土洞,位于甬道西南,平面呈长方形,四壁平整,拱形顶,墓底平坦。墓底长1.56、宽1.02、高0.4—0.82米,距现地表2.4米。

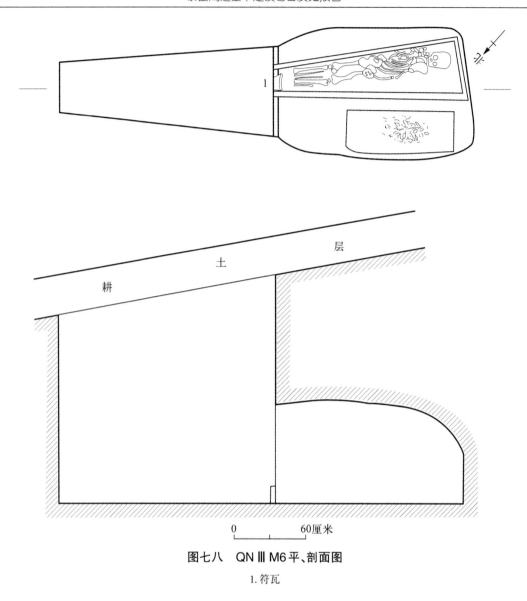

图七八　QN Ⅲ M6平、剖面图

1. 符瓦

3. 葬具、葬式

发现木棺两具,已朽,东西向置于墓室正中,平面呈长方形,西北侧棺长1、宽0.3米,东南侧棺长1.44、宽0.24—0.46米。

发现人骨两具,东南侧棺人骨头向西南,面向上,仰身直肢;西北侧棺均为细小碎骨,为二次葬。西侧墓主人骨保存很差,性别、年龄信息不详,东侧墓主为16—17岁的男性。

4. 随葬器物

随葬器物1件。为符瓦,置于东南侧木棺的东北侧。

符瓦,1件。

标本Ⅲ M6:1,完整,泥质灰陶,板瓦,横截面呈弧形,长23、上宽14.4、下宽15.3、厚4厘米。

正面上部墨书"□□日",正中朱砂绘符,符箓两侧墨书推测为"左青龙镇穴,右白虎除凶",下部墨书"□凶"(图八一,1;图版五七,4)。

七、ⅢM7

1. 墓葬位置

位于Ⅲ区东南,南邻ⅢM1,西南邻ⅢM2,西邻ⅢM8,东邻ⅢM6,方向为42°。

2. 墓葬形制与结构

竖井墓道土洞墓,由墓道、墓室两部分组成(图七九;图版五八,1)。

墓道平面呈梯形,上口长1.86、宽0.6—0.98、深0.3米,墓道底长1.86、宽0.6—0.98米,距现地表2.56—2.9米。墓室为土洞,位于墓道西端,平面呈长方形,四壁平整,拱形顶,墓底平坦。墓底

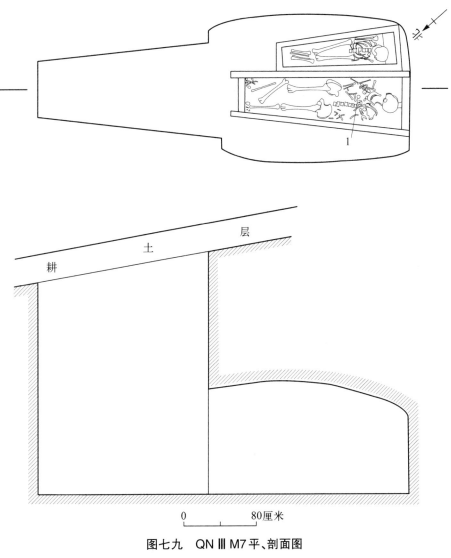

0　　　　　80厘米

图七九　QNⅢM7平、剖面图

1. 铁灯盏

长2.22、宽1.56、高0.86—1.18米,距现地表3.08米。

3. 葬具、葬式

发现木棺两具,已朽,东西向置于墓室正中,平面呈长方形,西北侧棺长2、宽0.48—0.64米,东南侧棺长1.48、宽0.3—0.5米。

发现人骨两具,均头向西南,仰身直肢。

西侧墓主为30—34岁的男性,东侧墓主为30—34岁的女性。

4. 随葬器物

随葬器物共1件。为铁灯盏,位于东侧棺内人骨胸部。

铁灯盏,1件。标本ⅢM7：1,完整,整体铸造,油灯部分呈桃状,表面腐蚀较重。长7.2、宽7.6、通高1.7厘米(图八一,3;图版五八,2)。

八、ⅢM8

1. 墓葬位置

位于Ⅲ区中部,东邻ⅢM7,南邻ⅢM2,西邻ⅢM9,北邻ⅢM10,方向为27°。

2. 墓葬形制与结构

竖井墓道土洞墓,由墓道、墓室两部分组成(图八〇;图版五八,4)。

墓道平面呈梯形,上口长2.04、宽0.56—0.72、深0.3米,墓道底长1.74、宽0.56—0.72米,距现地表2.28—2.5米。墓室为土洞,位于墓道西南,平面呈梯形,四壁平整,拱形顶,墓底平坦。墓底长1.76、宽0.64—0.96、高0.4—0.86米,距现地表2.6米。

3. 葬具、葬式

无葬具。

无人骨。

4. 随葬器物

随葬器物共1件。为瓷盏,置于棺内西南角。

瓷盏,1件。标本ⅢM8：1,侈口,圆唇,斜直腹,平底。灰胎,口部、内壁施黑釉,外壁无釉。口径4.3、底径2.2、高1.7厘米(图八一,2;图版五八,3)。

九、ⅢM9

1. 墓葬位置

位于Ⅲ区中部,东邻ⅢM8,南邻ⅢM3,西邻ⅢM10,北邻ⅢM14,方向为33°。

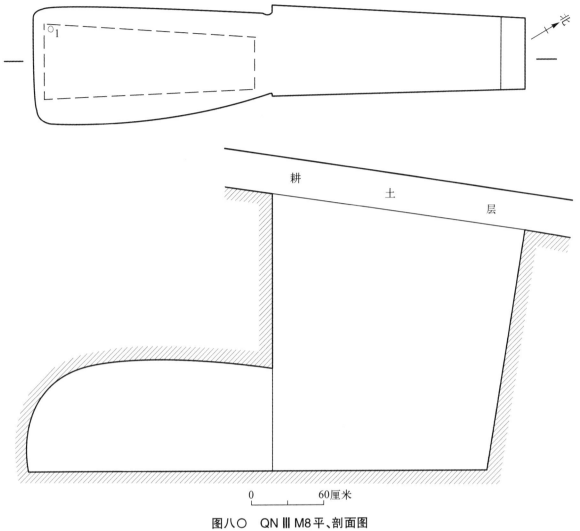

图八〇　QN Ⅲ M8平、剖面图

1. 瓷盏

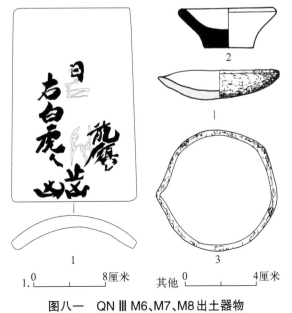

图八一　QN Ⅲ M6、M7、M8出土器物

1.符瓦（Ⅲ M6∶1）　2.瓷盏（Ⅲ M8∶1）　3.铁灯盏（Ⅲ M7∶1）

2. 墓葬形制与结构

竖井墓道土洞墓,由墓道、墓室两部分组成(图八二;图版五九,1)。

墓道平面呈梯形,上口长1.6、宽0.5—0.8、深0.3米,墓道底长1.6、宽0.5—0.8米,距现地表2.62—2.8米。墓室为土洞,位于墓道西南,平面呈梯形,四壁平整,拱形顶,墓底平坦。墓底长1.78、宽1.2—1.4、高0.76—1.08米,距现地表2.92米。

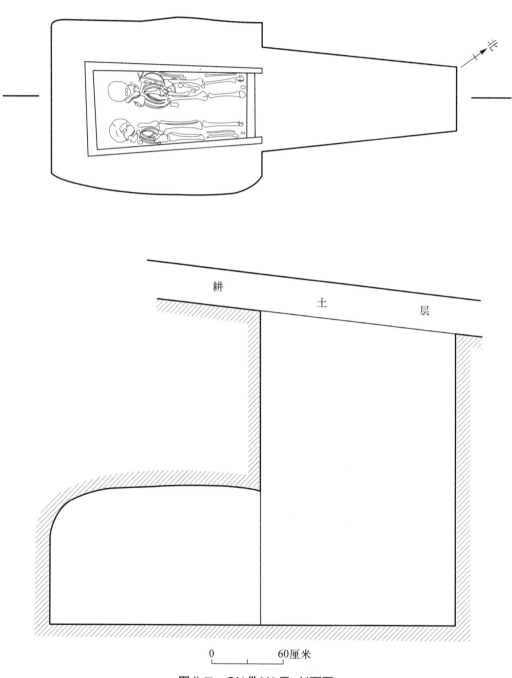

图八二　QNⅢM9平、剖面图

3. 葬具、葬式

发现木棺一具,已朽,置于墓室正中,平面呈长方形,棺长1.44、宽0.6—0.74米。发现人骨两具,置于一具棺内。头向西南,面向上,仰身直肢。西侧墓主为22—25岁的男性,东侧墓主为成年女性。

4. 随葬器物

无。

一〇、ⅢM10

1. 墓葬位置

位于Ⅲ区中部,东邻ⅢM9,北邻ⅢM17,西邻ⅢM14,ⅢM15叠压打破ⅢM10的墓道,方向为14°。

2. 墓葬形制与结构

斜坡墓道砖室墓,由墓道、墓门、甬道、墓室四部分组成(图八三;图版五九,2)。

墓道平面呈长方形,上口长2.2、宽0.44—1.3、深0.36米,墓道底长0.4、宽0.44—1.3米,距现地表2.4米。甬道长1.08、宽0.6、高1.3米。墓道西侧被M15墓室打破。墓门宽1.04、高1.3米,距现地表1.1米。砖室建于竖穴土圹之内,位于甬道南端,平面呈长方形,四壁用砖平铺砌垒而成,拱形券顶,墓底铺砖一层。墓室南、北、西、三壁中部各建有一宽0.4、进深0.3、高0.3米的耳室。墓底长2.56、宽3.02、高2米,距现地表2.74米。

3. 葬具、葬式

发现木棺三具,已朽,南北向置于墓室正中,平面呈长方形,西棺长1.8、宽0.4—0.5米,中间棺长1.9、宽0.4—0.5米,东棺长1.92、宽0.5—0.6米。

发现人骨三具,头向南,面向上,仰身直肢。西侧墓主为50—60岁的女性,中间墓主为50—59岁的男性,东侧墓主为60多岁的女性。

4. 随葬器物

随葬器物共7件。包括瓷罐1件、瓷碗1件、银簪2组3件、铁烟锅1件、铜钱1枚、符瓦1件。墓室西壁壁龛内有1件瓷碗,墓室南壁有1件瓷罐,东侧棺内人骨头顶有2组银簪,中棺墓主两腿之间有1件铁烟锅和1枚铜钱,棺外有1件符瓦。

(1)瓷器

瓷罐,1件。标本ⅢM10:1,双耳残,直口,圆唇,桥形耳,扁鼓腹,圈足。灰胎,外壁施褐釉至下腹部,口部无釉,内施满釉,内部有褐色漩涡凸纹。口径7、腹径9.8、底径5.5、高7厘米(图八四,6;图版五九,3)。

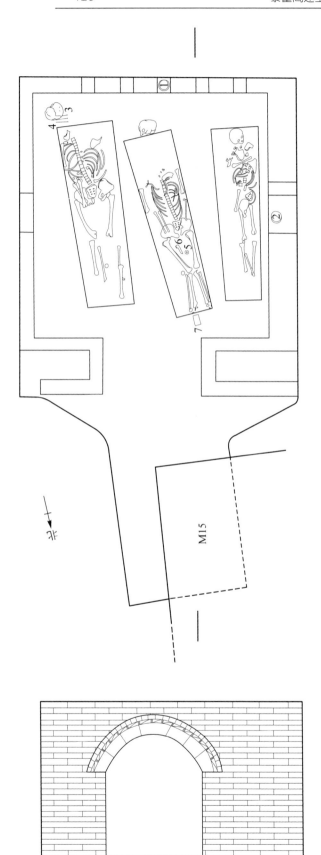

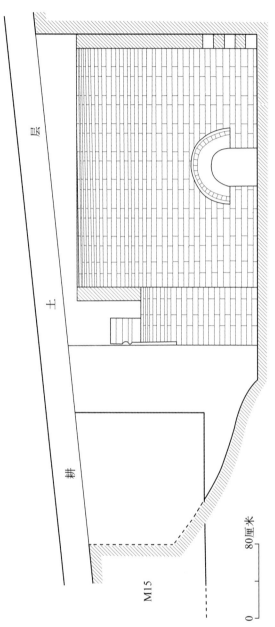

图八三　QN Ⅲ M10平、剖面图及墓门图

1. 瓷罐　2. 瓷碗　3、4. 银簪　5. 铜钱　6. 铁烟锅　7. 符瓦

瓷碗,1件。标本ⅢM10：2,侈口,圆唇,斜直腹,圈足。灰胎,外壁施白釉至下腹部,口部、足部无釉,内施白釉。口径10.8、底径5.3、高3.15厘米(图八四,5;图版五九,4)。

（2）铜、银、铁器

铜钱,1枚。标本ⅢM10：5,锈蚀严重,钱文无法辨识,直径2.5、孔径0.6厘米(图版六〇,3)。

银簪,2组3件。

标本ⅢM10：3-1。完整,簪首有一小圆珠,簪身细长,簪尾较尖。素面。通长7.3厘米(图八四,2;图版六〇,1)。

标本ⅢM10：3-2,1组2件。完整,簪首有一小圆珠,簪身细长,簪尾较尖。素面。通长7厘米(图八四,3;图版六〇,1)。

标本ⅢM10：4,1件。完整,簪首有一小圆珠,簪身细长,饰螺纹,簪尾较尖。长12.5厘米(图八四,1;图版六〇,2)。

铁烟锅,1件。标本ⅢM10：6,锈蚀严重,只剩烟锅和烟嘴。烟锅呈直口,圆唇,柄部比腹部稍细,断面均呈圆形,内中空,烟锅残长4.7、烟嘴残长5.8厘米(图八四,4;图版六〇,4)。

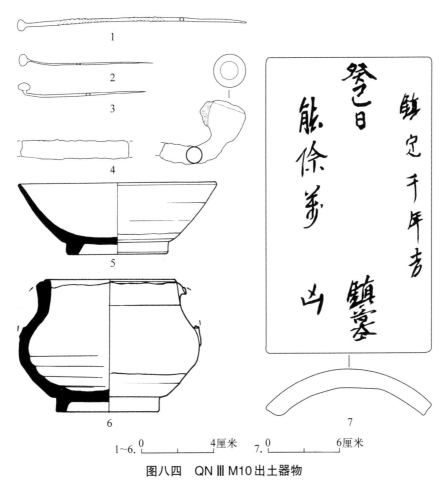

图八四　QNⅢM10出土器物

1～3.银簪(ⅢM10：4、3-1、3-2)　4.铁烟锅(ⅢM10：6)　5.瓷碗(ⅢM10：2)　6.瓷罐(ⅢM10：1)　7.符瓦(ⅢM10：7)

（3）符瓦

符瓦，1件。标本Ⅲ M10：7，残，泥质灰陶，板瓦，横截面呈弧形，长24.5，上宽14.5，厚3厘米。正面上部墨书"癸巳日"，正中朱砂绘符，内容已不清，符篆两侧墨书推测为"镇定千年吉，能除万□凶"，下部墨书"镇墓"（图八四，7）。

一一、Ⅲ M11

1. 墓葬位置

位于Ⅲ区西部，东邻Ⅲ M14，北邻Ⅲ M16，南邻Ⅲ M5，方向为42°。

2. 墓葬形制与结构

竖井墓道土洞墓，由墓道、墓室两部分组成（图八五；图版六〇，5）。

墓道平面呈梯形，上口长2.1、宽0.6—0.92、深0.3米，墓道底长0.68、宽0.6—0.92米，距现地表1.7—2.28米。墓室为土洞，位于墓道西南，平面呈梯形，四壁平整，拱形顶，墓底平坦。墓底长2.52、宽1.24—1.6、高0.86—1.06米，距现地表2.36米。

3. 葬具、葬式

发现木棺两具，已朽，置于墓室中部，平面呈长方形，西北棺长2.24、宽0.48—0.62米，东南棺长2.04、宽0.46—0.8米。

发现人骨两具，两侧人骨均头向西南，人骨散乱。

西侧墓主为50—60岁的男性，东侧墓主为50—60岁的女性。

4. 随葬器物

随葬器物共8件/组。包括瓷罐1件、瓷器残底1件、银耳环1件、铜纽扣1枚、符瓦1件、铜钱2组6枚、铁器1件。东侧棺内人骨头部有1件银耳环，两腿之间有1组铜钱，盆骨东侧有1件瓷器残底和1件瓷罐，小腿骨处有1件铁器，棺外北侧立有1件符瓦，西侧棺内人骨头骨处有1枚铜纽扣，腹部有1组铜钱。

（1）瓷器

瓷罐，1件。标本Ⅲ M11：1，完整，直口，圆唇，弧腹，卧足。灰胎，口部至上腹部施褐釉，下腹部至足部无釉，内施满釉，内壁有泥条盘筑痕迹。口径7.6、腹径9.9、底径6.5、高10.6厘米（图八六，5；图版六一，1）。

瓷器残底，1件。标本Ⅲ M11：4，残，仅剩器底，圈足。灰胎，器物内部施有白釉，断面不平均。底径7.1、残高1.9厘米（图八六，4；图版六一，4）。

（2）铜、银器

银耳环，1件。标本Ⅲ M11：3，残断，环体为"c"形，环首弯曲为环形，下坠一个雕刻成女性的耳坠。通高3.5、耳坠长1.8厘米（图八六，2；图版六一，3）。

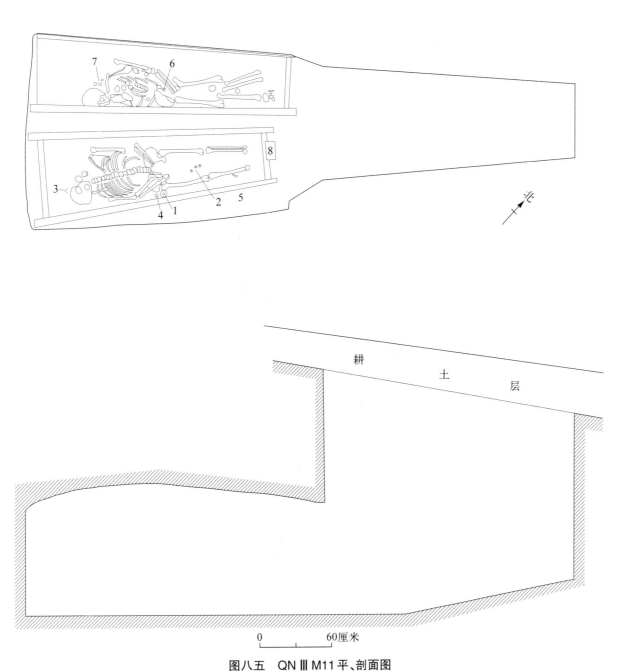

图八五　QN Ⅲ M11平、剖面图

1. 瓷罐　2、6. 铜钱　3. 银耳环　4. 瓷器残底　5. 铁器　7. 铜纽扣　8. 符瓦

　　铜纽扣，1枚。标本Ⅲ M11∶7，残破严重（图版六一，7）。

　　铜钱，2组6枚。

　　标本Ⅲ M11∶2，1组3枚，1枚乾隆通宝，方穿，有内外廓，外廓较厚，正面楷书"乾隆通宝"，直读，背书满文"宝源"，直径2.5、孔径0.6厘米，另2枚锈蚀不清，钱文无法辨认，直径2.6、孔径0.6厘米（图八六，3；图版六一，2）。

标本ⅢM11：6，1组3枚，3枚锈蚀不清，钱文无法辨认，直径2.5、孔径0.6厘米（图版六一，6）。

（3）符瓦

符瓦，1件。标本ⅢM11：8，残，泥质灰陶，板瓦，横截面呈弧形，长23.8、上宽14、厚3.6厘米。正面上部墨书"庚寅日"，正中朱砂绘符，内容已不清，符篆两侧墨书"墓穴镇定千年□，灵符能除万载凶"，下部墨书"镇□"（图八六，1；图版六一，8）。

（4）铁器

铁器，1件。标本ⅢM11：5，残，形状不规则，腐蚀较重。残长8.6、残宽5.5厘米（图版六一，5）。

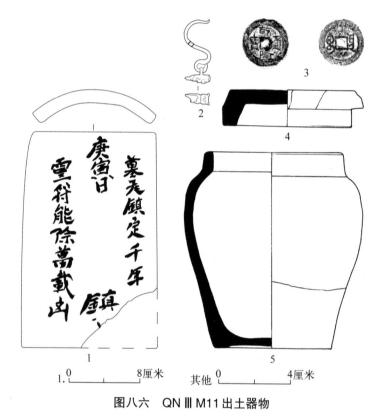

图八六　QNⅢM11出土器物

1.符瓦（ⅢM11：8）　5.瓷罐（ⅢM11：1）　2.银耳环（ⅢM11：3）　3.铜钱（ⅢM11：2）　4.瓷器残底（ⅢM11：4）

一二、ⅢM12

1. 墓葬位置

位于Ⅲ区东部，东邻ⅢM13，南邻ⅢM7，西邻ⅢM10，北邻ⅢM18，方向为43°。

2. 墓葬形制与结构

竖井墓道土洞墓，由墓道、墓室两部分组成（图八七；图版六二，1）。

墓道平面呈梯形，上口长2.4、宽0.5—1.16、深0.26米，墓道底长2.4、宽0.5—1.16米，距现地

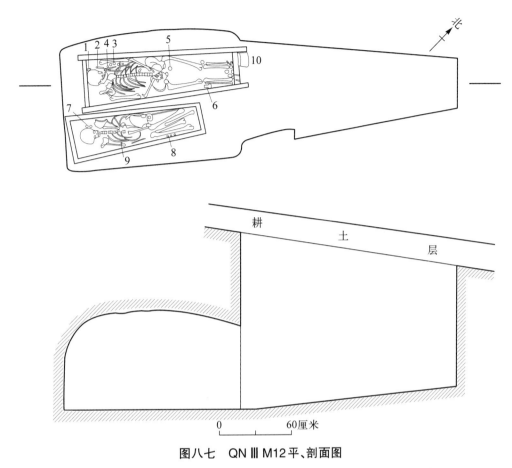

图八七　QNⅢM12平、剖面图

1.铜帽顶　2.铜烟嘴　3、7.铜钱　4、8.铜纽扣　5.瓷盏　6.瓷壶　9.铜镯　10.符瓦

表1.58—2.16米。墓室为土洞,位于墓道西南,平面呈梯形,四壁平整,拱形顶,墓底平坦。墓底长1.96、宽1.4、高0.6—1.06米,距现地表2.2米。

3. 葬具、葬式

发现木棺两具,已朽,置于墓室正中,平面呈长方形,西北棺长1.8、宽0.4—0.6米,东南棺长1.48、宽0.3—0.5米。

发现人骨两具,头向西南,面向上,仰身直肢。

西侧墓主为50—60岁的男性,东侧墓主为24—26岁的女性。

4. 随葬器物

随葬器物共10件/组。包括瓷盏1件、瓷壶1件、铜帽顶1件、铜烟嘴1件、铜纽扣2组12枚、铜镯1件、铜钱2组7枚、符瓦1件。西侧棺内人骨头顶有1件铜帽顶和1件铜烟嘴,左胸部有1组铜钱和1组铜纽扣,两腿之间有1件瓷盏,腿骨东侧有1件瓷壶,棺外北侧有1件符瓦,东侧棺内墓主头骨西侧有1组铜钱,右臂处有1件铜镯,腿骨东侧有1组铜纽扣。

（1）瓷器

瓷盏，1件。标本ⅢM12：5，直口，圆唇，折腹，腹部弧收至平底。灰胎，口部、内壁施黑釉，外壁无釉。口径4.9、底径2、高2.2厘米（图八八，8；图版六三，1）。

瓷壶，1件。标本ⅢM12：6，小口，圆唇，细束颈，鼓腹，圈足。灰胎，外壁施黑釉至下腹部，足部无釉，内施满釉。口径3.3、腹径5.7、底径3.75、高4.2厘米（图八八，3；图版六三，2）。

（2）铜器

铜帽顶，1件。标本ⅢM12：1，由底座和圆形垫片组成，连接轴连接两个圆形垫片，一垫片靠近轴的三分之一处，表面饰一周凸弦纹。下垫片素面。通高4.5、垫片直径分别为1.3和2.3厘米（图八八，5；图版六二，2）。

铜烟嘴，1件。标本ⅢM12：2，腐蚀严重，只剩下一烟嘴，整体呈空心圆柱形，断面呈圆形，口径比柄径稍小，柄内残存木屑痕迹。长7.6、直径0.6—1厘米（图八八，4；图版六二，3）。

铜纽扣，2组12枚。

标本ⅢM12：4，1组4枚。完整，扣体呈空心球状，球状下部铸有一环形纽，纽下部接一细圆环。通高1.5、扣直径0.8厘米（图八八，6；图版六二，5）。

标本ⅢM12：8，1组8枚。完整，扣体呈空心球状，球状下部铸有一圆环，圆环下连接一个细圆环。通高1.5、扣直径0.7厘米（图八八，7；图版六三，4）。

铜镯，1件。标本ⅢM12：9，残损严重，呈细圆环状，素面。残径6.5厘米（图八八，2；图版六三，3）。

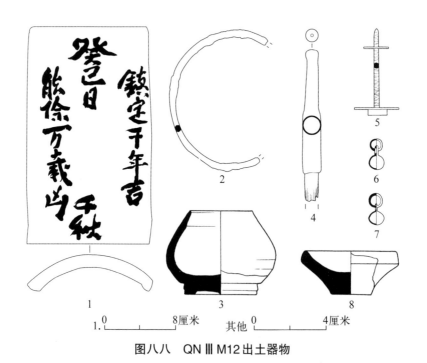

图八八　QNⅢM12出土器物

1.符瓦（ⅢM12：10）　2.铜镯（ⅢM12：9）　3.瓷壶（ⅢM12：6）　4.铜烟嘴（ⅢM12：2）　5.铜帽顶（ⅢM12：1）
6、7.铜纽扣（ⅢM12：4、8）　8.瓷盏（ⅢM12：5）

铜钱,2组7枚。

标本Ⅲ M12：3,1组5枚。锈蚀不清,钱文无法辨认,直径2.5、孔径0.6厘米(图版六二,4)。

标本Ⅲ M12：7,1组2枚。2枚锈蚀不清,钱文大致可辨认为乾隆通宝,背书满文锈蚀严重,直径2.4、孔径0.6厘米。

（3）符瓦

符瓦,1件。标本Ⅲ M12：10,完整,泥质灰陶,板瓦,横截面呈弧形,长24、上宽14.2、下宽14.8、厚4.5厘米。正面上部墨书"癸巳日",正中朱砂绘符,符篆两侧墨书"镇定千年吉,能除万载凶",下部墨书"千秋"(图八八,1)。

一三、Ⅲ M13

1. 墓葬位置

位于Ⅲ区东部,西邻Ⅲ M12,南邻Ⅲ M6,方向为20°。

2. 墓葬形制与结构

竖井墓道土坯墓,由墓道、甬道、墓室三部分组成(图八九;图版六三,5)。

墓道平面呈梯形,上口长1.72、宽0.5—0.96、深0.3米,墓道底长1.72、宽0.5—0.96米,距现地表1.7—1.9米。墓室为土坯砌成,位于墓道南端,平面呈长方形,四壁用长0.4、宽0.3、厚0.1米的土坯砌垒而成,土坯券顶。墓底长2.2、宽1.2、高1.5米,距现地表2.3米。

3. 葬具、葬式

发现木棺两具,已朽,东西向置于墓室东部和西部,平面呈长方形,西棺长1.6、宽0.32—0.36米,东棺长1.8、宽0.4—0.6米。

发现人骨两具,两侧棺人骨头均向西南,仰身直肢,西侧棺人骨小腿呈交叉状。

西侧墓主为60多岁的男性,东侧墓主为60多岁的女性。

4. 随葬器物

随葬器物共5件/组。包括瓷钵1件、瓷盏1件、铜簪1件、铜纽扣1组2枚、铜钱1枚。东侧棺内人骨头顶有1件铜簪,胸部有2枚铜纽扣,两腿之间有1件瓷钵,腿骨东侧有1枚铜钱;西侧棺内腹部有瓷盏1件。

（1）瓷器

瓷钵,1件。标本Ⅲ M13：2,完整,敛口,圆唇,弧腹,假圈足。灰胎,通体施黑釉,足部无釉,内部无釉。口径10、腹径9.6、底径6.1、高6.6厘米(图九〇,2;图版六四,2)。

瓷盏,1件。标本Ⅲ M13：5,完整,敞口,圆唇,斜直腹,平底。灰胎,外壁无釉,内部满黑釉。口径3.7、底径2.4、高1.8厘米(图九〇,5)。

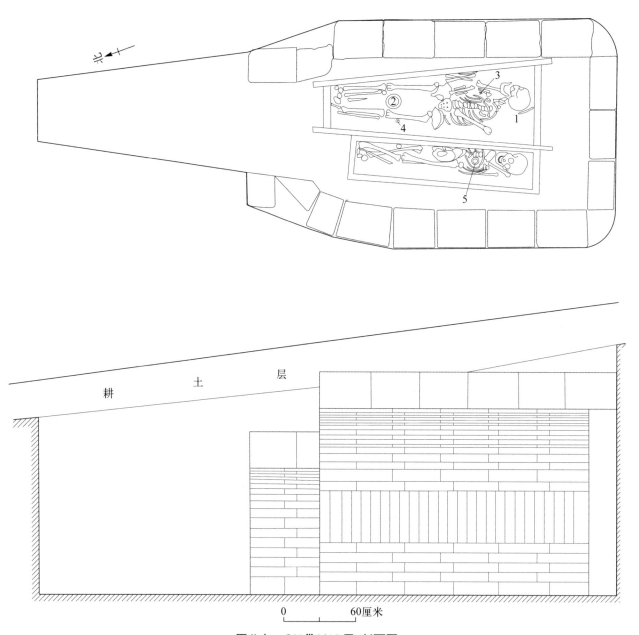

图八九　QN Ⅲ M13平、剖面图

1.铜簪　2.瓷钵　3.铜纽扣　4.铜钱　5.瓷盏

（2）铜器

铜簪,1件。标本ⅢM13∶1,残断,簪首弯曲,左右折叠成三层,簪体扁平,簪尾较圆钝,簪首錾刻网格纹饰。通长13.7、宽0.5—0.7厘米(图九〇,1;图版六四,1)。

铜纽扣,1组2枚。标本ⅢM13∶3,形制相同,锈残,扣体呈球状,中空,素面,扣体下铸有一环形纽。通高1.5、扣直径0.9厘米(图九〇,4;图版六四,3)。

铜钱,1枚。标本ⅢM13∶4,乾隆通宝,方穿,有内外廓,外廓较厚,正面楷书"乾隆通宝",直读,背书满文"宝泉",直径2.1、孔径0.6厘米(图九〇,3;图版六四,4)。

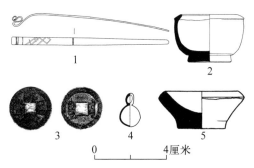

图九〇 QNⅢM13出土器物

1.铜簪(ⅢM13∶1) 2.瓷钵(ⅢM13∶2) 3.铜钱(ⅢM13∶4) 4.铜纽扣(ⅢM13∶3) 5.瓷盏(ⅢM13∶5)

一四、ⅢM14

1. 墓葬位置

位于Ⅲ区中部,东邻ⅢM10,西邻ⅢM11,南邻ⅢM9,北邻ⅢM15,方向为350°。

2. 墓葬形制与结构

斜坡墓道砖室墓,由墓道、墓门、甬道、墓室四部分组成(图九一;图版六四,5)。

墓道平面呈长方形,墓道底长3、宽1.46、深2.7米。墓门宽0.92、高1.26米,距现地表1.44米。墓室建于竖穴土圹之内,位于甬道南端,平面呈长方形,四壁用长0.3、宽0.14、厚0.06米砖平铺砌垒而成,拱形券顶,墓底铺砖一层。在墓道东侧有一长1、高0.5,距地表1.88米的圆形券顶明堂。墓室东、西两壁中部各建有一宽0.24、进深0.14、高0.14米的壁龛。墓底长2.38、宽2.1、高1.56米,距现地表2.7米。

3. 葬具、葬式

发现木棺两具,已朽,东西向置于墓室东部和西部,平面呈长方形,东侧棺长1.94、宽0.46米,西侧棺长1.9、宽0.56米。

发现人骨两具,保存情况较差,头骨散乱,两侧头骨均向西南,仰身直肢。

西侧墓主为60多岁的男性,东侧墓主为60多岁的女性。

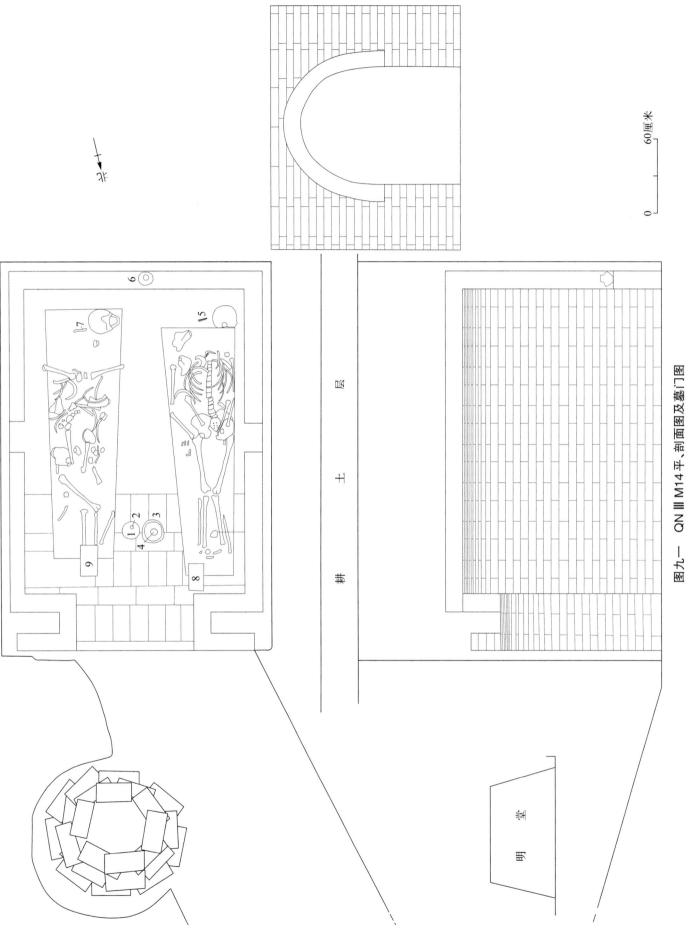

图九一　QNⅢM14平、剖面图及墓门图

1.3. 瓷罐　2.4. 瓷盏　5. 铜帽顶　6. 瓷壶　7. 铜烟嘴　8.9. 符瓦

60厘米

4. 随葬器物

随葬器物共9件/组。包括瓷罐2件、瓷壶1件、瓷盏2件、铜帽顶1组2件、铜烟嘴1件、符瓦2件。2件瓷盏分别置于2件瓷罐内，摆放于墓室入口处，两具木棺北侧各有1块符瓦，西侧墓主头骨旁有1组铜帽顶，东侧棺内南部有1件铜烟嘴，墓室南壁砖墙中间底部十字形镂孔处放有1件瓷壶。

（1）瓷器

瓷罐，2件。

标本Ⅲ M14：1，完整，直口，圆唇，鼓腹，桥形耳，左耳残，圈足。灰胎，通体施褐釉，釉面光亮，足部无釉，内施满釉。口径13.2、腹径15.9、底径9.3、高11.4厘米（图九二，9；图版六五，1）。

标本Ⅲ M14：3，完整，直口，圆唇，折肩，弧腹，圈足。灰胎，口部至上腹部施黑釉，下腹部至足部无釉，内外施釉，有芒口。口径11.4、腹径12.8、底径8、高15.7厘米（图九二，5）。

瓷壶，1件。标本Ⅲ M14：6，小口，圆唇，细束颈，广肩方折，下腹斜收，直腹下收，卧足。灰胎，通体施黑釉，足部无釉，表面有不规则窑变痕迹。口径2.9、腹径8.35、底径5.5、高7.7厘米（图九二，8；图版六五，5）。

瓷盏，2件。

标本Ⅲ M14：2，完整，侈口，圆唇，斜直腹，平底。灰胎，外壁无釉，内部满黑釉。口径4、底径2.7、高1.6厘米（图九二，6；图版六五，2）。

标本Ⅲ M14：4，完整，侈口，圆唇，斜直腹，平底。灰胎，外表无釉，内部满黑釉。口径4.3、底径2.8、高1.5厘米（图九二，7；图版六五，3）。

（2）铜器

铜帽顶，1组2件。

标本Ⅲ M14：5-1，闭合圆形铜环。铜环直径2.2、厚0.25厘米（图九二，2；图版六五，4）。

标本Ⅲ M14：5-2，由帽顶底座和连接轴组成。帽顶底座平面呈圆形，表面施三周莲花瓣形纹饰。底座直径2.6、连接轴高2.2厘米（图九二，3；图版六五，4）。

铜烟嘴，1件。标本Ⅲ M14：7，整体呈空心圆柱形，底部连接木杆，木杆有小段残存。残长7、直径0.9厘米（图九二，4；图版六五，6）。

（3）符瓦

符瓦，2件。

标本Ⅲ M14：8，完整，泥质灰陶，板瓦，横截面呈弧形，长22.3、上宽13.2、下宽14.7、厚4.1厘米。正面上部墨书"乙酉日符"，正中朱砂绘符，符箓两侧墨书"左青龙镇穴，右白虎除凶"，下部墨书"千秋"（图九二，1；图版六五，7）。

标本Ⅲ M14：9，完整，泥质灰陶，板瓦，横截面呈弧形，长22.3、上宽13.7、下宽14.3、厚3.6厘米。正面上部墨书"己亥日符"，正中朱砂绘符，符箓两侧墨书"镇定千年吉，能除万载凶"，下部墨书"千秋"（图九二，10；图版六五，8）。

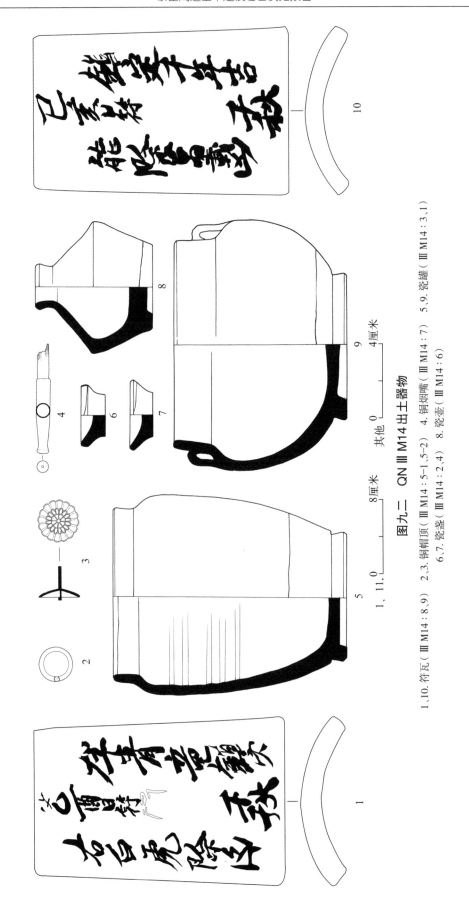

图九二　QN Ⅲ M14 出土器物

1、10. 符瓦（Ⅲ M14：8，9）　2、3. 铜帽顶（Ⅲ M14：5-1，5-2）　4. 铜烟嘴（Ⅲ M14：7）　5、9. 瓷罐（Ⅲ M14：3，1）
6、7. 瓷盏（Ⅲ M14：2，4）　8. 瓷壶（Ⅲ M14：6）

一五、ⅢM15

1. 墓葬位置

位于Ⅲ区中部,东邻ⅢM10,南邻ⅢM14,西与ⅢM16平行,方向为27°。

2. 墓葬形制与结构

斜坡墓道砖室墓,由墓道、墓门、甬道、墓室四部分组成(图九三;图版六六,1)。

墓道平面呈梯形,有三级台阶,上口长1.6、宽0.5—1.1、深0.3米,墓道底长0.6、宽0.5—1.1米,距现地表2.2米。墓门宽1、高0.96米,距现地表1.28米。砖室建于竖穴土圹之内,位于甬道西南,平面呈长方形,四壁用砖平铺砌垒而成,拱形券顶,墓底铺砖一层。墓室东、西、两壁中部各建有一宽0.22、进深0.16、高0.16米的壁龛。墓底长2.1、宽1.78、高1.2米,距现地表2.2米。

3. 葬具、葬式

无葬具。

发现人骨两具,骨架分布较散乱,两侧头骨均向西南,为二次葬。

西侧墓主为18—19岁的男性,东侧墓主为10±2岁的女性。

4. 随葬器物

随葬器物共8件/组。包括瓷盏2件、铜簪1件、铜纽扣1组7枚、符瓦2件、铁器1组2件、铜钱1组6枚。墓室东西两壁壁龛内各有1件瓷盏,墓室西北角和东南角各置1件铁器,两具人骨北侧各有1件符瓦,东侧人骨头顶有1件铜簪,腹部有1组铜纽扣,腿部有1组铜钱。

（1）瓷器

瓷盏,2件。

标本ⅢM15：1,侈口,圆唇,斜直腹,平底。灰胎,口部、内壁施褐釉。口径4.4、底径2.8、高1.9厘米(图九四,7;图版六六,2)。

标本ⅢM15：2,侈口,圆唇,斜直腹,平底。灰胎,口部、内壁施黑釉,釉面光亮。口径4.4、底径2.4、高1.9厘米(图九四,8;图版六六,3)。

（2）铜、铁器

铜簪,1件。标本ⅢM15：4,完整,簪首向下弯曲,左右折叠成三层,簪体扁平呈细长条状,簪尾较圆钝,素面。通长15.6、宽0.5—0.9厘米(图九四,2;图版六六,5)。

铜纽扣,1组7枚。标本ⅢM15：6,完整,扣体呈空心球状,扣体下铸有一环形纽。通高1.5、扣直径0.9厘米(图九四,3;图版六七,2)。

铁器,1组2件。标本ⅢM15：3,腐蚀严重,无法辨认。一件残长4.8厘米,一件残长4.3厘米(图九四,4;图版六六,4)。

铜钱,1组6枚。标本ⅢM15：5,1枚道光通宝(ⅢM15：5-1),方穿,有内外廓,外廓较厚,正

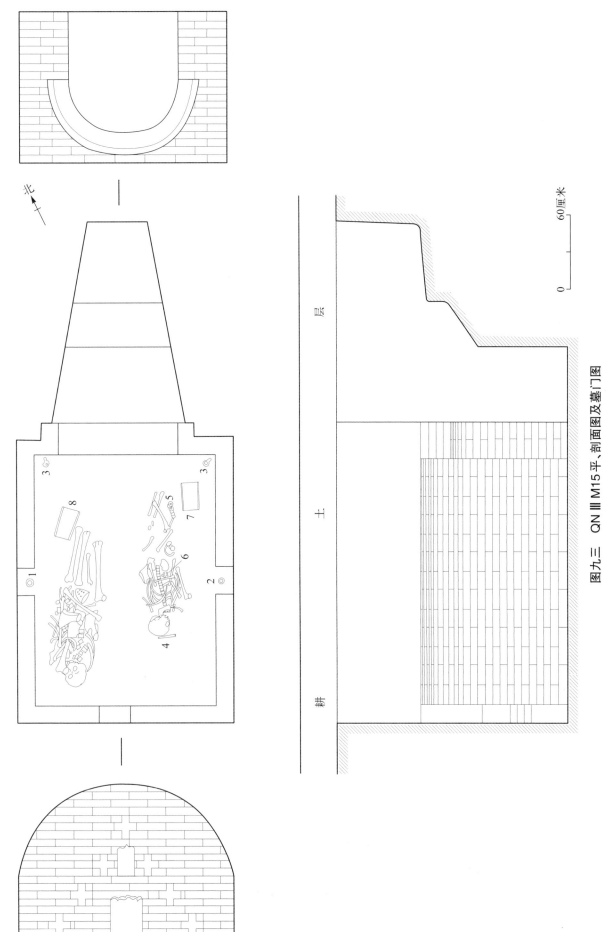

图九三 QN Ⅲ M15平、剖面图及墓门图

1、2.瓷盏 3.铁器 4.铜簪 5.铜钱 6.铜纽扣 7、8.筒瓦

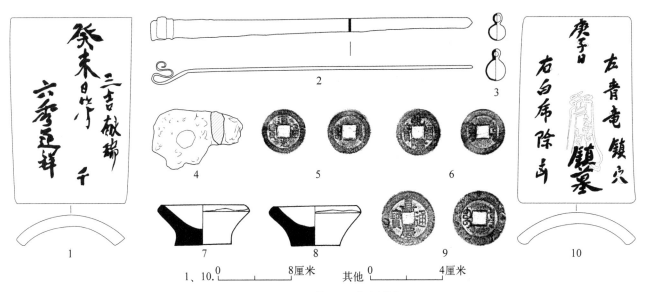

图九四　QN Ⅲ M15出土器物

1、10. 符瓦(Ⅲ M15：7、8)　2. 铜簪(Ⅲ M15：4)　3. 铜纽扣(Ⅲ M15：6)　4. 铁器(Ⅲ M15：3-1)
5、6、9. 铜钱(Ⅲ M15：5-1、5-3、5-2)　7、8. 瓷盏(Ⅲ M15：1、2)

面楷书"道光通宝",直读,背书满文"宝泉",直径2.2、孔径0.6厘米(图九四,5;图版六七,1)。
3枚嘉庆通宝(Ⅲ M15：5-2),方穿,有内外廓,外廓较厚,正面楷书"嘉庆通宝",直读,背书满文
"宝泉",直径2.35、孔径0.65厘米(图九四,9;图版六七,1)。2枚乾隆通宝(Ⅲ M15：5-3),方穿,
有内外廓,外廓较厚,正面楷书"乾隆通宝",直读,背书满文"宝泉",直径2.2、孔径0.65厘米(图
九四,6;图版六七,1)。

（3）符瓦

符瓦,2件。

标本Ⅲ M15：7,完整,泥质灰陶,板瓦,横截面呈弧形,长21.8、上宽14.8、下宽13.5、厚4.2厘
米。正面上部墨书"癸未日符",正中朱砂绘符,符箓两侧墨书"三吉献瑞,六秀迎祥",下部墨书
推测为"千秋"(图九四,1;图版六七,3)。

标本Ⅲ M15：8,完整,泥质灰陶,板瓦,横截面呈弧形,长23.6、上宽14.2、下宽15.6、厚4.3厘
米。正面上部墨书"庚子日",正中朱砂绘符,符箓两侧墨书"左青龙镇穴,右白虎除凶",下部墨
书"镇墓"(图九四,10;图版六七,4)。

一六、Ⅲ M16

1. 墓葬位置

位于Ⅲ区西北,东邻Ⅲ M15,西邻Ⅲ M24,南临Ⅲ M11,北邻Ⅲ M20,方向为33°。

2. 墓葬形制与结构

竖井墓道土洞墓,由墓道、墓室两部分组成(图九五;图版六七,5)。

墓道平面呈梯形,上口长2.2、宽0.6—1.1、深0.36米,墓道底长2.2、宽0.6—1.1米,距现地表1.76—2.14米。墓室为土洞,位于墓道西南,平面呈梯形,四壁平整,拱形顶,墓底平坦。墓底长2、宽1.24—1.72、高1.02—1.18米,距现地表2.26米。

3. 葬具、葬式

发现木棺两具,已朽,置于墓室正中,平面呈长方形,西北棺长1.92、宽0.42—0.6米,东南棺长1.9、宽0.4—0.7米。

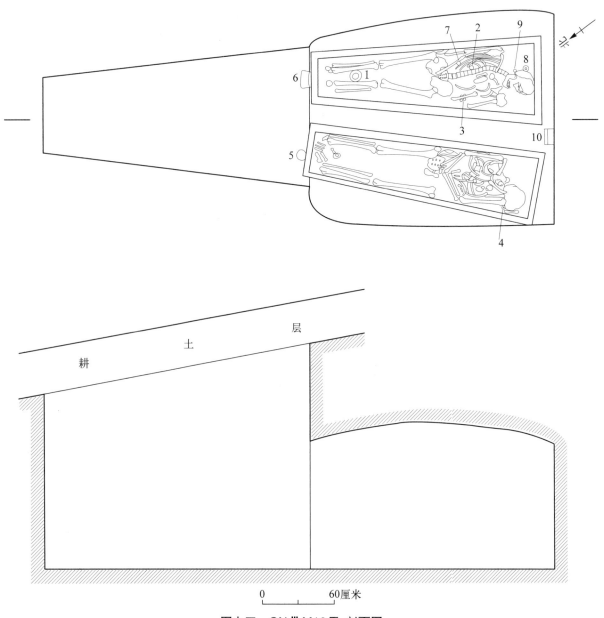

图九五　QNⅢM16平、剖面图

1、5.瓷罐　2、4、8.铜钱　3.铜纽扣　6.符瓦　7.瓷盏　9.银耳环　10.符砖

发现人骨两具,保存情况较好,两侧棺人骨均头向西南,仰身直肢。

西侧墓主为60多岁的男性,东侧墓主为60多岁的女性。

4. 随葬器物

随葬器物共10件/组。包括瓷罐2件、瓷盏1件、铜纽扣1组3枚、银耳环1件、符瓦1件、符砖1件、铜钱3组5枚。墓室西壁边有1件符砖,东侧棺内墓主头骨边有1组铜钱和1件银耳环,胸部有1组铜纽扣和1组铜钱,腹部有1件瓷盏,两腿之间有1件瓷罐,棺外北侧有1件符瓦,西侧棺内墓主头骨有1组铜钱,棺外北侧有1件瓷罐。

（1）瓷器

瓷罐,2件。

标本ⅢM16:1,直口,圆唇,扁鼓腹,圈足。灰胎,口部、上腹部施黑釉,釉面光亮。口径8.6、腹径9.6、底径6.6、高5.3厘米(图九六,1;图版六八,1)。

标本ⅢM16:5,残碎严重,桥型耳,直口,圆唇,扁鼓腹,圈足。灰胎,口部、上腹部施黄褐釉,下腹部、足部无釉,内外施釉。口径8.2、腹径10.25、底径6.5、高8.3厘米(图九六,2;图版六八,5)。

瓷盏,1件。标本ⅢM16:7,侈口,圆唇,斜直腹,平底。灰胎,口部、内壁施褐釉。口径5.15、底径3.2、高1.9厘米(图九六,10;图版六八,6)。

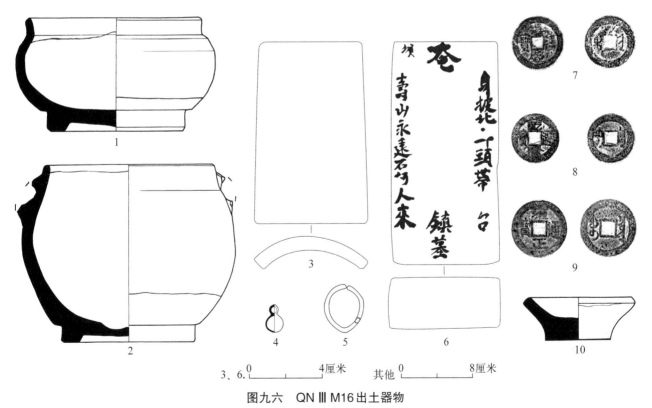

3、6.0 ————— 4厘米   其他 0 ————— 8厘米

图九六 QNⅢM16出土器物

1、2.瓷罐（ⅢM16:1、5） 3.符瓦（ⅢM16:6） 4.铜纽扣（ⅢM16:3） 5.银耳环（ⅢM16:9） 6.符砖（ⅢM16:10）
7、8、9.铜钱（ⅢM16:4-1、4-2、8） 10.瓷盏（ⅢM16:7）

（2）铜、银器

铜纽扣，1组3枚。标本Ⅲ M16：3，残破严重，2枚只剩下空心球，1枚空心球下铸一圆形纽。通高1.3、扣直径0.8厘米（图九六，4；图版六八，3）。

银耳环，1件。标本Ⅲ M16：9，素面，未闭合圆环。直径2厘米（图九六，5；图版六八，8）。

铜钱，3组5枚。

标本Ⅲ M16：2，1组2枚，锈蚀不清，钱文无法辨认，直径2.4、孔径0.6厘米（图版六八，2）。

标本Ⅲ M16：4，1组2枚，1枚嘉庆通宝（Ⅲ M16：4-1），方穿，有内外廓，外廓较厚，正面楷书"嘉庆通宝"，直读，背书满文锈蚀不清，直径2.5、孔径0.6厘米（图九六，7；图版六八，4）。1枚乾隆通宝（Ⅲ M16：4-2），方穿，有内外廓，外廓较厚，正面楷书"乾隆通宝"，直读，背书满文"宝泉"，直径2.3、孔径0.6厘米（图九六，8；图版六八，4）。

标本Ⅲ M16：8，1枚，方穿，有内外廓，外廓较厚，正面楷书"雍正通宝"，直读，背书满文"宝泉"，直径2.6、孔径0.65厘米（图九六，9；图版六八，7）。

（3）符瓦、符瓦

符瓦，1件。标本Ⅲ M16：6，完整，泥质灰陶，板瓦，横截面呈弧形，长22.7、上宽13、下宽14.2、厚4.2厘米。无文字（图九六，3）。

符砖，1件。标本Ⅲ M16：10，完整，泥质灰陶，横截面呈长方形，长27、宽13.8、厚6厘米。正面上部墨书"圹""唵"，正中朱砂绘符，符篆两侧墨书推测为"身披北斗头带三台，寿山永远石朽人来"，下部墨书"镇墓"（图九六，6）。

一七、Ⅲ M17

1. 墓葬位置

位于Ⅲ区东北，东邻Ⅲ M12，东北邻Ⅲ M18，西北Ⅲ M19，方向为24°。

2. 墓葬形制与结构

竖井墓道土洞墓，由墓道、甬道、墓室三部分组成（图九七；图版六九，1）。

墓道平面呈梯形，上口长1.7、宽0.5—0.82、深0.3米，墓道底长1.7、宽0.5—0.82米，距现地表1.72—1.94米。墓室为土洞，位于墓道西南，平面呈斜梯形，四壁平整，拱形顶，墓底平坦。墓底长2.18、宽1.58、高0.94—1.3米，距现地表2.14米。

3. 葬具、葬式

发现木棺两具，已朽，置于墓室西部和东部，平面呈长方形，西棺长1.88、宽0.62—0.72米，东棺长1.52、宽0.42—0.5米。

发现人骨两具，保存情况较好，两侧人骨头均向西南，面向上，西侧棺内墓主为仰身直肢，东侧棺内人骨骨架堆叠，为二次葬。

西侧墓主为50—59岁的男性，东侧墓主为60多岁的女性。

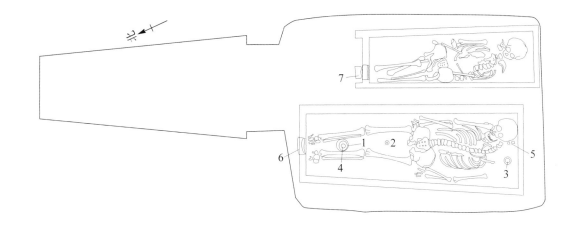

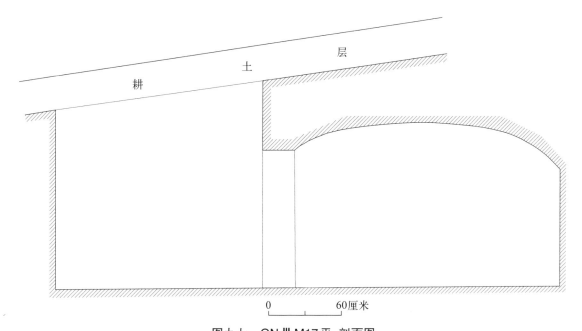

图九七　QN Ⅲ M17平、剖面图

1、3.瓷罐　2.铜钱　4.瓷盏　5.铜帽顶　6、7.符瓦

4. 随葬器物

随葬器物共7件/组。包括瓷罐2件、瓷盏1件、铜帽顶1组4件、符瓦2件、铜钱1组11枚。东侧棺外北侧有1件符瓦,西侧棺内西南角有1件瓷罐,墓主头骨旁有1组铜帽顶,两腿之间有1组铜钱、1件瓷罐和1件瓷盏,瓷盏置于瓷罐之内,棺外北侧有1件符瓦。

（1）瓷器

瓷罐,2件。

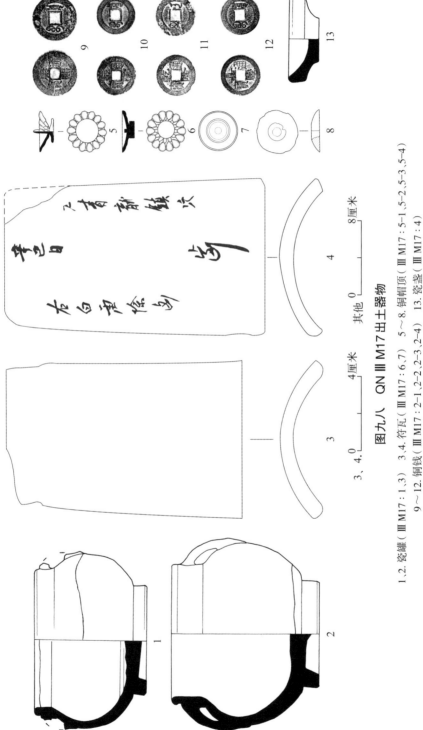

图九八　QN Ⅲ M17 出土器物

1、2. 瓷罐（Ⅲ M17：1、3）　3、4. 符瓦（Ⅲ M17：6、7）　5～8. 铜帽顶（Ⅲ M17：5-1、5-2、5-3、5-4）
9～12. 铜钱（Ⅲ M17：2-1、2-2、2-3、2-4）　13. 瓷盏（Ⅲ M17：4）

标本Ⅲ M17：1，耳残，直口，圆唇，鼓腹，圈足。灰胎，口部至上腹部施黄釉，下腹部至足部无釉，内外施釉，有芒口，内部有黄褐色漩涡凸纹。口径8.5、腹径10.4、底径6.4、高6.9厘米（图九八，1；图版六九，3）。

标本Ⅲ M17：3，完整，直口，圆唇，束颈，弧腹，桥形耳，圈足。灰胎，通体施黑釉，足部无釉，内外施釉，底部有尾突。口径8.25、腹径11.3、底径6.25、高8.87厘米（图九八，2；图版七〇，1）。

瓷盏，1件。标本Ⅲ M17：4，完整，直口，圆唇，斜直腹，平底。灰胎，外表无釉，内部满黑釉。口径4.8、底径2.6、高1.8厘米（图九八，13；图版七〇，2）。

（2）铜器

铜帽顶，1组4件。标本Ⅲ M17：5，缺失严重，由帽顶垫片、铜环和连接轴组成。垫片有2个，平面均呈圆形，大小不同，大的垫片饰两周弦纹（M17：5-4）（图九八，8；图版七〇，3），小的垫片素面（M17：5-3）（图九八，7；图版七〇，3）。莲花形底座有2个（M17：5-1、2），形制大小相同，每个底座均由垫片、圆环和连接轴组成，垫片平面呈圆形，略上鼓，表面饰三周莲花瓣形纹饰，中心有一圆形穿孔，圆环与垫片由连接轴相连。圆形垫片直径分别为2.1、2.4厘米，莲花纹垫片直径2.4、圆环直径1.1、连接轴残高1.2厘米（图九八，5、6；图版七〇，3）。

铜钱，1组11枚。标本Ⅲ M17：2，1枚康熙通宝（Ⅲ M17：2-1），方穿，有内外廓，外廓较厚，正面楷书"康熙通宝"，直读，背书满文大致可辨认为"宝源"，直径2.65、孔径0.7厘米（图九八，9；图版六九，4）。4枚乾隆通宝，方穿，有内外廓，外廓较厚，正面楷书"乾隆通宝"，直读，背书满文"宝南"（Ⅲ M17：2-2）（图九八，10；图版六九，4）和"宝泉"（Ⅲ M17：2-3），直径2.25、孔径0.6厘米（图九八，11；图版六九，4）。1枚嘉庆通宝（Ⅲ M17：2-4），方穿，有内外廓，外廓较厚，正面楷书"嘉庆通宝"，直读，背书满文"宝泉"，直径2.2、孔径0.6厘米。5枚锈蚀严重，钱文无法辨认（图九八，12；图版六九，4）。

（3）符瓦

符瓦，2件。

标本Ⅲ M17：6，完整，泥质灰陶，板瓦，横截面呈弧形，长22.5、上宽13.2、下宽14、厚4厘米。无文字（图九八，3）。

标本Ⅲ M17：7，残，泥质灰陶，板瓦，横截面呈弧形，长25.4、上宽15、下宽13、厚4.2厘米。正面上部墨书"辛巳日"，正中朱砂绘符，符篆两侧墨书"左青龙镇穴，右白虎除凶"，下部墨书"止凶"（图九八，4；图版七〇，5）。

一八、Ⅲ M18

1. 墓葬位置

位于Ⅲ区东北，西南邻Ⅲ M17，南邻Ⅲ M12，西邻Ⅲ M19，方向为41°。

2. 墓葬形制与结构

竖井墓道土洞墓，由墓道、墓室两部分组成（图九九；图版六九，2）。

墓道平面呈梯形，上口长1.8、宽0.6—0.9、深0.3米，墓道底长1.8、宽0.6—0.9米，距现地表1.8—2.06米。墓室为土洞，位于墓道西南，平面呈斜梯形，四壁平整，拱形顶，墓底平坦。墓底长2.3、宽1.38—1.9、高0.9—1.26米，距现地表2.26米。

3. 葬具、葬式

发现木棺三具，已朽，置于墓室正中，平面呈长方形，西北侧棺长1.74、宽0.4米，中棺长1.9、

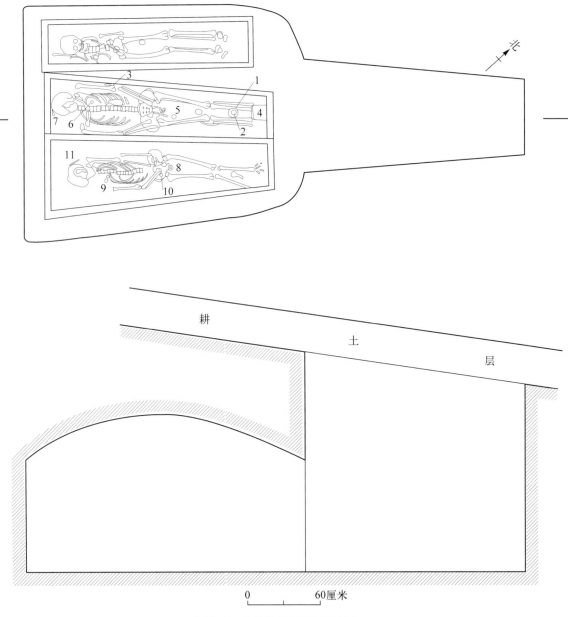

图九九　QN Ⅲ M18平、剖面图

1. 瓷罐　2. 瓷盏　3. 铜烟袋　4. 符瓦　5、9. 铜纽扣　6. 玉纽扣　7. 铜帽顶　8. 铜钱　10. 铜戒指　11. 铜簪

宽0.4—0.5米,东南侧棺长1.9、宽0.4—0.7米。

发现人骨三具,保存情况较完整,三侧棺人骨均头向西南,中间与东侧人骨为仰身直肢,西侧人骨堆叠,为二次葬。

西侧墓主为50—59岁的女性,中间墓主为60多岁的男性,东侧墓主为50—59岁的女性。

4. 随葬器物

随葬器物共11件/组。包括瓷罐1件、瓷盏1件、铜烟袋1组2件、铜纽扣2组10枚、铜帽顶1组2件、铜戒指1件、铜簪1件、铜钱1组4枚、符瓦1件、玉纽扣1枚。中间棺内墓主头骨旁有1组铜帽顶,左臂处有1组铜烟袋,胸部有1枚玉纽扣,两腿之间有1件铜纽扣、1件瓷罐和1件瓷盏,瓷盏置于瓷罐之内,棺外北侧有1件符瓦;东侧棺内墓主头骨旁有1件铜簪,胸部有1组铜纽扣,腹部和盆骨处有4枚铜钱,盆骨东侧有1件铜戒指。

（1）瓷器

瓷罐,1件。标本Ⅲ M18：1,直口,圆唇,深直腹,圈足。灰胎,口部、腹部施褐釉,内施满釉,内部有褐色漩涡凸纹。口径7.55、腹径9、底径6.5、高12.7厘米（图一○○,1；图版七○,6）。

瓷盏,1件。标本Ⅲ M18：2,侈口,圆唇,斜直腹,平底。灰胎,口部、内壁施褐釉。口径4.2、底径2.5、高1.9厘米（图一○○,5；图版七○,4）。

（2）铜器

铜烟袋,1组2件。标本Ⅲ M18：3,完整,由铜质烟嘴、铜质烟锅和木柄组成。烟锅分离于木柄,烟锅烟嘴共2件,烟嘴整体呈空心圆柱形,断面呈圆形,口径比柄径稍小,柄内残存木屑痕迹,烟嘴长10.2厘米。烟锅呈直口,圆唇,柄部比腹部稍细,断面均呈圆形,内中空,柄部有木柄残留,烟袋锅长14.7厘米。木柄长10.7厘米（图一○○,10；图版七○,7）。

铜纽扣,2组10枚。

标本Ⅲ M18：5,1组6枚,形制一致,大小不一,完整,扣体呈球状,内部中空,素面,扣体上铸有一环形纽。大的通高1.9、扣直径1厘米;小的通高2、扣直径0.7厘米（图一○○,7；图版七○,8）。

标本Ⅲ M18：9,1组4枚,形制一致,完整,扣体呈球状,内部中空,素面,扣体上铸有一环形纽并相扣一铜环。通高2.1、扣直径1厘米（图一○○,8；图版七一,4）。

铜帽顶,1组2件。标本Ⅲ M18：7,残断,由一莲花形帽顶构件和一圆形底座组成,底座底部饰一周双弦纹,连接轴二分之一处有一圆形垫片,垫片上方有一帽顶构件,呈圆形,由三周莲花形花瓣组成。残高3.5厘米,垫片直径分别为2.1和1.7厘米,莲花形构件2.7厘米（图一○○,3；图版七一,2）。

铜戒指,1件。标本Ⅲ M18：10,圆环未闭合,素面。直径2、宽0.7厘米（图一○○,4；图版七一,5）。

铜簪,1件。标本Ⅲ M18：11,残断成四截,簪首向下弯曲,簪身扁平呈细长条形。残长9.2、宽0.8厘米（图一○○,2；图版七一,6）。

铜钱,1组4枚。标本Ⅲ M18：8,3枚锈蚀严重,钱文无法辨认,1枚乾隆通宝,方穿,有内

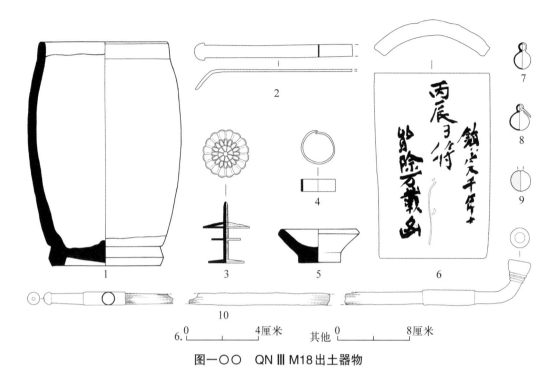

图一〇〇　QN Ⅲ M18出土器物

1. 瓷罐（Ⅲ M18：1）　2. 铜簪（Ⅲ M18：11）　3. 铜帽顶（Ⅲ M18：7）　4. 铜戒指（Ⅲ M18：10）　5. 瓷盏（Ⅲ M18：2）　6. 符瓦（Ⅲ M18：4）　7、8. 铜纽扣（Ⅲ M18：5、9）　9. 玉纽扣（Ⅲ M18：6）　10. 铜烟袋（Ⅲ M18：3）

外廓，外廓较厚，正面楷书"乾隆通宝"，直读，背书满文"宝泉"，直径2.35、孔径0.6厘米（图版七一，3）。

（3）符瓦

符瓦，1件。标本Ⅲ M18：4，残，泥质灰陶，板瓦，横截面呈弧形，长22.2、上宽14.2、下宽13.2、厚4厘米。正面上部墨书"丙辰日符"，正中朱砂绘符，符箓两侧墨书推测为"镇定千年吉，能除万载凶"（图一〇〇，6）。

（4）玉器

玉纽扣，1枚。标本Ⅲ M18：6，蓝色圆珠，顶部有白色和红色斑点。直径1.2厘米（图一〇〇，9；图版七一，1）。

一九、Ⅲ M19

1. 墓葬位置

位于Ⅲ区北部，东邻Ⅲ M18，南邻Ⅲ M17，方向为34°。

2. 墓葬形制与结构

竖井墓道土洞墓，由墓道、墓室两部分组成（图一〇一；图版七二，1）。

墓道平面呈梯形，上口长1.5、宽0.5—0.78、深0.3米，墓道底长1.5、宽0.5—0.78米，距现地表

1.7—1.9米。墓室为土洞,位于墓道西南,平面呈梯形,四壁平整,拱形顶,墓底平坦。墓底长2.2、宽0.94—1.14、高0.7—1米,距现地表2.04米。

3. 葬具、葬式

发现木棺一具,已朽,置于墓室正中,平面呈长方形,棺长2.06、宽0.46—0.6米。
发现人骨一具,保存情况完整,头向西南,仰身直肢。
墓主为50—59岁的男性。

4. 随葬器物

随葬器物共4件。包括瓷碗1件、瓷盏1件、符砖1件、符瓦1件。棺内墓主腹部有1件瓷盏,

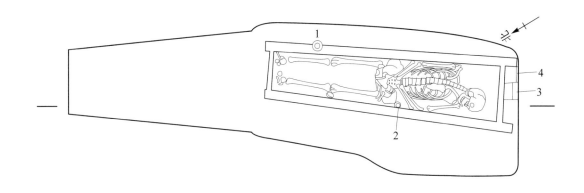

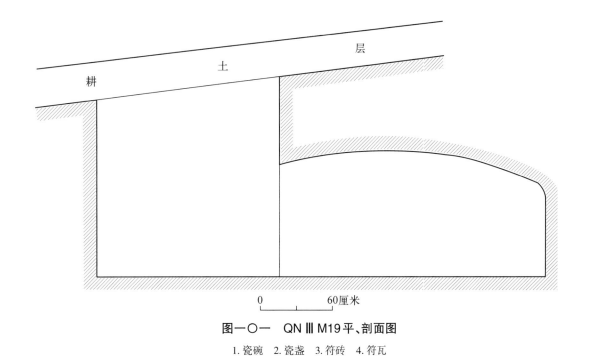

图一〇一　QNⅢM19平、剖面图

1. 瓷碗　2. 瓷盏　3. 符砖　4. 符瓦

棺外南侧有1件符瓦和1件符砖,东侧有1件瓷碗。

（1）瓷器

瓷碗,1件。标本Ⅲ M19∶1,侈口,圆唇,斜直腹,圈足,底部有尾突。灰胎,外壁施白釉至下腹部,内壁施满釉。口径10.8、底径4.9、高4.1厘米(图一〇三,8;图版七一,7)。

瓷盏,1件。标本Ⅲ M19∶2,侈口,圆唇,腹部弧收至平底。灰胎,口部、内壁施黑釉,釉面光亮。口径4.4、底径2.4、高1.9厘米(图一〇三,7;图版七一,8)。

（2）符瓦、符砖

符砖,1件。标本Ⅲ M19∶3,完整,泥质灰陶,横截面呈长方形,长25.7、宽12.6、厚5厘米。正面字迹不清,正中朱砂绘符,符篆两侧墨书推测为"身披北斗头带三台,寿山永远石朽人来",下部墨书"镇墓"(图一〇三,4)。

符瓦,1件。标本Ⅲ M19∶4,残,泥质灰陶,板瓦,横截面呈弧形,长22、上宽15、下宽13.7、厚3.4厘米。正面上部墨书"戊戌日符",正中朱砂绘符,符篆两侧墨书推测为"镇定千年吉,能除万载凶",下部墨书"千秋"(图一〇三,3)。

二〇、Ⅲ M20

1. 墓葬位置

位于Ⅲ区北部,东邻M19,西邻M21,南邻M16,方向为36°。

2. 墓葬形制与结构

竖井墓道土洞墓,由墓道、墓室两部分组成(图一〇二;图版七二,2)。

墓道平面呈梯形,上口长2.2、宽0.6—1、深0.3米,墓道底长2.2、宽0.6—1米,距现地表1.58—1.86米。墓室为土洞,位于墓道西南,平面呈长方形,四壁平整,拱形顶,墓底平坦。墓底长2、宽1.32—1.52、高0.8—1.14米,距现地表2米。

3. 葬具、葬式

发现木棺两具,已朽,置于墓室正中,平面呈长方形,西北棺长1.88、宽0.42—0.6米,东南棺长1.34、宽0.42米。

发现人骨两具,保存情况较好,两侧棺人骨均头向西南,面向上,仰身直肢。

西侧墓主为60多岁的男性,东侧墓主为40—44岁的女性。

4. 随葬器物

随葬器物共4件/组。包括铜纽扣1组4枚、符瓦2件、铜钱1组2枚。在西侧棺内墓主胸部有1组铜钱和1组铜纽扣,两具棺的北侧各立有1件符瓦。

（1）铜器

铜纽扣,1组4枚。标本Ⅲ M20∶2,形制一致,完整,扣体呈球状,内部中空,素面,扣体上铸有

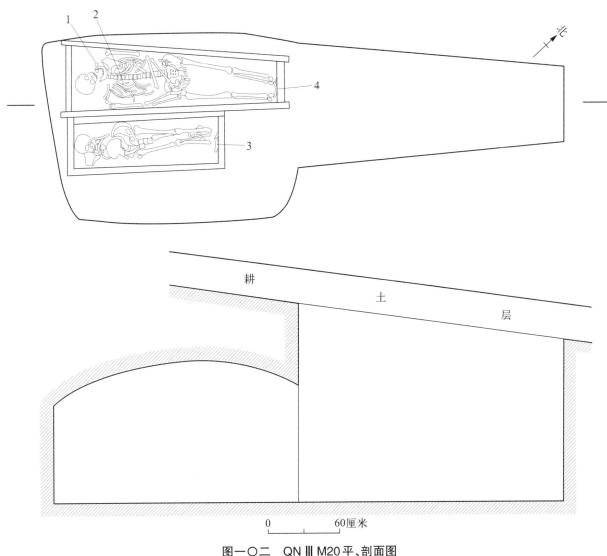

图一〇二　QN Ⅲ M20平、剖面图

1. 铜钱　2. 铜纽扣　3、4. 符瓦

一环形纽相扣一铜环。通高1.8、扣直径1厘米（图一〇三，6；图版七二，4）。

铜钱，1组2枚。标本ⅢM20∶1，1枚残断，1枚嘉庆通宝，方穿，有内外廓，外廓较厚，正面楷书"嘉庆通宝"，直读，背书满文"宝源"，直径2.3、孔径0.6厘米（图一〇三，5；图版七二，3）。

（2）符瓦

符瓦，2件。

标本ⅢM20∶3，完整，泥质灰陶，板瓦，横截面呈弧形，长23、上宽14、下宽14.5、厚4厘米。无文字（图一〇三，2）。

标本ⅢM20∶4，完整，泥质灰陶，板瓦，横截面呈弧形，长21.6、上宽14.6、下宽12.5、厚3.8厘米。背面墨书"千年大吉"（图一〇三，1）。

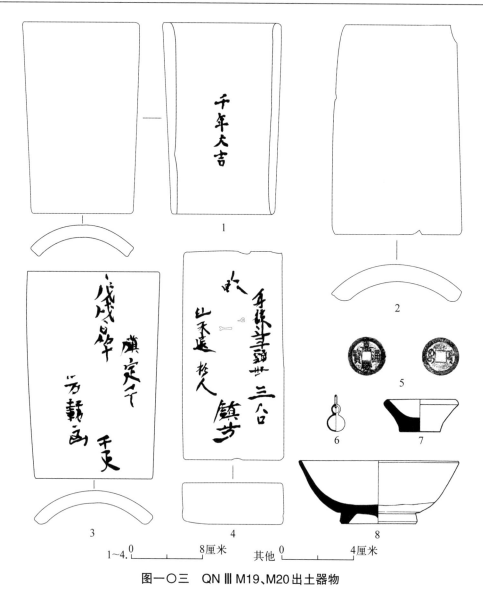

图一〇三　QN Ⅲ M19、M20 出土器物

1～3.符瓦（Ⅲ M20：4、3、Ⅲ M19：4）　4.符砖（Ⅲ M19：3）　5.铜钱（Ⅲ M20：1）　6.铜纽扣（Ⅲ M20：2）
7.瓷盏（Ⅲ M19：2）　8.瓷碗（Ⅲ M19：1）

二一、Ⅲ M21

1. 墓葬位置

位于Ⅲ区西北，东邻Ⅲ M20，西邻Ⅲ M22，南邻Ⅲ M16，方向为18°。

2. 墓葬形制与结构

竖井墓道土洞墓，由墓道、墓室两部分组成（图一〇四；图版七三，1）。

墓道平面呈梯形，上口长1.8、宽0.46—0.78、深0.3米，墓道底长1.8、宽0.46—0.78米，距现地表1.5—1.64米。墓室为土洞，位于墓道南端，平面呈长方形，四壁平整，拱形顶，墓底平坦。墓底长 2.1、宽 1.36—1.56、高 0.5—0.92 米,距现地表 1.7 米。

3. 葬具、葬式

发现木棺两具,已朽,南北向置于墓室正中,平面呈长方形,东棺长 1.86、宽 0.5—0.56 米,西棺长 1.82、宽 0.52—0.74 米。

发现人骨两具,东侧棺人骨头向西南,为二次葬,西侧棺人骨头向西南,仰身直肢。

西侧墓主为 60 多岁的男性,东侧墓主为 50—59 岁的女性。

4. 随葬器物

随葬器物共 9 件/组。包括瓷盏 1 件、红陶罐 1 件、银耳环 1 组 2 件、铜纽扣 2 组 6 枚、符瓦 2 件、

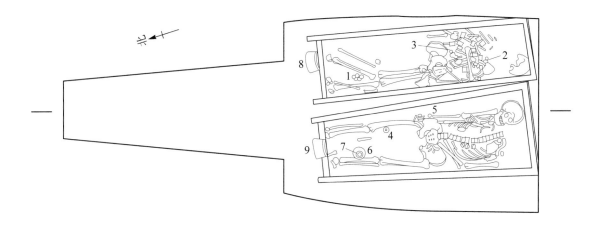

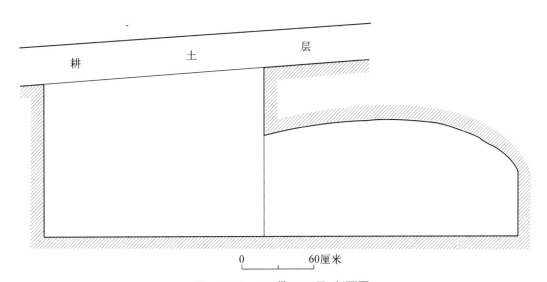

图一〇四　QN Ⅲ M21 平、剖面图

1、4. 铜钱　2. 银耳环　3、5. 铜纽扣　6. 红陶罐　7. 瓷盏　8、9. 符瓦

铜钱2组9枚。东侧棺内墓主腿部有1组铜钱、胸部有1组铜纽扣、头部有1件银耳环；西侧棺内墓主胳膊处有1组铜纽扣，两腿之间有1组铜钱、1件红陶罐和1件瓷盏，瓷盏置于红陶罐之内；两具棺南侧各有1件符瓦。

（1）陶、瓷器

瓷盏，1件。标本Ⅲ M21：7，侈口，圆唇，斜直腹，平底。灰胎，口部、内壁施黑釉，釉面光亮。口径4.7、底径2.4、高1.9厘米（图一〇五，8）。

红陶罐，1件。标本Ⅲ M21：6，残破严重，泥制红褐陶，侈口，圆唇，束颈，扁鼓腹，假圈足，腹部施兽面铺首。口径10.5、底径5.9、高5.45厘米（图一〇五，3；图版七四，2）。

（2）铜、银器

银耳环，1组2件。

标本Ⅲ M21：2-1，圆环，素面，未闭合，直径2.1厘米（图一〇五，6；图版七三，3）。

标本Ⅲ M21：2-2，圆环，素面，未闭合，直径1.9厘米（图一〇五，7；图版七三，3）。

铜纽扣，2组6枚。

标本Ⅲ M21：3，1组3枚，形制一致，完整，扣体呈球状，内部中空，纽部已残，素面，直径0.8、通高0.9厘米（图一〇五，4；图版七三，4）。

标本Ⅲ M21：5，1组3枚，形制一致，完整，扣体呈球状，内部中空，素面，直径0.8、通高0.9厘米（图一〇五，5；图版七四，1）。

铜钱，2组9枚。

标本Ⅲ M21：1，1组4枚，1枚康熙通宝（Ⅲ M21：1-1），方穿，有内外廓，外廓较厚，正面楷书"康熙通宝"，直读，背书满文"宝泉"，直径2.6、孔径0.65厘米（图一〇五，9；图版七三，2）。1枚乾隆通宝（Ⅲ M21：1-2），方穿，有内外廓，外廓较厚，正面楷书"乾隆通宝"，直读，背书满文"宝泉"，直径2.4、孔径0.6厘米（图一〇五，10；图版七三，2）。1枚嘉庆通宝（Ⅲ M21：1-3），方穿，有内外廓，外廓较厚，正面楷书"嘉庆通宝"，直读，背书满文"宝泉"，直径2.3、孔径0.6厘米（图一〇五，11；图版七三，2）。1枚雍正通宝（Ⅲ M21：1-4），方穿，有内外廓，外廓较厚，正面楷书"雍正通宝"，直读，背书满文"宝泉"，直径2.7、孔径0.7厘米（图一〇五，12；图版七三，2）。

标本Ⅲ M21：4，1组5枚，1枚顺治通宝（Ⅲ M21：4-1），方穿，有内外廓，外廓较厚，正面楷书"顺治通宝"，直读，背书满文已经锈蚀不清，直径2.6、孔径0.6厘米（图一〇五，13；图版七三，5）。2枚嘉庆通宝（Ⅲ M21：4-2），方穿，有内外廓，外廓较厚，正面楷书"嘉庆通宝"，直读，背书满文"宝泉"，直径2.5、孔径0.6厘米（图一〇五，14；图版七三，5）。1枚乾隆通宝（Ⅲ M21：4-3），方穿，有内外廓，外廓较厚，正面楷书"乾隆通宝"，直读，背书满文"宝泉"，直径2.3、孔径0.6厘米。1枚锈蚀不清，钱文无法辨认，直径2.3、孔径0.6厘米（图一〇五，15；图版七三，5）。

（3）符瓦

符瓦，2件。

标本Ⅲ M21：8，完整，泥质灰陶，板瓦，横截面呈弧形，长23.5、上宽12.5、下宽14.5、厚4.3厘

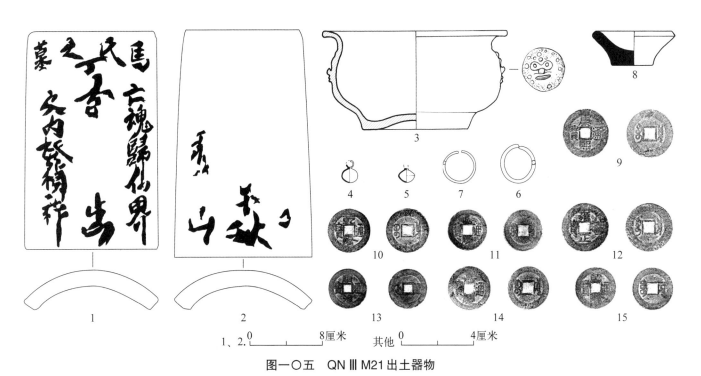

图一〇五 QN Ⅲ M21 出土器物

1、2.符瓦(Ⅲ M21：9、8) 3.红陶罐(Ⅲ M21：6) 4、5.铜纽扣(Ⅲ M21：3、5) 6、7.银耳环(Ⅲ M21：2-1、2-2)
8.瓷盏(Ⅲ M21：7) 9～15.铜钱(Ⅲ M21：1-1、1-2、1-3、1-4、4-1、4-2、4-3)

米。正面内容漫漶不清，仅能识别"凶"字，下部墨书"千秋"(图一〇五，2；图版七四，3)。

标本Ⅲ M21：9，残，泥质灰陶，板瓦，横截面呈弧形，长22.3、上宽13.5、下宽14.3、厚4.2厘米。正面上部墨书"马氏之墓""丁丑日"，正中朱砂绘符，符箓两侧墨书"亡魂归仙界，穴内永祯祥"，下部墨书"止凶"(图一〇五，1；图版七四，4)。

二二、Ⅲ M22

1.墓葬位置

位于Ⅲ区西北，东南邻Ⅲ M21，方向为127°。

2.墓葬形制与结构

竖井墓道土洞墓，由墓道、墓室两部分组成(图一〇六；图版七四，5)。

墓道平面呈长方形，遭到后期人为破坏，具体尺寸不详。墓室为土洞，位于墓道西南，平面呈长方形，四壁平整，拱形顶，墓底平坦。墓底长2.16、宽1.18、高0.9—1.18米，距现地表2.3米。

3.葬具、葬式

无葬具。

无人骨。

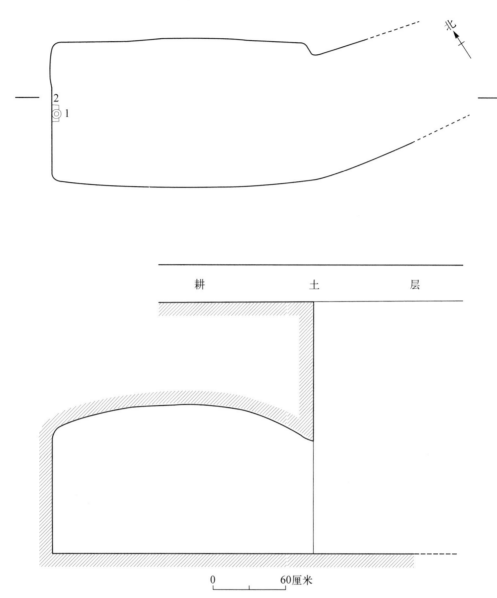

图一○六　QN Ⅲ M22平、剖面图

1.瓷壶　2.符砖

4. 随葬器物

随葬器物共2件。为瓷壶和符砖各1件,均置于墓室西部,符砖立起,瓷壶置于符砖之上。

（1）瓷器

瓷壶,1件。标本Ⅲ M22：1,完整,小口,圆唇,细束颈,广肩方折,下腹斜收,直腹下收,圈足。灰胎,通体施褐釉,足部无釉。口径3.7、腹径9.2、底径5.7、高8.6厘米（图一○九,4;图版七五,1）。

（2）符砖

符砖,1件。标本Ⅲ M22：2,完整,泥质灰陶,长方形,长26.6、宽12.9、厚5厘米。正面上部墨书"阳圹""唵",正中朱砂绘符,符箓两侧墨书"身披北斗头带三台,寿山永远石朽人来",下部墨书"镇墓"(图一〇九,1;图版七五,2)。

二三、ⅢM23

1. 墓葬位置

位于Ⅲ区东南,西邻ⅢM6,方向为49°。

2. 墓葬形制与结构

竖井墓道土洞墓,由墓道、墓室两部分组成(图一〇七;图版七五,3)。

墓道平面呈梯形,上口长2、宽0.5—0.9、深0.3米,墓道底长2、宽0.5—0.9米,距现地表1.66—1.9米。墓室为土洞,位于墓道西南,平面呈长方形,四壁平整,拱形顶,墓底平坦。墓底长1.5、宽

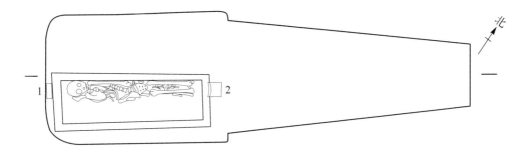

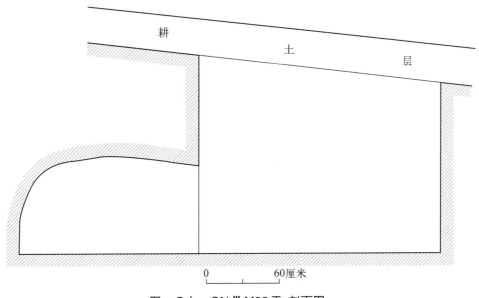

图一〇七　QNⅢM23平、剖面图

1. 符砖　2. 符瓦

1.04、高0.44—0.76米,距现地表2米。

3. 葬具、葬式

发现木棺一具,已朽,置于墓室正中,平面呈长方形,棺长1.28、宽0.42—0.5米。
发现人骨一具,头向西南,面向上,人骨堆叠,为二次葬。
墓主为22—25岁的男性。

4. 随葬器物

随葬器物共2件。为符瓦和符砖。符砖位于棺外南侧,符瓦位于棺外北侧。

符砖,1件。标本Ⅲ M23:1,完整,泥质灰陶,板瓦,横截面呈弧形,长23、上宽14、下宽13、厚4.3厘米。正面上部墨书"庚申日",正中朱砂绘符,符箓两侧墨书"镇定千年吉,能除万载凶",下部墨书"止凶"(图一〇九,2;图版七五,4)。

符瓦,1件。标本Ⅲ M23:2,残,泥质灰陶,板瓦,横截面呈弧形,长22.5、上宽13.5、下宽14.5、厚4.2厘米。正面内容漫漶不清(图一〇九,3;图版七五,5)。

二四、Ⅲ M24

1. 墓葬位置

位于Ⅲ区西部,东邻Ⅲ M16,东南邻Ⅲ M11,方向为43°。

2. 墓葬形制与结构

竖井墓道土洞墓,由墓道、墓室两部分组成(图一〇八;图版七六,1)。

墓道平面呈梯形,上口长1.8、宽0.48—0.64米,距现地表0.26米,墓道底长1.8、宽0.48—0.64米,距现地表2.04—2.2米。墓室为土洞,位于墓道西南,平面呈长方形,四壁平整,拱形顶,墓底平坦。墓底长2、宽0.9—1.3、高0.4—0.96米,距现地表2.5米。

3. 葬具、葬式

发现木棺两具,已朽,置于墓室正中,平面呈长方形,西北棺长1.9、宽0.4—0.6米,东南棺长1.42、宽0.3—0.4米。发现人骨两具,头向西南,面向上,仰身直肢。西侧墓主为50—59岁的男性,东侧墓主为45—50岁的女性。

4. 随葬器物

随葬器物共9件/组。包括瓷罐1件、瓷盏1件、铜纽扣2组6枚、银耳环1组2件、铜钱2组6枚、骨纽扣1件、铁器1件。西侧棺内墓主肋骨有1组铜纽扣,小腿处有1组铜钱,足部有1件瓷罐和1件瓷盏,东侧棺内墓主头骨处有1组银耳环,胳膊处有1组铜钱,两腿之间有1组铜纽扣、1件骨纽扣,足部有1件铁器。

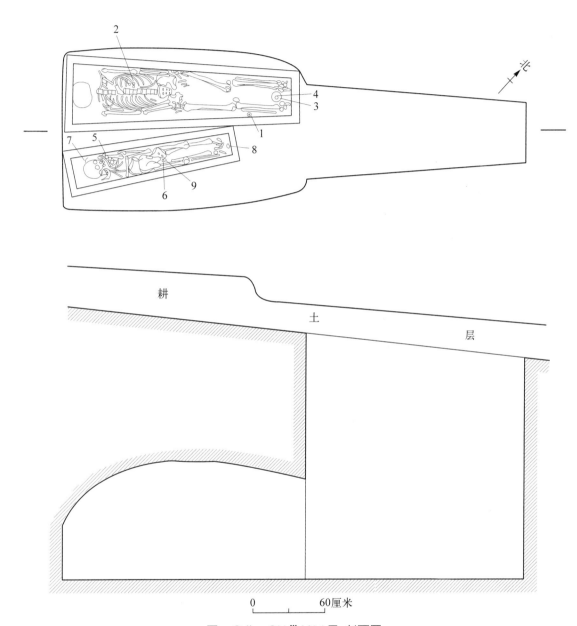

图一〇八　QN Ⅲ M24平、剖面图

1、5.铜钱　2、6.铜纽扣　3.瓷罐　4.瓷盏　7.银耳环　8.铁器　9.骨纽扣

（1）瓷器

瓷罐，1件。标本Ⅲ M24：3，双耳残，直口，圆唇，桥形耳，鼓腹，圈足。灰胎，外壁施酱釉至下腹部，内施满釉，内部有褐色漩涡凸纹。口径7.75、腹径10.2、底径6、高7.6厘米（图一〇九，8；图版七六，4）。

瓷盏，1件。标本Ⅲ M24：4，侈口，圆唇，腹部弧收至平底。灰胎，口部、内壁满施黑釉。口径4.4、底径2.4、高1.9厘米（图一〇九，12；图版七六，5）。

（2）铜、银器

铜纽扣，2组6枚。

标本Ⅲ M24：2，1组4枚，形制一致，完整，扣体呈球状，内部中空，素面，扣体上铸有一环形纽并相扣一铜环，通高1.5、扣直径0.7厘米（图一〇九，9；图版七六，3）。

标本Ⅲ M24：6，1组2枚，残破严重（图版七七，2）。

银耳环，1组2件。标本Ⅲ M24：7，形制大小一致，素面，圆环未闭合。直径1.8厘米（图一〇九，11；图版七七，3）。

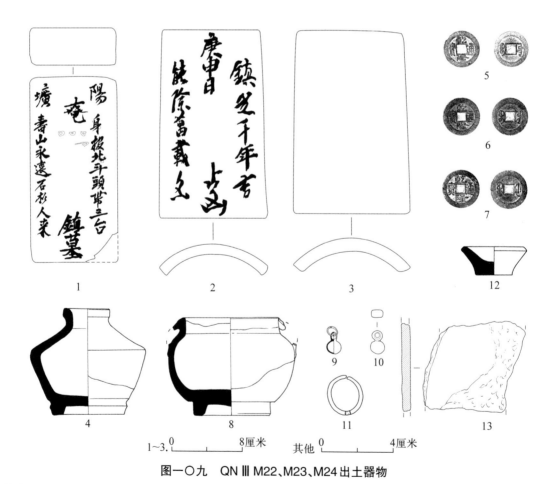

图一〇九　QN Ⅲ M22、M23、M24 出土器物

1. 符砖（Ⅲ M22：2）　2、3. 符瓦（Ⅲ M23：1、2）　4. 瓷壶（Ⅲ M22：1）　5～7. 铜钱（Ⅲ M24：1、5-1、5-2）　8. 瓷罐（Ⅲ M24：3）
9. 铜纽扣（Ⅲ M24：2）　10. 骨纽扣（Ⅲ M24：9）　11. 银耳环（Ⅲ M24：7）　12. 瓷盏（Ⅲ M24：4）　13. 铁器（Ⅲ M24：8）

铜钱,2组6枚。

标本ⅢM24:1,1枚。乾隆通宝,方穿,有内外廓,外廓较厚,正面楷书"乾隆通宝",直读,背书满文"宝源",直径2.3、孔径0.6厘米(图一〇九,5;图版七六,2)。

标本ⅢM24:5,1组5枚。4枚乾隆通宝,方穿,有内外廓,外廓较厚,正面楷书"乾隆通宝",直读,背书满文"宝源"(ⅢM24:5-1)(图一〇九,6;图版七七,1)和"宝浙"(ⅢM24:5-2)(图一〇九,7;图版七七,1),直径2.5、孔径0.6厘米;1枚锈蚀不清,钱文无法辨认,直径2.3、孔径0.6厘米。

（3）骨器

骨纽扣,1件。标本ⅢM24:9,骨质,扣体呈球状,素面,扣体上铸有一环形纽。通高1.5、扣直径0.8厘米(图一〇九,10)。

（4）铁器

铁器,1件。标本ⅢM24:8,锈蚀严重,为不规则四边形。残长6厘米(图一〇九,13;图版七七,4)。

二五、ⅢMT明堂

位于墓区中部,西南侧与ⅢM14墓道相连,平面近圆形,外侧为土洞,中间由青灰色方砖砌成小室,小室平面呈圆形,穹隆顶,剖面呈梯形,土洞底径2.28、小室底径0.96、顶径0.78、高0.5米。

随葬器物共22件/组,包含瓷壶、瓷钵、瓷盏、瓷香炉、铁件、铁削、铜镜、铜铃、石砚、镇墓石、镇墓兽、铜钱、玉饰件、符砖等。

（1）瓷器

瓷壶,2件。

标本ⅢMT:1,完整,小口,厚圆唇,束颈,折肩,深腹,卧足。灰胎,外壁施黑釉至下腹部,内施黑釉,下腹部施褐釉,有数周弦纹。口径3.8、腹径9.7、底径5.3、高9.4厘米(图一一〇,8;图版七七,5)。

标本ⅢMT:9,完整,小口,厚圆唇,短束颈,折肩,深腹,卧足。灰胎,外壁施黑釉至下腹部,内壁口沿施黑釉。口径4.1、腹径10.6、底径5、高10.5厘米(图一一〇,1;图版七八,5)。

瓷钵,2件。

标本ⅢMT:2,完整,敛口,圆唇,弧腹,圈足。灰胎,外壁施黑釉至下腹部,足部无釉,内壁无釉。口径9、底径6、腹径10.5、高6.2厘米(图一一〇,7;图版七七,6)。

标本ⅢMT:7,完整,敛口,厚圆唇,弧腹,假圈足,圈足底部有数周弦纹。灰胎。通体施黄釉,外壁釉色不匀,内壁无釉,口部施蓝釉。口径7.8、底径5.2、高7.8厘米(图一一〇,2;图版七八,3)。

瓷盏,2件。

标本ⅢMT:5,侈口,圆唇,斜直腹,平底。灰胎,口部、内壁施黑釉。口径5.1、底径2.2、高2.6厘米(图版七八,1)。

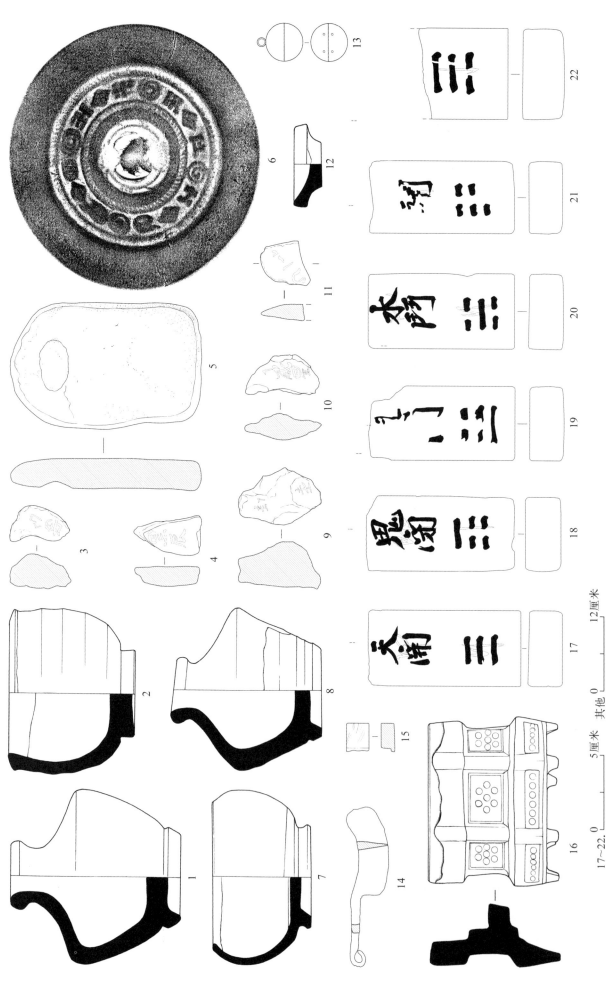

图一一〇 QN Ⅲ MT 出土器物

1、8. 瓷壶（Ⅲ MT：9，1） 2、7. 瓷钵（Ⅲ MT：7，2） 3、4、9、10、11. 镇墓石（Ⅲ MT：10） 5. 石砚（Ⅲ MT：11） 6. 铜镜（Ⅲ MT：14） 12. 瓷盏（Ⅲ MT：6）
13. 铜铃（Ⅲ MT：15） 14. 铁削（Ⅲ MT：13） 15. 玉饰件（Ⅲ MT：8） 16. 瓷香炉（Ⅲ MT：19） 17～22. 符砖（Ⅲ MT：4、18、22、21、20、3）

5厘米 其他 0   12厘米
17～22. 0   5厘米

标本Ⅲ MT：6，侈口，圆唇，斜直腹，平底。灰胎，口部、内壁施黑釉。口径4.7、底径2.8、高1.7厘米（图一一〇，12；图版七八，2）。

瓷香炉，1件。标本Ⅲ MT：8，完整，整体为六边形，分上中下三部分。上部直口，平沿；中部六个面各施弦纹，中间有七个圆圈；下部六边形，六个面各有并列的六个圆圈，六足。灰胎，通体施酱釉。口径9.5、宽10.2、高8厘米（图一一〇，16；图版七八，4）。

（2）铜、铁器

铁件，1袋。标本Ⅲ MT：12，锈蚀严重，无法辨别（图版七八，8）。

铁削，1件。标本Ⅲ MT：13，完整，锈蚀严重，弧背弧刃，柄细长，断面近圆形，柄首为环状，刃部较锋利。通长9.5、宽1.7、柄长4.3、刃长5.2厘米（图一一〇，14；图版七九，1）。

铜镜，1件。标本Ⅲ MT：14，圆形，方形缘，桥形纽，圆形钮座，有内外两周斜弦纹，两周纹饰之间有篆体"见日之光，天下大明"，字体粗糙，镜体厚重，与汉代日光镜差异明显，推测为仿汉代日光镜。直径8厘米（图一一〇，6；图版七九，2）。

铜铃，1件。标本Ⅲ MT：15，空心圆球，由两半球组成，底部有四个圆形小孔，顶部连接有一圆环，摇动发出声响。球直径2.5厘米（图一一〇，13；图版七九，3）。

（3）石器

镇墓石，5件。标本Ⅲ MT：10，形制大小不一，不规则石头，每块均有朱砂痕迹（图一一〇，3、4、9～11；图版七八，6）。

石砚，1件。标本Ⅲ MT：11，近似长方形，顶部有椭圆形内凹（图一一〇，5；图版七八，7）。

镇墓兽，1件。标本Ⅲ MT：17，平面呈龟形，由砂岩雕刻而成，用黑色线条描述龟背轮廓，两侧绘出四足，尾巴绘出三角形龟尾，头部绘出眉、目，龟背顺时针朱书"九""二""七""六""一""八""三""四"，中间书"五"字，"五"字上部有一圆形孔，上插圆柱形木棍。长34、宽20厘米。木棍呈八边形，其中6边有墨书文字和朱书点缀，从左往右依次为"十□大□之位""宗圣曾子之位""复圣颜回之位""大成至圣文宣王孔子之位""亚圣孟子之位""述圣子思之位"（图版七九，5）。

（4）铜钱

铜钱，2枚。标本Ⅲ MT：16，均为康熙通宝，方穿，有内外廓，外廓较厚，正面楷书"康熙通宝"，直读，背书满文"宝泉"，直径2.7、孔径0.6厘米（图版七九，4）。

（5）玉器

玉饰件，1件。标本Ⅲ MT：19，长方体，玉质，素面。长1.6、宽1.3、厚0.7厘米（图一一〇，15；图版七九，6）。

（6）符砖

符砖，6件。

标本Ⅲ MT：3，残，泥质灰陶，长方形，残长13.5、宽13.5、厚6.2厘米。仅剩下半部分，墨书的符号为道教八卦符号中的巽（☴），符号上有朱砂画痕（图一一〇，22；图版七七，7）。

标本Ⅲ MT：4，完整，泥质灰陶，长方形，长27、宽13.3、厚6.2厘米。正面上部墨书"天开"，下部墨书的符号为道教八卦符号中的乾(☰),墨书的文字和符号上都有朱砂画痕(图一一〇,17;图版七七,8)。

标本ⅢMT:18,完整,泥质灰陶,长方形,长27.3、宽13.5、厚6.4厘米。正面上部墨书"鬼闭",下部墨书的符号为道教八卦符号中的艮(☶),墨书的文字和符号上都有朱砂画痕(图一一〇,18)。

标本ⅢMT:20,完整,泥质灰陶,长方形,长26.7、宽13.2、厚6厘米。正面上部墨书一字,字迹模糊无法辨认,下部墨书的符号推测为道教八卦符号中的坤(☷),墨书的文字和符号上都有朱砂画痕(图一一〇,21)。

标本ⅢMT:21,完整,泥质灰陶,长方形,长26.7、宽13.2、厚6.3厘米。正面上部墨书"水门",下部墨书的符号为道教八卦符号中的坎(☵),墨书的文字和符号上都有朱砂画痕(图一一〇,20;图版七九,7)。

标本ⅢMT:22,残,泥质灰陶,长方形,长27、宽13.5、厚6厘米。正面上部墨书两字,字迹模糊无法辨认,下部墨书的符号推测为道教八卦符号中的震(☳)(图一一〇,19)。

第四节　Ⅳ　区

一、ⅣM1

1. 墓葬位置

ⅣM1位于探方中部,方向为32°。

2. 墓葬形制与结构

竖井墓道土洞墓,由墓道、甬道和墓室三部分组成(图一一一)。

墓道平面呈梯形,上口长1.54、宽0.42—0.9、深0.3米,墓道底长1.54、宽0.42—0.9米,距现地表2.6米。甬道平面呈长方形,位于墓道西南,长0.3、宽0.8、高0.9米,距现地表2.36米。墓室为土洞,位于甬道西南,平面呈圆角梯形,四壁平整,拱形顶,墓底平坦。墓底长1.82、宽1.02、高0.98米,距现地表2.6米。

3. 葬具、葬式

无葬具。
无人骨。

4. 随葬品

随葬器物共1件,为符砖,置于墓室东南角。

符砖,1件。标本ⅣM1:1,完整,泥质灰陶,长方形,长27、宽13、厚6厘米。正面上部墨书内容漫漶不清,下部墨书符号为道教八卦符号中的离(☲)(图一一二,1;图版七九,8)。

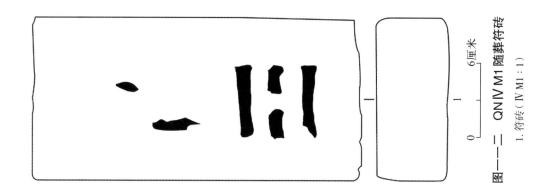

图一一二　QNⅣM1随葬符砖
1. 符砖（Ⅳ M1∶1）

0　　　　　　1　　　　　　6厘米

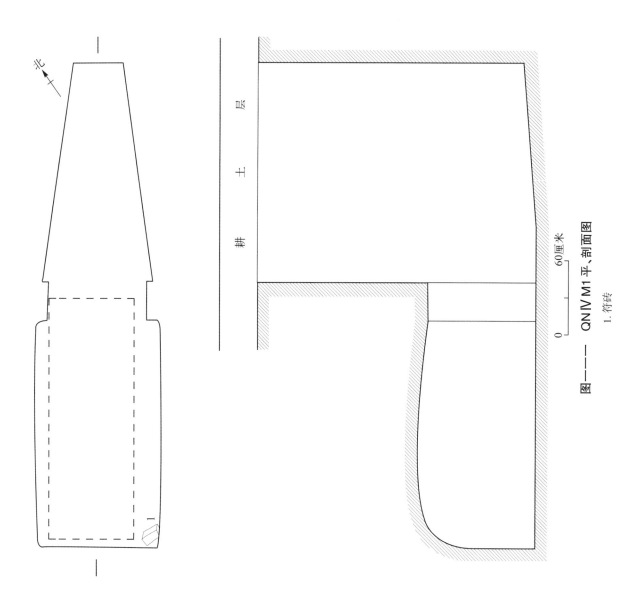

图一一一　QNⅣM1平、剖面图
1. 符砖

0　　　　　60厘米

第五节　Ⅴ　　区

一、ⅤM1

1. 墓葬位置

位于Ⅴ区东部,西南邻ⅤM10,东南邻ⅤM2,西邻ⅤM12,方向为37°。

2. 墓葬形制与结构

竖井墓道土洞墓,由墓道、甬道和墓室三部分组成(图一一三;图版八〇,1)。

墓道平面呈梯形,上口长1.5、宽0.5—0.76、深0.2米,墓道底长1.5、宽0.5—0.76米,距现地表2.22—2.34米。墓道西壁、东壁中部各发现宽0.16、高0.1米的脚窝。甬道平面呈长方形,位于墓道西南,长0.2、宽0.6、高1.1米,距现地表2.36米。墓室为土洞,位于甬道西南,平面呈圆角梯形,四壁平整,拱形顶,墓底平坦。墓底长2.1、宽1.02—1.12、高1.2米,距现地表2.42米。

3. 葬具、葬式

发现木棺两具,已朽,置于墓室正中,平面呈长方形,西北侧棺长1.52、宽0.26—0.36米,东南侧棺长1.4、宽0.26—0.36米。

发现人骨两具,两侧棺人头骨均向西南,骨架堆叠散乱,为二次葬。

东侧墓主性别不详,年龄为5±1.5岁,西侧墓主为16—17岁的男性。

4. 随葬器物

随葬器物共7件/组。包括瓷罐1件、瓷盏1件、铜簪1件、符砖1件、符瓦2件、铜钱1组5枚。东侧棺内墓主头骨处有1件铜簪和1组铜钱,西侧棺内墓主两腿之间有1件瓷罐和1件瓷盏,瓷盏置于瓷罐之内,两具木棺北侧各有1件符瓦;墓室东侧中间有1件符砖。

（1）瓷器

瓷罐,1件。标本ⅤM1：3,双耳残,直口,圆唇,鼓腹,圈足。灰胎,外壁施酱釉至下腹部,釉面光亮,有气泡,口部施化妆土,内施满釉,内部有褐色漩涡凸纹。口径7.8、腹径10.6、底径6.5、高6.3厘米(图一一四,5;图版八〇,4)。

瓷盏,1件。标本ⅤM1：4,侈口,圆唇,斜直腹,圈足,外底心微凸。灰胎,外壁施白釉至下腹部,内壁施满白釉。口径7、底径3.6、高2.8厘米(图一一四,9;图版八〇,5)。

（2）铜器

铜簪,1件。标本ⅤM1：1,簪首向下弯曲,簪体扁平呈细长条状,簪尾较圆钝,素面。通长12.4、宽0.5—0.7厘米(图一一四,4;图版八〇,2)。

铜钱,1组5枚。标本ⅤM1：2,1枚道光通宝(ⅤM1：2-1),方穿,有内外廓,外廓较厚,正面楷书"道光通宝",直读,背书满文"宝泉",直径2.2、孔径0.6厘米(图一一四,7;图版八〇,3)。1

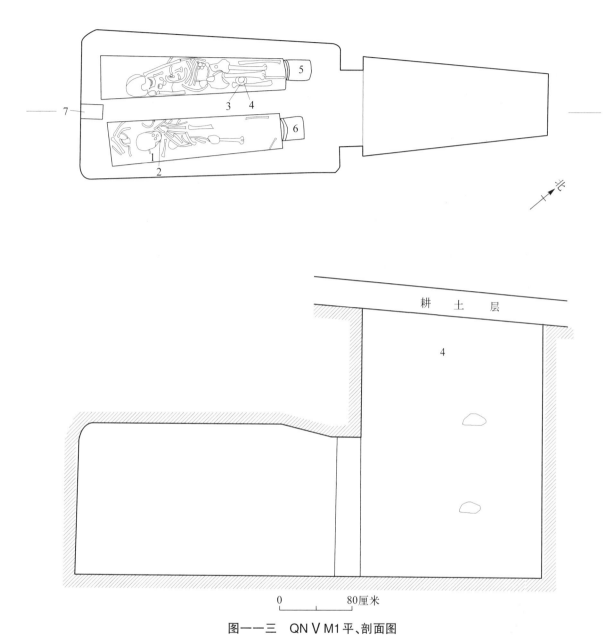

图一一三 QN Ⅴ M1 平、剖面图

1.铜簪 2.铜钱 3.瓷罐 4.瓷盏 5、6.符瓦 7.符砖

枚咸丰通宝(ⅤM1:2-2),方穿,有内外廓,外廓较厚,正面楷书"咸丰通宝",直读,背书满文"宝泉",直径2.1、孔径0.6厘米(图一一四,6;图版八〇,3)。3枚乾隆通宝(ⅤM1:2-3),方穿,有内外廓,外廓较厚,正面楷书"乾隆通宝",直读,背书满文"宝源",直径2.35、孔径0.65厘米(图一一四,8;图版八〇,3)。

(3)符瓦、符砖

符瓦,2件。

标本ⅤM1:5,完整,泥质灰陶,板瓦,横截面呈弧形,长23、上宽13.5、下宽15、厚4.8厘米。

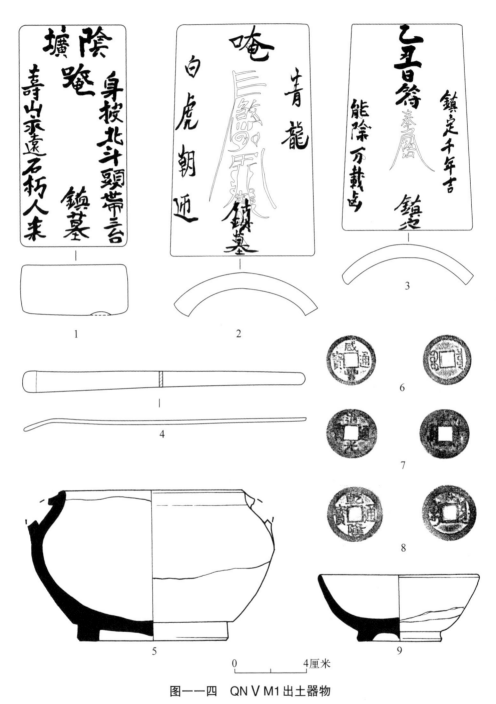

图一一四　QN Ⅴ M1 出土器物

1. 符砖（Ⅴ M1：7）　2、3. 符瓦（Ⅴ M1：6、5）　4. 铜簪（Ⅴ M1：1）　5. 瓷罐（Ⅴ M1：3）

6～8. 铜钱（Ⅴ M1：2-2、2-1、2-3）　9. 瓷盏（Ⅴ M1：4）

正面上部墨书"乙丑日符",正中朱砂绘符,符箓两侧墨书"镇定千年吉,能除万载凶",下部墨书"镇穴"(图一一四,3)。

标本ⅤM1:6,完整,泥质灰陶,板瓦,横截面呈弧形,长25.5、上宽14.7、下宽16.5、厚4.9厘米。正面上部墨书"唵",正中朱砂绘符,符箓两侧墨书推测为"青龙镇穴,白虎朝迎",下部墨书"镇墓"(图一一四,2)。

符砖,1件。

标本ⅤM1:7,泥质灰陶,长方形,长26、宽12、厚5厘米。正面上部墨书"阳圹""唵",正中朱砂绘符,符箓两侧墨书"身披北斗头带三台,寿山永远石朽人来",下部墨书"镇墓"(图一一四,1)。

二、ⅤM2

1. 墓葬位置

位于Ⅴ区东南,北邻ⅤM1,西邻ⅤM4,方向为37°。

2. 墓葬形制与结构

竖井墓道土洞墓,由墓道、墓室两部分组成(图一一五;图版八〇,6)。

墓道平面呈长方形,上口长1.9、宽0.82、深0.2米,墓道底长1.9、宽0.82米,距现地表2.46—2.76米。墓室为土洞,位于墓道西南,平面呈梯形,四壁平整,拱形顶,墓底平坦。墓底长2.2、宽1.76—2.04、高0.8—1.1米,距现地表2.82米。

3. 葬具、葬式

发现木棺两具,已朽,东西向置于墓室正中,平面呈长方形,西北棺长1.8、宽0.44—0.6米,东南棺长1.92、宽0.5—0.66米。

发现人骨两具,保存情况完整,两侧棺人头骨均向西南,面向上,仰身直肢。

东侧墓主为31—34岁的男性,西侧墓主为60多岁的女性。

4. 随葬器物

随葬器物共10件/组。包括瓷罐1件、瓷盏1件、铜扁方1组2件、铜纽扣2组10枚、银耳环1件、铜烟锅1件、符瓦1件、铜钱2组9枚。东侧棺内墓主头顶有1组铜扁方,头骨东侧有1件银耳环,胸部有1组铜纽扣,两腿之间有1件瓷罐和1件瓷盏,瓷盏置于瓷罐之内,西侧棺内墓主腹部有1组铜纽扣,右臂处有1件铜烟锅,右腿处有1组铜钱,棺外北侧有1件符瓦。

（1）瓷器

瓷罐,1件。标本ⅤM2:8,双桥形耳,直口,圆唇,鼓腹,圈足。灰胎,外壁施红褐釉至下腹部,内施满釉,内部有褐色漩涡凸纹。口径8.9、腹径10.9、底径6.5、高6.9厘米(图一一六,10)。

瓷盏,1件。标本ⅤM2:9,侈口,圆唇,斜直腹,平底。灰胎,口部、内壁施黑釉。口径5、底径2.6、高1.8厘米(图一一六,7)。

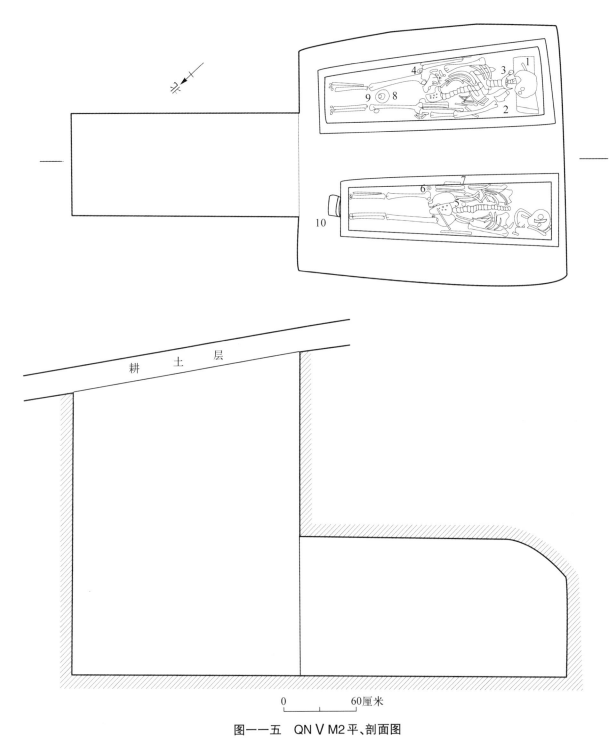

图一一五　QN Ⅴ M2平、剖面图

1. 铜扁方　2、5. 铜纽扣　3. 银耳环　4、6. 铜钱　7. 铜烟锅　8. 瓷罐　9. 瓷盏　10. 符瓦

（2）铜、银器

铜扁方，1组2件。标本ⅤM2：1，残断成两截，簪首向上弯曲一圈，簪体扁平呈细长条状，素面。通长11.3、宽0.5—0.8厘米（图一一六，8）。

铜纽扣，2组10枚。

标本ⅤM2：2，1组6枚。形制一致，完整，扣体呈球状，内部中空，素面，扣体上铸有一环形纽。通高1.1、扣直径0.8厘米（图一一六，3）。

标本ⅤM2：5，1组4枚。形制一致，完整，扣体呈球状，内部中空，素面，扣体上铸有一环形纽相扣一铜环。通高1.4、扣直径1厘米（图一一六，4、5；图版八一，3）。

银耳环，1件。标本ⅤM2：3，素面，环身呈"c"形，两端尖状。直径1.1厘米（图一一六，6；图版八一，1）。

铜烟锅，1件。标本ⅤM2：7，锈残，直口，弧腹，底部有一带弯的铜管与木杆相连，木杆已朽。残长9.5厘米（图一一六，9）。

铜钱，2组9枚。

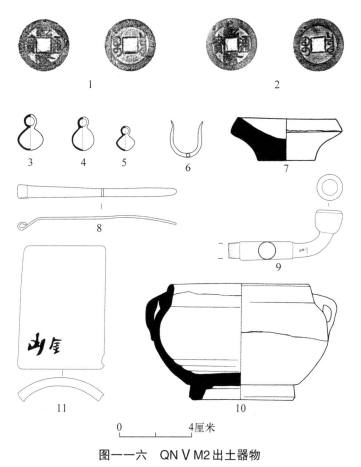

图一一六　QN Ⅴ M2出土器物

1、2.铜钱（ⅤM2：4、6）　3～5.铜纽扣（ⅤM2：2、5-1、5-2）　6.银耳环（ⅤM2：3）　7.瓷盏（ⅤM2：9）
8.铜扁方（ⅤM2：1）　9.铜烟锅（ⅤM2：7）　10.瓷罐（ⅤM2：8）　11.符瓦（ⅤM2：10）

标本Ⅴ M2：4，1组7枚，锈蚀严重，钱文无法辨认，仅可辨识有2枚乾隆通宝，方穿，有内外廓，外廓较厚，正面楷书"乾隆通宝"，直读，背书满文"宝泉"，直径2.3、孔径0.7厘米（图一一六，1；图版八一，2）。

标本Ⅴ M2：6，1组2枚，1枚乾隆通宝，方穿，有内外廓，外廓较厚，正面楷书"乾隆通宝"，直读，背书满文"宝泉"，直径2.3、孔径0.6厘米（图一一六，2；图版八一，4）。1枚康熙通宝，方穿，有内外廓，外廓较厚，正面楷书"康熙通宝"，直读，背书满文"宝泉"，直径2.7、孔径0.6厘米。

（3）符瓦

符瓦，1件。标本Ⅴ M2：10，完整，泥质灰陶，板瓦，横截面呈弧形，长20.5、上宽13.3、下宽14.2、厚3.8厘米。内容漫漶不清（图一一六，11）。

三、Ⅴ M3

1. 墓葬位置

位于Ⅴ区西部，北邻Ⅴ M13和Ⅴ M14，西邻Ⅴ M9，南邻Ⅴ M11，方向为57°。

2. 墓葬形制与结构

竖井墓道土洞墓，由墓道、墓室两部分组成（图一一七；图版八一，5）。

墓道平面呈梯形，上口长1.7、宽0.66—1.1、深0.2米，墓道底长1.72、宽0.66—1.1米，距现地表1.98—2.52米。墓室为土洞，位于墓道西南，平面呈梯形，四壁平整，拱形顶，墓底平坦。墓底长2.24、宽1.1—1.92、高0.88—1.26米，距现地表2.7米。

3. 葬具、葬式

发现木棺两具，已朽，置于墓室正中，平面呈长方形，西北侧棺长1.8、宽0.4—0.6米，东南侧棺长1.7、宽0.36—0.54米。

发现人骨两具，保存情况较好，两侧棺人头骨均向西南，北侧人骨为仰身直肢，南侧为仰身屈肢。东侧墓主为40—44岁的男性，西侧墓主为35—39岁的女性。

4. 随葬器物

随葬器物共16件/组。包括瓷盏1件、瓷罐1件、铜扁方1组3件、银耳环1件、铜纽扣2组18枚、铜帽顶1组3件、银戒指1件、铜顶针1件、符瓦2件、符砖1件、铜钱3组8枚、玛瑙饰件1组2件。南侧棺内墓主头顶有1件铜扁方，头骨旁还有1件银耳环，胸、腹部有1组铜纽扣、1件铜顶针和1组玛瑙饰件，盆骨处有1组铜钱和1枚银戒指，腿部北侧有1件瓷罐，棺外南侧有1件瓷盏，北侧棺内墓主头顶有1组铜帽顶，胸部有1组铜纽扣，两腿之间有2组铜钱，两棺东侧各有1件符瓦，另外在墓室西壁边立有1件符砖。

（1）瓷器

瓷盏，1件。标本Ⅴ M3：5，残，敛口，圆唇，腹部弧收至平底。灰胎，口部和内壁施黑釉，底部

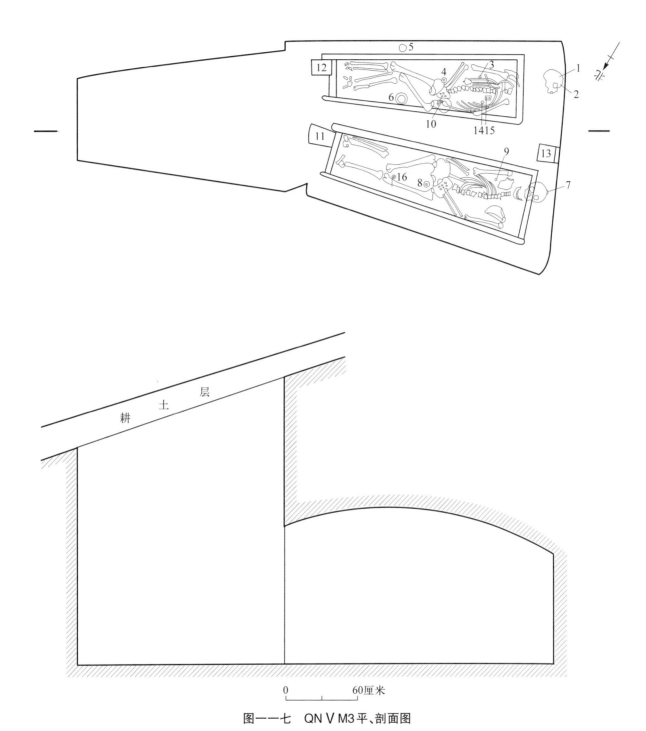

图一一七　QN Ⅴ M3平、剖面图

1.铜扁方　2.银耳环　3、9.铜纽扣　4、8、16.铜钱　5.瓷盏　6.瓷罐　7.铜帽顶　10.银戒指　11、12.符瓦
13.符砖　14.铜顶针　15.玛瑙饰件

中间圆柱形残断(图版八二,3)。

　　瓷罐,1件。标本ⅤM3:6,直口,圆唇,深直腹,圈足。灰胎,外壁施黑釉至下底部,内施满釉,内部施数周瓦棱纹。口径7.8、腹径9、底径6.7、高11.5厘米(图一一八,10)。

　　(2)铜、银器

　　铜扁方,1组3件。标本ⅤM3:1,残断,簪首向上弯曲,左右折叠成三层,簪体扁平呈宽长条状,簪尾较圆钝,素面。通长13、宽1.8厘米(图一一八,2;图版八一,6)。

　　银耳环,1件。标本ⅤM3:2,圆环未闭合,光滑,素面。直径1.7厘米(图一一八,14;图版八一,7)。

　　铜纽扣,2组18枚。

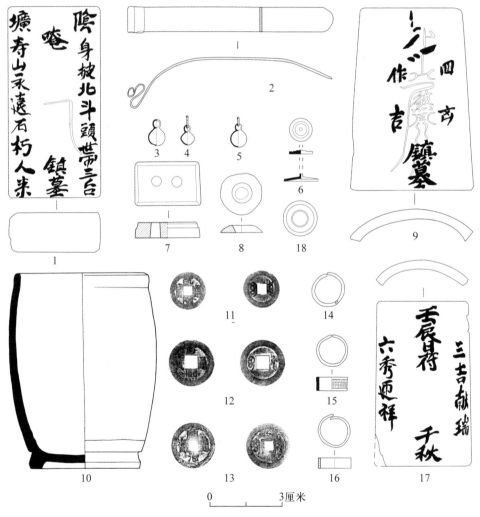

图一一八　QNⅤM3出土器物

1.符砖(ⅤM3:13)　2.铜扁方(ⅤM3:1)　3~5.铜纽扣(ⅤM3:9-1、9-2、3)　6、8、18.铜帽顶(ⅤM3:7-1、7-2、7-3)
9、17.符瓦(ⅤM3:12、11)　10.瓷罐(ⅤM3:6)　11~13.铜钱(ⅤM3:4-2、8、4-1)　14.银耳环(ⅤM3:2)
15.铜顶针(ⅤM3:14)　16.银戒指(ⅤM3:10)　7.玛瑙饰件(ⅤM3:15)

标本Ⅴ M3：3,1组8枚,形制一致,完整,扣体呈球状,内部中空,素面,扣体上铸有一环形纽。通高1.4、扣直径1厘米(图一一八,5;图版八二,1)。

标本Ⅴ M3：9,1组10枚,形制一致,完整,扣体呈球状,内部中空,素面,有一环形纽相扣一铜环。通高1.4、扣直径1厘米(图一一八,3、4;图版八二,6)。

铜帽顶,1组3件。标本Ⅴ M3：7,只剩下两个大小不一的圆形垫片和一个圆形底座。圆形底座直径2厘米,一件垫片外径2.4、内径0.8厘米,一件圆形垫片1.3厘米(图一一八,6、8、18;图版八二,4)。

银戒指,1件。标本Ⅴ M3：10,残,圆环未闭合,素面。直径1.5、宽0.6厘米(图一一八,16;图版八二,7)。

铜顶针,1件。标本Ⅴ M3：14,圆环未闭合,中部饰两道弦纹,外壁铸有数个小圆形窝点。环体直径1.6、宽0.7厘米(图一一八,15;图版八二,8)。

铜钱,3组8枚。

标本Ⅴ M3：4,1组4枚,1枚顺治通宝(Ⅴ M3：4-1),方穿,有内外廓,外廓较厚,正面楷书"顺治通宝",直读,背书满文只能辨认"宝",直径2.7、孔径0.65厘米(图一一八,13;图版八二,2)。3枚乾隆通宝(Ⅴ M3：4-2),方穿,有内外廓,外廓较厚,正面楷书"乾隆通宝",直读,背书满文"宝泉",直径2.25、孔径0.6厘米(图一一八,11;图版八二,2)。

标本Ⅴ M3：8,1组3枚,2枚康熙通宝,方穿,有内外廓,外廓较厚,正面楷书"康熙通宝",直读,背书满文"宝源",直径2.7、孔径0.8厘米。1枚锈蚀不清,钱文无法辨识,直径2.7、孔径0.6厘米(图一一八,12;图版八二,5)。

标本Ⅴ M3：16,1枚,锈蚀严重,大致辨认为乾隆通宝,方穿,有内外廓,外廓较厚,正面楷书"乾隆通宝",直读,背书满文锈蚀不清,无法辨识,直径2.7、孔径0.6厘米(图版八三,2)。

（3）符瓦、符砖

符瓦,2件。

标本Ⅴ M3：11,残,泥质灰陶,板瓦,横截面呈弧形,长23、上宽12.7、下宽14、厚3.8厘米。正面上部墨书"壬辰日符",正中朱砂绘符,符篆两侧墨书"三吉献瑞,六秀迎祥",下部墨书"千秋"(图一一八,17)。

标本Ⅴ M3：12,完整,泥质灰陶,板瓦,横截面呈弧形,长25、上宽14、下宽17、厚4.5厘米。正面上部墨书,字迹不清,正中朱砂绘符,符篆两侧墨书"回凶,作吉",下部墨书"镇墓"(图一一八,9)。

符砖,1件。标本Ⅴ M3：13,完整,泥质灰陶,长方形,长26.8、宽13.2、厚5.5厘米。正面上部墨书"阴圹""唵",正中朱砂绘符,符篆两侧墨书"身披北斗头带三台,寿山永远石朽人来",下部墨书"镇墓"(图一一八,1)。

（4）玛瑙饰件

玛瑙饰件,1组2件。标本Ⅴ M3：15,残断,蓝色,平面呈长方形,断面呈梯形,表面有两圆形穿孔,器表磨光。长3.8、宽2.8、厚0.8—1厘米(图一一八,7;图版八三,1)。

四、ⅤM4

1. 位置

位于Ⅴ区南部,北邻ⅤM10,西邻ⅤM6,东邻ⅤM2,方向为37°。

2. 墓葬形制与结构

竖井墓道土洞墓,由墓道、墓室两部分组成(图一一九;图版八三,3)。

墓道平面呈梯形,上口长2.1、宽0.52—1.04、深0.2米,墓道底长2.1、宽0.52—1.04米,距现地表3—3.14米,墓道东西两壁各有3个脚窝,平面呈圆角三角形,高0.12、宽0.2米。土坯封门。墓室为土洞,位于墓道西端,平面呈梯形,四壁平整,拱形顶,墓底平坦。墓底长2.4、宽0.9—1.78、高1—1.26米,距现地表3.2米。

3. 葬具、葬式

发现木棺两具,已朽,置于墓室正中,平面呈长方形,西南侧棺长1.8、宽0.4—0.5米,东南侧棺长1.7、宽0.28—0.5米。

发现人骨两具,保存情况较好,两侧棺人头骨均向西南,仰身直肢。

东侧墓主为60多岁的女性,西侧墓主为50—60岁的男性。

4. 随葬器物

随葬器物共11件/组。包括瓷罐2件、瓷盏2件、铜簪1组2件、铜耳环1组2件、铜顶针1件、铜纽扣1组7枚、符瓦1件、铜钱2组。西侧棺内墓主左手边及两腿之间有2组铜钱分散放置,腹部有1组铜纽扣,棺外北侧有1件符瓦,东侧棺内墓主头部有2件铜簪和1件铜耳环,盆骨处有1件铜顶针,两腿之间有1件瓷罐和1件瓷盏,瓷盏置于瓷罐之内,两棺之间亦有1件瓷罐和1件瓷盏,瓷盏同样放置于瓷罐之内。

(1)瓷器

瓷罐,2件。

标本ⅤM4:1,直口,圆唇,扁鼓腹,圈足。灰胎,外壁施酱釉至下腹部,内施满釉,内部有褐色漩涡凸纹。口径7.6、腹径9.4、底径5.7、高6.9厘米(图一二〇,10;图版八三,4)。

标本ⅤM4:4,直口,圆唇,扁鼓腹,圈足。灰胎,外壁施酱釉至下腹部,内施满釉,内部有褐色漩涡凸纹。口径7.6、腹径9.4、底径6.1、高6厘米(图一二〇,9;图版八四,2)。

瓷盏,2件。

标本ⅤM4:2,侈口,圆唇,腹部弧收至平底。灰胎,口部、内壁施黑釉。口径4.8、底径2.8、高1.9厘米(图一二〇,3;图版八三,5)。

标本ⅤM4:9,敛口,圆唇,腹部弧收至平底。灰胎,内壁施黑釉。口径4.2、底径3、高1.7厘米(图一二〇,4;图版八四,7)。

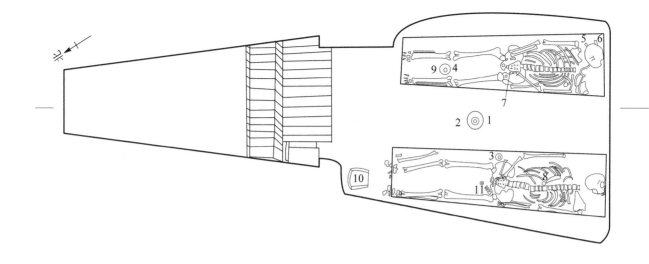

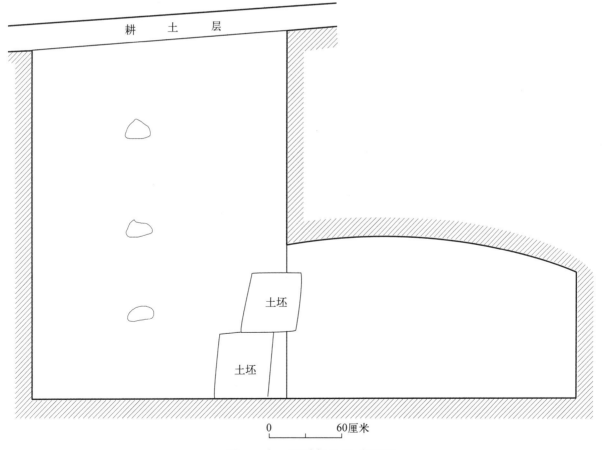

图一一九　QNⅤM4平、剖面图

1、4. 瓷罐　2、9. 瓷盏　3、11. 铜钱　5. 铜簪　6. 铜耳环　7. 铜顶针　8. 铜纽扣　10. 符瓦

（2）铜器

铜簪，1组2件。标本ⅤM4：5，残成两段，簪身细长，有螺纹，簪首镶嵌一小圆球。通长10厘米（图一二〇，2；图版八四，3）。

铜耳环，1组2件。标本ⅤM4：6，一件锈蚀严重，呈"s"形，耳下坠纹饰锈蚀严重，通长2.7厘米；一件呈环状，直径2厘米（图一二〇，5、6；图版八四，4）。

铜顶针，1件。标本ⅤM4：7，圆环未闭合，中部饰两道弦纹，器表饰多个小圆形窝点。环体直径1.4、宽0.7厘米（图一二〇，8；图版八四，5）。

铜纽扣，1组7枚。标本ⅤM4：8，形制一致，大小不一，完整，扣体呈球状，内部中空，素面，扣体上铸有一环形纽。通高1.5、扣直径0.8厘米（图一二〇，7；图版八四，6）。

铜钱，2组8枚。

标本ⅤM4：3，1组若干枚，2枚康熙通宝（ⅤM4：3-1），方穿，有内外廓，外廓较厚，正面楷书"康熙通宝"，直读，背书满文，直径2.6、孔径0.65厘米（图一二〇，14；图版八四，1）。2枚乾隆通宝（ⅤM4：3-2），方穿，有内外廓，外廓较厚，正面楷书"乾隆通宝"，直读，背书满文"宝泉"，直径2.3、孔径0.7厘米（图一二〇，11；图版八四，1）。其他均锈蚀不清。

标本ⅤM4：11，1组若干枚，4枚乾隆通宝（ⅤM4：11-1），方穿，有内外廓，外廓较厚，正面楷书"乾隆通宝"，直读，背书满文"宝源"，直径2.5、孔径0.63厘米（图一二〇，12；图版八四，8）。1枚康熙通宝（ⅤM4：11-2），方穿，有内外廓，外廓较厚，正面楷书"康熙通宝"，直读，背书满文"宝源"，直径2.6、孔径0.65厘米（图一二〇，13；图版八四，8）。其他均锈蚀不清。

（3）符瓦

符瓦，1件。标本ⅤM4：10，完整，泥质灰陶，板瓦，横截面呈弧形，长24、上宽13.5、下宽15、

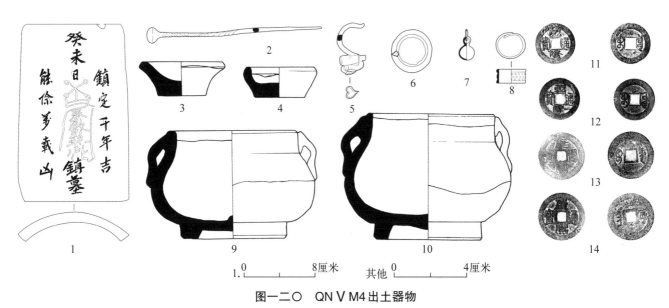

图一二〇　QNⅤM4出土器物

1.符瓦（ⅤM4：10）　2.铜簪（ⅤM4：5）　3、4.瓷盏（ⅤM4：2、9）　5、6.铜耳环（ⅤM4：6-1、6-2）　7.铜纽扣（ⅤM4：8）
8.铜顶针（ⅤM4：7）　9、10.瓷罐（ⅤM4：4、1）　11～14.铜钱（ⅤM4：3-2、11-1、11-2、3-1）

厚4厘米。正面上部墨书"癸未日",正中朱砂绘符,符箓两侧墨书"镇定千年吉,能除万载凶",下部墨书"镇墓"(图一二〇,1)。

五、VM5

1. 墓葬位置

位于V区南部,北邻VM6,东邻VM4,方向为29°。

2. 墓葬形制与结构

竖井墓道土洞墓,由墓道、甬道、墓室三部分组成(图一二一;图版八五,1)。

墓道平面呈梯形,上口长1.06、宽0.66—0.76、深0.2米,墓道底长1.05、宽0.66—0.76米,距现地表3.12—3.22米。有3个宽0.2、高0.8、深0.1米的脚窝。墓室为土洞,位于墓道西南,平面近长方形,四壁粗糙,拱形顶,墓底平坦。墓底长1.8、宽1.08、高0.9米,距现地表3.32米。

3. 葬具、葬式

葬具保存极差,无法判断形制。

发现人骨两具,两棺人头骨均向西南,骨架堆叠,为二次葬。

东侧墓主为50—60岁的女性,西侧墓主为35—39岁的男性。

4. 随葬器物

随葬器物共5件/组。包括瓷钵1件、瓷盏1件、铁器1组2件、符瓦1件、墓志1件。墓室西南角立有1件墓志,两具人骨之间有1件瓷钵和1件瓷盏,瓷盏置于瓷钵之内,西侧人骨北侧有1件符瓦,东侧人骨北侧有1件铁器。

(1)瓷器

瓷钵,1件。标本VM5:2,完整,敛口,弧腹,圈足。灰胎,通体施黑釉,釉面光亮,足部无釉,内部、口部施黑釉,其余部分无釉。口径9.3、腹径11.5、底径5.5、高6.4厘米(图一二二,2;图版八五,4)。

瓷盏,1件。标本VM5:3,完整,口微敛,腹部斜收至平底,外表无釉,内部满黑釉。口径5.2、腹径5.6、底径3.4、高2.3厘米(图一二二,5;图版八六,1)。

(2)铁器

铁器,1组2件。标本VM5:4,形制基本一致,残,平面一端近环形,另一端呈直线形,表面腐蚀较重。一件通长6、厚1.5厘米,另一件长5.5、厚1.5厘米(图一二二,1;图版八六,2)。

(3)符瓦

符瓦,1件。标本VM5:5,完整,泥质灰陶,板瓦,横截面呈弧形,长21.5、上宽13.1、下宽14.2、厚4.1厘米。正面上部墨书"丙午日符",正中朱砂绘符,符箓两侧墨书"三吉献瑞,六秀迎祥",下部墨书"千秋"(图一二二,4)。

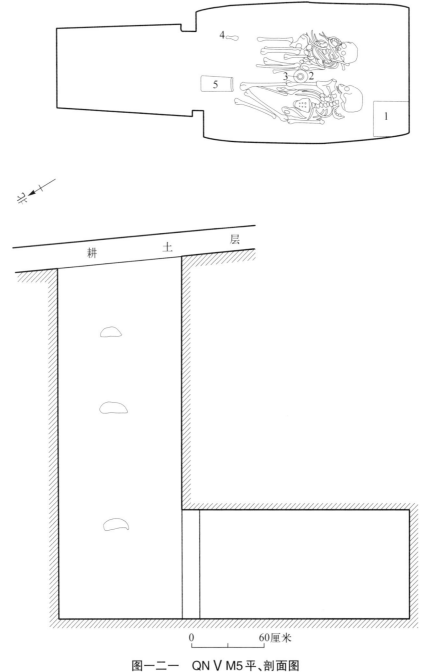

图一二一　QNⅤM5平、剖面图

1.墓志　2.瓷钵　3.瓷盏　4.铁器　5.符瓦

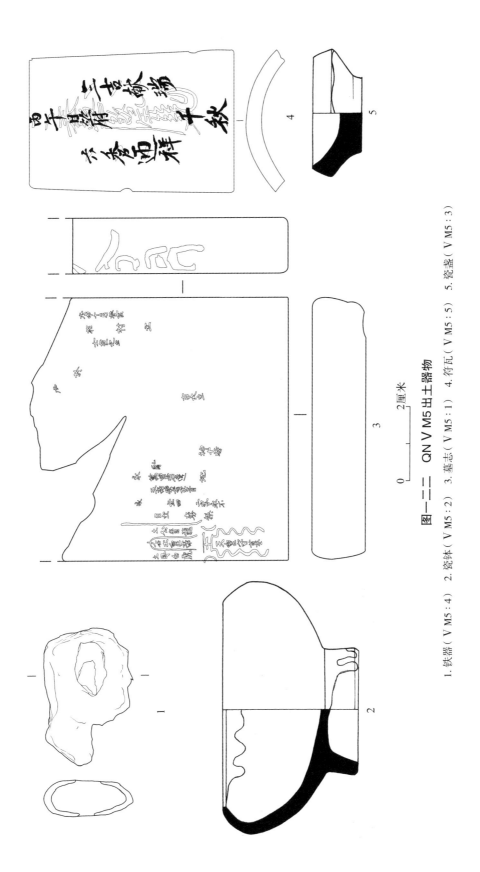

图一三二　QN Ⅴ M5 出土器物

1. 铁器（Ⅴ M5：4）　2. 瓷钵（Ⅴ M5：1）　3. 墓志（Ⅴ M5：2）　4. 符瓦（Ⅴ M5：5）　5. 瓷盖（Ⅴ M5：3）

（4）墓志

墓志,1件。标本ⅤM5：1,残,泥质灰陶,长方形,长22.2、宽26.1、厚5.8厘米。正面文字用朱砂书写,皆漫漶不清,侧面用朱砂绘符(图一二二,3;图版八五,3)。墓志录文如下：戊申十月癸亥/花□□□立/□□士夜之立□□□□/於/吉穴立/神十特/□□□□□□□□□□□/永□万皇若违□地/□□五帝使者女青□□□□/永□□□□日□□二字永不/□□□日立□□券□祭/土公青龙/太公土皇帝天皇守墓/土母白虎。

六、ⅤM6

1. 墓葬位置

位于Ⅴ区南部,北邻ⅤM11,东邻ⅤM4,西邻ⅤM7,南邻ⅤM5,方向为20°。

2. 墓葬形制与结构

竖井墓道土洞墓,由墓道、墓室和墓门三部分组成(图一二三;图版八五,2)。

墓道平面呈梯形,上口长2.3、宽0.6—0.96、深0.22米,墓道底长2.3、宽0.6—0.96米,距现地表2.76—2.9米。墓门现存两层,为单排竖向土坯自下而上砌成,每块土坯长0.34—0.36、宽0.24、厚0.06—0.08米。墓室为土洞,位于墓道西南,平面呈梯形,四壁平整,拱形顶,墓底平坦。墓底长2.1、宽1.5—1.6、高1米,距现地表2.9米。

3. 葬具、葬式

发现木棺两具,已朽,置于墓室正中,平面呈长方形,西北侧棺长1.9、宽0.4—0.64米,东南侧棺长1.9、宽0.44—0.52米。

发现人骨两具,两侧棺人骨架分布较散乱,均头向西南,仰身直肢。

东侧墓主为35—39岁的女性,西侧墓主为35—39岁的男性。

4. 随葬器物

随葬器物共8件/组。瓷钵1件、瓷盏2件、铅壶1件、符瓦2件、符砖1件、铜钱1组4枚。墓室南壁立有1件符砖,西南角有1件铅壶,两具棺北侧各有1件符瓦,西侧棺内墓主腹部有4枚铜钱,墓主两腿之间有1件瓷钵和1件瓷盏,瓷盏置于瓷钵之内,西棺南侧有1件瓷盏。

（1）瓷器

瓷盏,2件。

标本ⅤM6：2,完整,侈口,圆唇,弧腹,圈足。灰胎,通体施白釉,内外施釉,表面有两圈竖纹,底部有落款,落款两字无法辨识。口径5.3、底径2.5、高3厘米(图一二四,2;图版八六,4)。

标本ⅤM6：4,完整,直口,圆唇,折腹,腹部弧收至平底。灰胎,外表无釉,内部满黑釉。口径4.6、底径2.5、高2厘米(图版八六,6)。

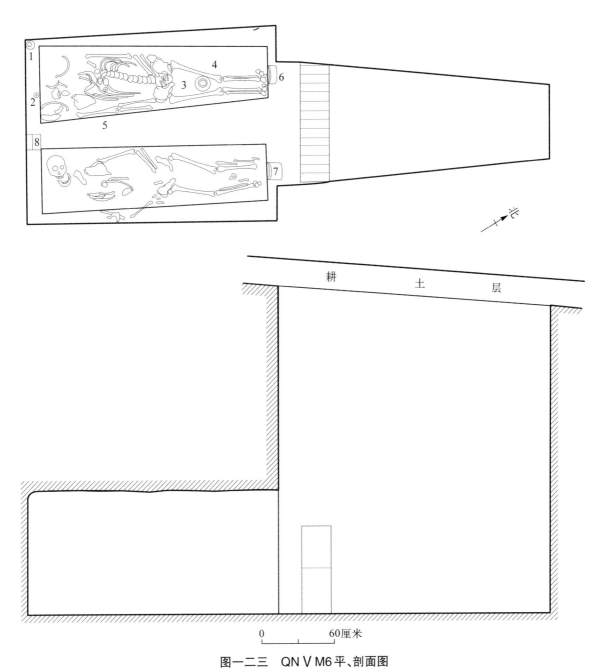

图一二三　QN Ⅴ M6平、剖面图

1. 铅壶　2、4. 瓷盏　3. 瓷钵　5. 铜钱　6、7. 符瓦　8. 符砖

　　瓷钵，1件。标本Ⅴ M6∶3，完整，平沿，鼓腹，假圈足。灰胎，通体施酱釉，足部无釉，内部无釉，上腹部有两道环状凸纹。口径7.2、腹径9.8、底径5.3、高8厘米（图一二四,3；图版八六,5）。

　　（2）铅器

　　铅壶，1件。标本Ⅴ M6∶1，残，喇叭口，长颈，鼓腹，卧足。腹部上方有两道环状凹纹。口径6、腹径6、底径4.3、高16厘米（图一二四,1；图版八六,3）。

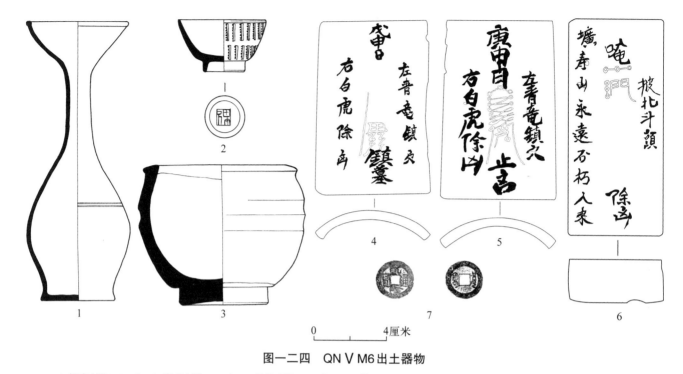

图一二四　QN Ⅴ M6出土器物

1.铅壶（Ⅴ M6：1）　2.瓷盏（Ⅴ M6：2）　3.瓷钵（Ⅴ M6：3）　5、4.符瓦（Ⅴ M6：7、6）　6.符砖（Ⅴ M6：8）　7.铜钱（Ⅴ M6：5）

（3）符瓦、符砖

符瓦，2件。

标本Ⅴ M6：6，完整，泥质灰陶，板瓦，横截面呈弧形，长24、上宽15.5、下宽16、厚4厘米。正面上部墨书"庚申日"，正中朱砂绘符，符篆两侧墨书"左青龙镇穴，右白虎除凶"，下部墨书"止凶"（图一二四，5；图版八六，8）。

标本Ⅴ M6：7，完整，泥质灰陶，板瓦，横截面呈弧形，长24、上宽15.5、下宽14、厚4厘米。正面上部墨书"戊申日"，正中朱砂绘符，符篆两侧墨书"左青龙镇穴，右白虎除凶"，下部墨书"镇墓"（图一二四，4）。

符砖，1件。标本Ⅴ M6：8，完整，泥质灰陶，长方形，长27.3、宽13.2、厚6厘米。正面上部墨书"阳圹""唵"，正中朱砂绘符，符篆两侧墨书推测为"身披北斗头带三台，寿山永远石朽人来"，下部墨书"除凶"（图一二四，6）。

（4）铜钱

铜钱，1组4枚。标本Ⅴ M6：5，均为乾隆通宝，方穿，有内外廓，外廓较厚，正面楷书"乾隆通宝"，直读，背书满文"宝泉"，直径2.2、孔径0.65厘米（图一二四，7；图版八六，7）。

七、Ⅴ M7

1. 墓葬位置

位于Ⅴ区西南，北邻Ⅴ M8，东邻Ⅴ M6，东北邻Ⅴ M11，方向为35°。

2. 墓葬形制与结构

竖井墓道土洞墓，由墓道、墓室两部分组成（图一二五；图版八七，1）。

墓道平面呈梯形，上口长1.4、宽0.66—0.84、深0.2米，墓道底长1.44、宽0.66—0.84米，距现地表3.22—3.36米。使用封门砖封门，长0.22、宽0.76、高0.66米。墓室为土洞，位于墓道西南，平面呈长方形，四壁平整，拱形顶，墓底平坦。墓底长2.2、宽1.28、高0.96米，距现地表3.4米。

3. 葬具、葬式

发现木棺一具，已朽，置于墓室东南部，平面呈长方形，棺长1.62、宽0.3—0.4米，墓室中间有三块倒塌的棺板，长1.82、宽0.38米。

发现人骨两具，头向均向西南，骨架散乱，西侧人骨堆叠，应为二次葬；东侧人骨肢体可辨为仰身直肢。

东侧墓主为60多岁的女性，西侧墓主为40—44岁的男性。

4. 随葬器物

随葬器物共7件/组。包括瓷罐1件、瓷盏1件、铜纽扣1组6枚、铜铃铛1件、符瓦2件、铜钱1组5枚。两具人骨北侧各有1件符瓦，两具人骨之间有1件瓷罐和1件瓷盏，瓷盏置于瓷罐之内，东侧墓主胸腹部有1组铜纽扣、1件铜铃铛和1组铜钱。

（1）瓷器

瓷罐，1件。标本ⅤM7：3，双耳残，直口，圆唇，弧腹，圈足。灰胎，外壁施酱釉至下腹部，内施满釉，口部无釉，内部有褐色漩涡凸纹。口径8、腹径10.6、底径6.7、高7.15厘米（图一二六，1；图版八八，1）。

瓷盏，1件。标本ⅤM7：4，直口，圆唇，折腹，下腹弧收至平底。灰胎，口部、内壁施酱釉。口径5、底径2.7、高2.2厘米（图一二六，12；图版八八，2）。

（2）铜器

铜纽扣，1组6枚。标本ⅤM7：1，形制一致，完整，球状，内部中空，素面，有一环形纽相扣一铜环。通高1.3、扣直径1厘米（图版八七，3）。

铜铃铛，1件。标本ⅤM7：7，由两个半圆组成，一端有两小孔，一端有一小孔，摇动有声音。直径1.5厘米（图一二六，4；图版八八，3）。

铜钱，1组5枚。标本ⅤM7：2，1枚乾隆通宝（ⅤM7：2-1），方穿，有内外廓，外廓较厚，正面楷书"乾隆通宝"，直读，背书满文"宝源"，直径2.5、孔径0.6厘米（图一二六，9；图版八七，4）。2枚雍正通宝（ⅤM7：2-2），方穿，有内外廓，外廓较厚，正面楷书"雍正通宝"，直读，背书满文"宝泉"，直径2.6、孔径0.63厘米（图一二六，10；图版八七，4）。2枚康熙通宝（ⅤM7：2-3），方穿，有内外廓，外廓较厚，正面楷书"康熙通宝"，直读，背书满文"宝泉"，直径2.5、孔径0.7厘米（图一二六，8；图版八七，4）。

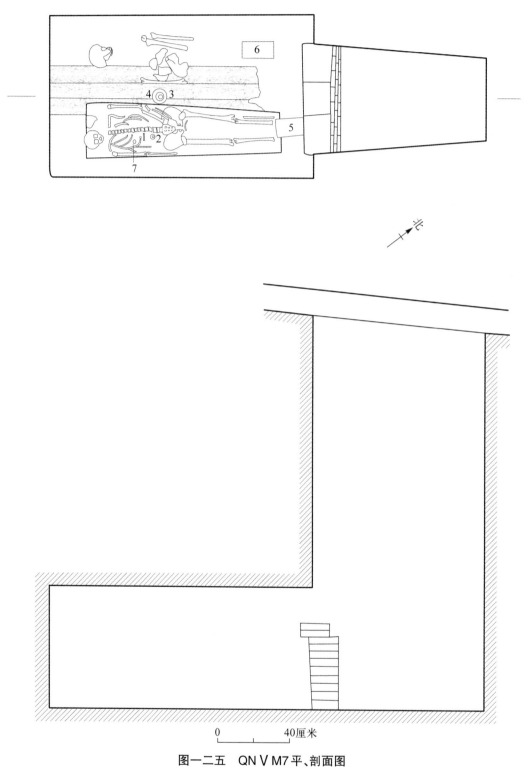

图一二五　QN Ⅴ M7 平、剖面图

1. 铜纽扣　2. 铜钱　3. 瓷罐　4. 瓷盏　5、6. 符瓦　7. 铜铃铛

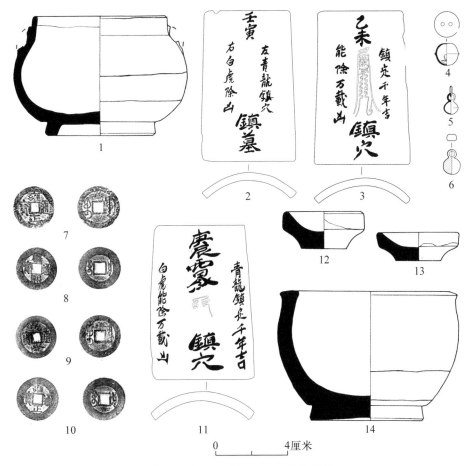

图一二六　QN Ⅴ M7、M8出土器物

1. 瓷罐（Ⅴ M7：3）　2、3、11. 符瓦（Ⅴ M8：5、M7：5、M7：6）　4. 铜铃铛（Ⅴ M7：7）　5、6. 铜纽扣（Ⅴ M7：1、M8：4）
7～10. 铜钱（Ⅴ M8：3、M7：2-3、M7：2-1、M7：2-2）　12. 瓷盏（Ⅴ M7：4）　13. 瓷盏（Ⅴ M8：2）

（3）符瓦

符瓦，2件。

标本Ⅴ M7：5，完整，泥质灰陶，板瓦，横截面呈弧形，长26、上宽14.4、下宽16.5、厚4厘米。正面上部墨书"乙未"，正中朱砂绘符，符箓两侧墨书"镇定千年吉，能除万载凶"，下部墨书"镇穴"（图一二六，3；图版八八，4）。

标本Ⅴ M7：6，残，泥质灰陶，板瓦，横截面呈弧形，长25.8、上宽15、下宽16.8、厚4.5厘米。正面上部墨书"庚辰两界"，正中朱砂绘符，符箓两侧墨书"青龙镇定千年吉，白虎能除万载凶"，下部墨书"镇穴"（图一二六，11）。

八、Ⅴ M8

1. 墓葬位置

位于Ⅴ区西部，北邻Ⅴ M9和Ⅴ M2，东邻Ⅴ M11，南邻Ⅴ M7，方向为27°。

2. 墓葬形制与结构

竖井墓道土洞墓,由墓道、墓室两部分组成(图一二七;图版八七,2)。

墓道平面呈长方形,上口长2、宽0.6—0.76、深0.2米,墓道底长2、宽0.6—0.76米,距现地表

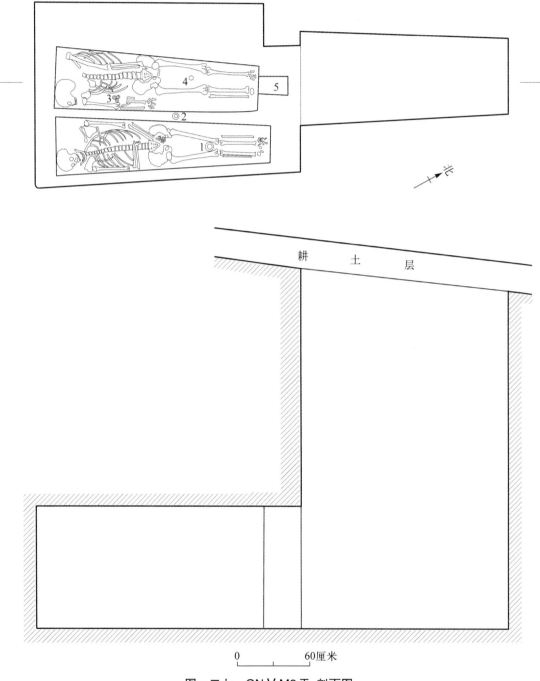

图一二七　QNⅤM8平、剖面图

1.瓷钵　2.瓷盏　3.铜钱　4.骨纽扣　5.符瓦

2.9—3.12米。墓室为土洞,位于墓道西南,平面呈梯形,四壁平整,拱形顶,墓底平坦。墓底长1.9、宽1.36—1.44、高0.96米,距现地表3.12米。

3. 葬具、葬式

发现木棺两具,已朽,置于墓室正中,平面呈长方形,西北棺长1.7、宽0.36—0.5米,东南棺长1.8、宽0.3—0.46米。

发现人骨两具,保存情况较好,两侧棺头骨均向西南,面向东,仰身直肢。

东侧墓主为45—50岁的女性,西侧墓主为40—44岁的男性。

4. 随葬器物

随葬器物共5件/组。包括瓷钵1件、瓷盏1件、骨纽扣1枚、符瓦1件、铜钱1组2枚。东侧人骨两腿之间有1件瓷钵,两具人骨之间有1件瓷盏,西侧人骨胸腹部有1组铜钱,两腿之间有1件骨纽扣,足部有1件符瓦。

(1)瓷器

瓷钵,1件。标本ⅤM8：1,完整,微敛口,平沿,方唇,弧腹,假圈足。灰胎,上腹部有四周凸弦纹,口部施有化妆土,外壁施褐釉至下底部,口部、内壁无釉。口径10.7、腹径11.3、底径7、高7.7厘米(图版八八,5)。

瓷盏,1件。标本ⅤM8：2,直口,圆唇,折腹,下腹弧收,平底。灰胎,口部、内壁施黑釉。口径5.2、底径2.9、高1.7厘米(图一二六,13;图版八八,6)。

(2)骨器

骨纽扣,1枚。标本ⅤM8：4,完整,骨制,扣体呈实球状,扣体上铸有一环形纽。通高1.3、扣直径1厘米(图版八八,8)。

(3)符瓦

符瓦,1件。标本ⅤM8：5,残,泥质灰陶,板瓦,横截面呈弧形,长23.8、上宽14、下宽15、厚3.8厘米。正面上部墨书"壬寅",正中朱砂绘符,符箓两侧墨书"左青龙镇穴,右白虎除凶",下部墨书"镇墓"(图一二六,2)。

(4)铜钱

铜钱,1组2枚。标本ⅤM8：3,1枚雍正通宝(ⅤM8：3),方穿,有内外廓,外廓较厚,正面楷书"雍正通宝",直读,背书满文"宝泉",直径2.5、孔径0.63厘米(图一二六,7;图版八八,7)。1枚乾隆通宝,方穿,有内外廓,外廓较厚,正面楷书"乾隆通宝",直读,背书满文锈蚀不清,直径2.6、孔径0.6厘米。

九、ⅤM9

1. 墓葬位置

位于Ⅴ区西部,东北邻ⅤM14,东邻ⅤM3,南邻ⅤM8,方向为27°。

2. 墓葬形制与结构

竖井墓道土洞墓,由墓道、甬道、墓室三部分组成(图一二八;图版八九,1)。

墓道平面呈梯形,上口长1.4、宽0.48—0.72、深0.2米,墓道底长1.4、宽0.48—0.72米,距现地表1.6—1.88米。有一宽0.16、高0.1、深0.1米的椭圆形脚窝。甬道长0.2、宽0.44、高0.8米。墓室为土洞,位于墓道西南,平面呈长方形,四壁平整,拱形顶,墓底平坦。墓底长1.36、宽0.88、高0.7—0.82米,距现地表2.08米。

3. 葬具、葬式

无葬具。

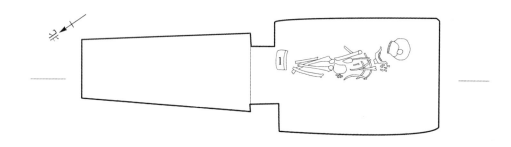

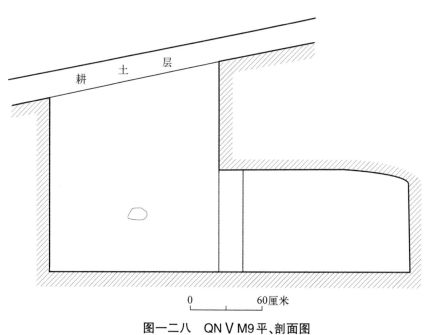

图一二八　QN Ⅴ M9平、剖面图

1.符瓦

发现人骨一具,保存情况一般,头向西南,骨架叠压放置,为二次葬。

墓主性别不详,年龄为成年。

4. 随葬器物

随葬器物为1件。为符瓦,位于墓主足部。

符瓦,1件。标本ⅤM9:1,完整,泥质灰陶,板瓦,横截面呈弧形,长24.5、上宽14.6、下宽17.5、厚5厘米。正面上部墨书"乙卯",正中朱砂绘符,符箓两侧墨书被遮盖,推测为"左青龙镇穴,右白虎除凶",下部墨书"镇穴"(图一二九,1;图版八九,3)。

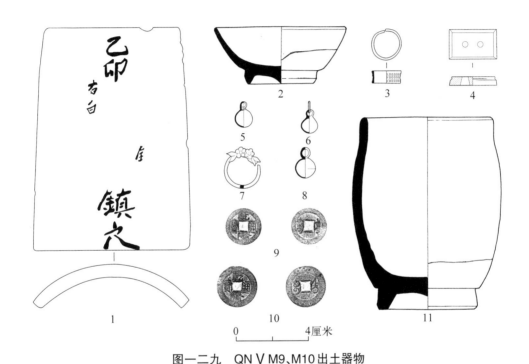

图一二九　QNⅤM9、M10出土器物

1. 符瓦(ⅤM9:1)　2. 瓷盏(ⅤM10:7)　3. 铜顶针(ⅤM10:4)　4. 玉饰件(ⅤM10:5)　5、6、8. 铜纽扣(ⅤM10:8,2-1,2-2)
7. 铜耳环(ⅤM10:1)　9、10. 铜钱(ⅤM10:2-1,2-2)　11. 瓷罐(ⅤM10:6)

一〇、ⅤM10

1. 墓葬位置

北邻ⅤM12,西邻ⅤM3,南邻M4,方向为50°。

2. 墓葬形制与结构

竖井墓道土洞墓,由墓道、墓室两部分组成(图一三〇;图版八九,2)。

墓道平面呈梯形,上口长1.92、宽0.5—1.06、深0.2米,墓道底长1.92、宽0.5—1.06米,距现地表2.6—2.8米。有三个长0.2、宽0.16米的圆角三角形脚窝。墓室为土洞,位于墓道西南,平面呈

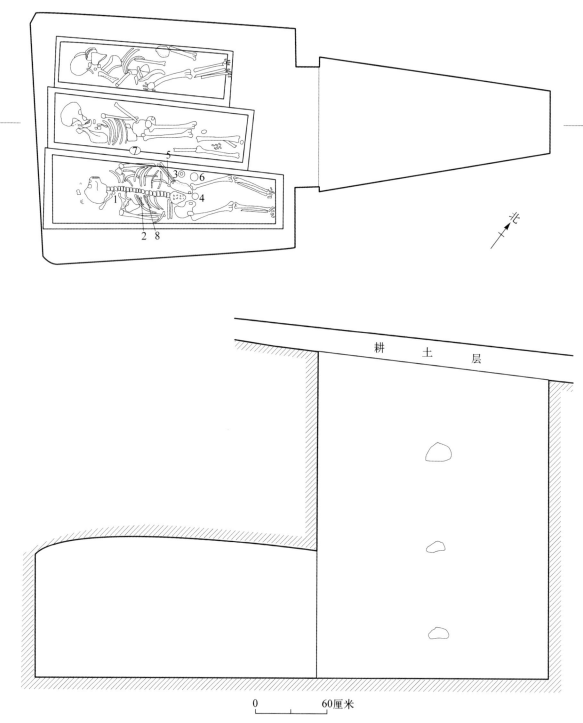

图一三〇　QNⅤM10平、剖面图

1.铜耳环　2.铜纽扣　3.铜钱　4.铜顶针　5.玉饰件　6.瓷罐　7.瓷盏　8.玉纽扣

梯形,四壁平整,拱形顶,墓底平坦。墓底长2.36、宽1.76—2、高1.1米,距现地表2.9米。

3. 葬具、葬式

发现木棺三具,已朽,置于墓室正中,平面呈长方形,西北侧棺长1.5、宽0.4米,中间棺长1.72、宽0.5米,东南侧棺长2、宽0.42—0.64米。

发现人骨三具,东南侧棺人骨架保存情况较好,头向为西南,仰身直肢;中间和西北侧棺人骨散乱堆叠,为二次葬,头向西南,仰身直肢。

东侧墓主为60多岁的女性,中间墓主为29—30岁的女性,西侧墓主为35—39岁的男性。

4. 随葬器物

随葬器物共8件/组。瓷罐1件、瓷盏1件、铜耳环1组2件、铜纽扣1组10枚、铜顶针1件、玉饰件1件、玉纽扣1组3枚、铜钱1组4枚。东侧棺内墓主胸腹部有1组铜耳环、1组铜纽扣、1组玉纽扣、1件玉饰件,两腿之间有1件铜顶针,盆骨西侧有1组铜钱和1件瓷罐,棺外西侧有1件瓷盏。

（1）瓷器

瓷罐,1件。标本ⅤM10:6,直口,圆唇,深直腹,圈足。灰胎,外壁施黑釉至下腹部,内施满釉,外壁有褐斑点,产生窑变,釉面光亮。口径8.2、腹径9.3、底径6.15、高11.6厘米(图一二九,11)。

瓷盏,1件。标本ⅤM10:7,侈口,圆唇,腹部弧收,圈足,外底心微凸。灰胎,外壁施白釉至下腹部,内壁施满白釉。口径8、底径3.9、高3.3厘米(图一二九,2;图版九〇,5)。

（2）铜器

铜耳环,1组2件。标本ⅤM10:1,一件圆环未闭合,呈龙吞尾状;另一件圆环为铜质,龙吞尾为银质。直径分别为1.6、1.7厘米(图一二九,7;图版八九,4)。

铜纽扣,1组10枚。标本ⅤM10:2,形制一致,大小不一,完整,扣体呈球状,内部中空,素面,扣体上铸有一环形纽并相扣一铜环。大的通高1.7、扣直径1.1厘米;小的通高1.7、扣直径0.8厘米(图一二九,6、8;图版九〇,1)。

铜顶针,1件。标本ⅤM10:4,圆环,未闭合,中间饰两周弦纹,外壁铸数个小圆形窝点。环体直径1.8、宽0.7厘米(图一二九,3;图版九〇,3)。

铜钱,1组4枚。标本ⅤM10:3,均为乾隆通宝,方穿,有内外廓,外廓较厚,正面楷书"乾隆通宝",直读,背书满文"宝直"和"宝泉",直径2.4、孔径0.6厘米(图版九〇,2)。

（3）玉器

玉饰件,1件。标本ⅤM10:5。通体白色,平面呈长方形,断面呈梯形,表面有两圆形穿孔,器表磨光。长3.5、宽2、厚0.5厘米(图一二九,4;图版九〇,4)。

玉纽扣,1组3枚。标本ⅤM10:8,形制一致,完整,似球状,素面,有一铜质环形纽。通高1.3、扣直径1.1厘米(图版九〇,6)。

一一、ⅤM11

1. 墓葬位置

位于Ⅴ区中部,北邻ⅤM2和ⅤM12,南邻ⅤM6,东邻ⅤM8,西邻ⅤM10,方向为43°。

2. 墓葬形制与结构

竖井墓道土洞墓,由墓道、甬道、墓室三部分组成(图一三一;图版九〇,7)。

墓道平面呈梯形,上口长1.7、宽0.52—1.12、深0.2米,墓道底长1.7、宽0.52—1.12米,距现地表2.9—3.08米。有三个宽0.2、高0.1、深0.1米的脚窝。墓室为土洞,位于墓道西南,平面呈梯形,四壁平整,拱形顶,墓底平坦。墓底长2.14、宽1.16—1.38、高0.9—1.06米,距现地表3.14米。

3. 葬具、葬式

发现木棺两具,已朽,置于墓室正中,平面呈长方形,西北棺长1.9、宽0.5米,东南棺长1.34、宽0.4米。

发现人骨两具,西北侧棺人骨头向西南,仰身直肢;东南侧棺人骨骨架叠压放置,为二次葬。

4. 随葬器物

随葬器物共9件/组。包括瓷钵1件、瓷盏1件、铜簪1件、铜耳环1组2件、铜戒指1组2件、符瓦2件、符砖1件、铜钱1组4枚。西侧棺内墓主腹部西侧有1件瓷钵和1件瓷盏,东侧棺内墓主头顶有1件银簪,头骨旁有1组铜耳环,左臂处有1组铜戒指,人骨东侧有1组铜钱,墓室南壁两棺之间立有1件符砖,两棺北侧各有1件符瓦。

(1)瓷器

瓷钵,1件。标本ⅤM11:1,完整,微敛口,平沿,方唇,弧腹,假圈足。灰胎,口部、外壁施釉至下底部,釉面光亮,有窑变现象,内壁无釉。口径9.2、腹径9.4、底径5.9、高6.9厘米(图一三二,4;图版九一,1)。

瓷盏,1件。标本ⅤM11:2,侈口,圆唇,腹部弧收至平底。灰胎,口部、内壁施褐釉。口径5.3、底径3.2、高1.7厘米(图一三二,8;图版九一,2)。

(2)铜、银器

银簪,1件。标本ⅤM11:3,簪首向下弯曲,左右折叠成三层,簪体扁平呈细长条状,簪尾较尖,素面。通长15、宽0.4—0.7厘米(图一三二,12;图版九一,3)。

铜耳环,1组2件。标本ⅤM11:4,圆环未闭合,下扣一蓝色玉质耳环,直径1.4厘米,蓝色玉质环1.1厘米(图一三二,7;图版九一,4)。

铜戒指,1组2件。标本ⅤM11:6,圆环未闭合,素面。一件直径1.4厘米,另一件直径1.3厘米(图一三二,5、6;图版九一,6)。

铜钱,1组4枚。标本ⅤM11:5,2枚乾隆通宝,方穿,有内外廓,外廓较厚,正面楷书"乾隆通

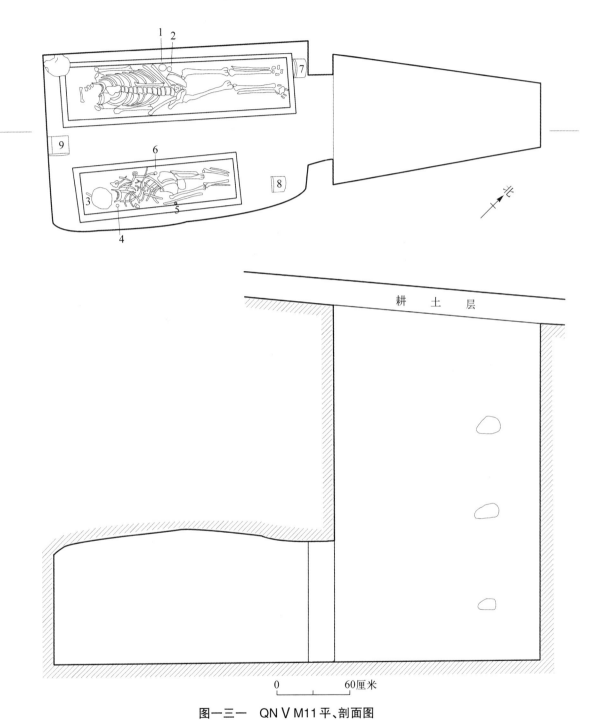

图一三一　QNⅤM11平、剖面图

1.瓷钵　2.瓷盏　3.银簪　4.铜耳环　5.铜钱　6.铜戒指　7、8.符瓦　9.符砖

宝"，直读，背书满文"宝泉"（ⅤM11∶5-1）（图一三二，9；图版九一，5）和"宝源"（ⅤM11∶5-2）（图一三二，11；图版九一，5），直径2.2、孔径0.6厘米。1枚道光通宝（ⅤM11∶5-3）（图一三二，10；图版九一，5），方穿，有内外廓，外廓较厚，正面楷书"道光通宝"，直读，背书满文"宝泉"，直径2.4、孔径0.6厘米。1枚锈蚀不清，钱文无法辨识，直径2.6、孔径0.6厘米。

（3）符瓦、符砖

符瓦，2件。

标本ⅤM11∶7，完整，泥质灰陶，板瓦，横截面呈弧形，长25、上宽15.5、下宽14.5、厚4厘米。正面上部墨书"乙巳日"，两侧墨书"左青龙镇穴，右白虎除凶"，下部墨书"止凶"（图一三二，1；图版九一，7）。

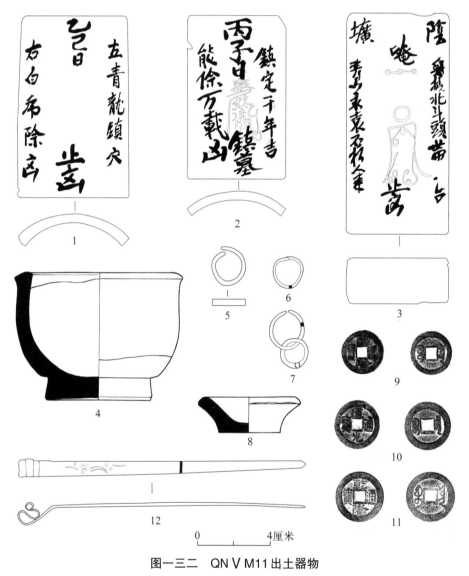

图一三二　QNⅤM11出土器物

1、2. 符瓦（ⅤM11∶7、8）　3. 符砖（ⅤM11∶9）　4. 瓷钵（ⅤM11∶1）　5、6. 铜戒指（ⅤM11∶6-1、6-2）　7. 铜耳环（ⅤM11∶4）　8. 瓷盏（ⅤM11∶2）　9～11. 铜钱（ⅤM11∶5-1、5-3、5-2）　12. 银簪（ⅤM11∶3）

标本ⅤM11∶8,残,泥质灰陶,板瓦,横截面呈弧形,长21.2、上宽13.8、下宽13.8、厚4厘米。正面上部墨书"丙子日",正中朱砂绘符,符箓两侧墨书"镇定千年吉,能除万载凶",下部墨书"镇墓"(图一三二,2;图版九一,8)。

符砖,1件。标本ⅤM11∶9,完整,泥质灰陶,横截面呈长方形,长28.5、宽14、厚6厘米。正面上部墨书"阴圹""唵",正中朱砂绘符,符箓两侧墨书推测为"身披北斗头带三台,寿山永远石朽人来",下部墨书"止凶"(图一三二,3)。

一二、ⅤM12

1. 墓葬位置

位于Ⅴ区中部,东邻ⅤM1,北邻ⅤM13,西邻ⅤM11,南邻ⅤM10,方向为52°。

2. 墓葬形制与结构

竖井墓道土洞墓,由墓道、墓室两部分组成(图一三三;图版九二,1)。

墓道平面呈梯形,上口长1.7、宽0.66—1.06、深0.26米,墓道底长1.7、宽0.66—1.06米,距现地表2.18—2.5米。有三个宽0.14、高0.14、深0.1米的圆形脚窝。墓室为土洞,位于墓道西南,平面呈梯形,四壁平整,拱形顶,墓底平坦。墓底长2.5、宽1.34—1.44、高0.9—1.2米,距现地表2.78米。

3. 葬具、葬式

发现木棺两具,已朽,置于墓室正中,平面呈长方形,西北侧棺长1.7、宽0.42—0.5米,东南侧棺长2.02、宽0.42—0.56米。

发现人骨两具,保存情况较好,均头向西南,仰身直肢,东侧人骨头骨移位。

东侧墓主为60多岁的女性,西侧墓主为31—34岁的男性。

4. 随葬器物

随葬器物共10件/组。有瓷盏1件、瓷罐1件、铜簪1组2件、银耳环1件、铜戒指1件、铜纽扣1组8枚、符瓦2件、符砖1件、铜钱1组11枚。西北侧棺内人骨西侧有1组铜钱,腿部有1件符瓦,两腿之间有1件瓷罐,东南侧棺内人骨头骨处有1件银耳环,胸部有1组铜纽扣,腹部有1件铜戒指,腿骨东南侧有1件瓷盏,棺外东北侧墓壁处立有1件符瓦,两棺之间的墓室西南壁立有1件符砖。

（1）瓷器

瓷盏,1件。标本ⅤM12∶3,侈口,圆唇,斜直腹,圈足,外底心微凸。灰胎,外壁施白釉至下腹部,内壁施满白釉。口径4、底径2.4、高1.5厘米(图一三四,6;图版九二,4)。

瓷罐,1件。标本ⅤM12∶6,一耳残,一桥形耳完好,直口,圆唇,鼓腹,圈足,外底心微凸。灰胎,外壁施褐釉至下腹部,内施满釉,内部有褐色漩涡凸纹。口径7.65、腹径10.5、底径6.3、高6.15厘米(图版九二,7)。

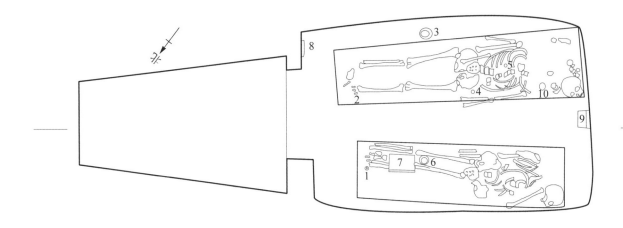

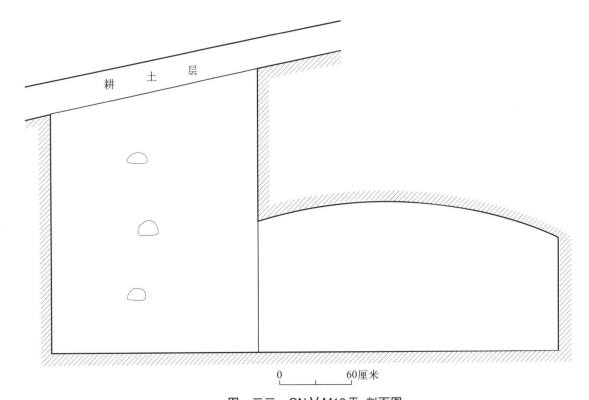

图一三三　QN Ⅴ M12平、剖面图

1.铜钱　2.铜簪　3.瓷盏　4.铜戒指　5.铜纽扣　6.瓷罐　7、8.符瓦　9.符砖　10.银耳环

（2）铜、银器

铜簪，1组2件。标本ⅤM12：2，残断，铜簪花呈坐佛状，佛座为莲花。簪子长6.5、簪花长4.5、宽3.1厘米（图一三四，3；图版九二，3）。

银耳环，1件。标本ⅤM12：10，圆环未闭合，为蛇吞尾状。直径2.7厘米（图一三四，8）。

铜戒指，1件。标本ⅤM12：4，圆环未闭合，戒指边缘饰两条凸弦纹，中间雕刻花草纹饰。直径1.8、宽1.4厘米（图一三四，4；图版九二，5）。

铜纽扣，1组8枚。标本ⅤM12：5，形制一致，完整，扣体呈球状，内部中空，素面，扣体上铸有一环形纽。通高1.4、扣直径1.1厘米（图一三四，7；图版九二，6）。

铜钱，1组11枚。标本ⅤM12：1，3枚道光通宝（ⅤM12：1-1），方穿，有内外廓，外廓较厚，正面楷书"道光通宝"，直读，背书满文"宝源"，直径2.65、孔径0.7厘米（图一三四，12；图版九二，2）。5枚嘉庆通宝（ⅤM12：1-2），方穿，有内外廓，外廓较厚，正面楷书"嘉庆通宝"，直读，背书满文"宝泉"，直径2.3、孔径0.6厘米（图一三四，10；图版九二，2）。2枚乾隆通宝，方穿，有内外廓，外廓较厚，正面楷书"乾隆通宝"，直读，背书满文"宝川"（ⅤM12：1-3）（图一三四，11；图版九二，2）和"宝泉"（ⅤM12：1-4）（图一三四，9；图版九二，2），直径2.4、孔径0.65厘米。1枚残破严重，钱文无法辨识。

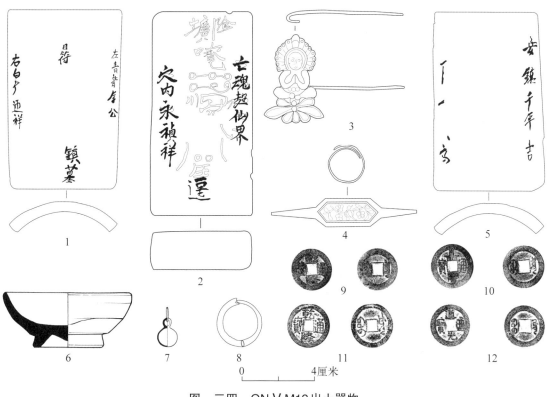

图一三四　QNⅤM12出土器物

1、5.符瓦（ⅤM12：7、8）　2.符砖（ⅤM12：9）　3.铜簪（ⅤM12：2）　4.铜戒指（ⅤM12：4）　6.瓷盏（ⅤM12：3）
7.铜纽扣（ⅤM12：5）　8.银耳环（ⅤM12：10）　9～12.铜钱（ⅤM12：1-4、1-2、1-3、1-1）

（3）符瓦、符砖

符瓦，2件。

标本ⅤM12：7，完整，泥质灰陶，板瓦，横截面呈弧形，长23.8、上宽15.9、下宽14.5、厚4厘米。正面上部墨书"□□日符"，正中朱砂绘符，符箓两侧墨书"左青龙镇穴，右白虎迎祥"，下部墨书"镇墓"（图一三四，1）。

标本ⅤM12：8，残，泥质灰陶，板瓦，横截面呈弧形，长22.2、上宽13、下宽14.6、厚3.9厘米。正面上部墨书字迹不清，正中朱砂符箓已不清，符箓两侧墨书仅大致辨认出"安镇千年吉"，下部墨书字迹不清（图一三四，5）。

符砖，1件。标本ⅤM12：9，完整，泥质灰陶，长方形，长26.5、宽13.2、厚5厘米。正中朱砂绘符，符箓两侧墨书"亡魂超仙界，穴内永祯祥"，下部墨书字迹不清（图一三四，2）。

一三、ⅤM13

1. 墓葬位置

位于Ⅴ区北部，西邻ⅤM14，南邻ⅤM12，方向为55°。

2. 墓葬形制与结构

竖井墓道土洞墓，由墓道、墓室和甬道三部分组成（图一三五；图版九三，1）。

墓道平面呈梯形，上口长1.7、宽0.5—0.8、深0.22米，墓道底长1.7、宽0.5—0.8米，距现地表1.88—2.32米。有三个宽0.14、高0.1、深0.1米的圆形脚窝。墓室为土洞，位于墓道西南，平面呈梯形，四壁平整，拱形顶，墓底平坦。墓底长1.82、宽1、高0.94米，距现地表2.58米。

3. 葬具、葬式

无葬具。

发现人骨一具，保存情况一般，头向西南，仰身直肢，肋骨堆叠。

墓主为40—44岁的男性。

4. 随葬器物

随葬器物共5件/组。有瓷罐1件、瓷盏1件、符瓦1件、符砖1件、铜钱1组2枚。墓主两腿之间有1件瓷罐和1件瓷盏，足部有1组铜钱和1件符瓦，墓室南壁立有1件符砖。

（1）瓷器

瓷罐，1件。标本ⅤM13：1，直口，圆唇，深直腹，圈足，外底心微凸。灰胎，外壁施黑釉至下腹部，口部、内壁无釉，釉面光亮，外壁施数周瓦棱纹。口径18.2、腹径12.5、底径8.5、高18.2厘米（图一三六，4；图版九三，2）。

瓷盏，1件。标本ⅤM13：2，侈口，圆唇，腹部弧收至平底。灰胎，口部、内壁施黑釉。口径4、底径2.4、高1.5厘米（图一三六，2；图版九三，4）。

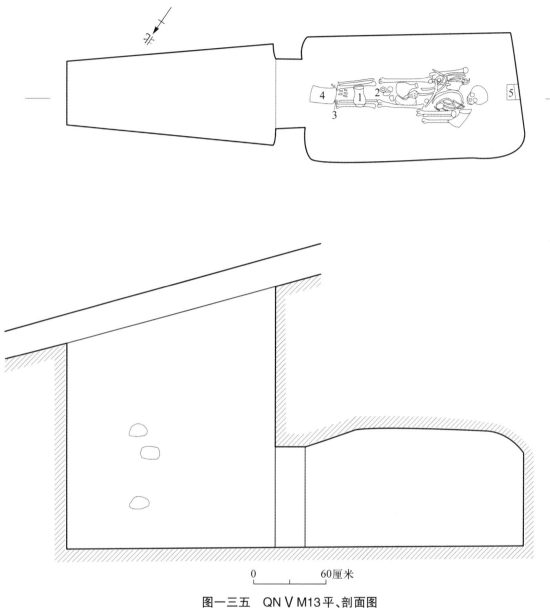

图一三五　QNⅤM13平、剖面图

1.瓷罐　2.瓷盏　3.铜钱　4.符瓦　5.符砖

（2）符瓦、符砖

符瓦，1件。标本ⅤM13∶4，完整，泥质灰陶，板瓦，横截面呈弧形，长23.5、上宽14.4、下宽15、厚4厘米。正面上部墨书"唵"，正中朱砂绘符，符篆两侧墨书"青龙镇穴、白虎朝迎"，下部墨书字迹不清（图一三六，1；图版九三，3）。

符砖，1件。标本ⅤM13∶5，完整，泥质灰陶，长方形，长25.7、宽12.5、厚5厘米。正面上部墨书"阴圹""唵"，正中朱砂绘符，符篆两侧墨书推测为"安镇千年吉、能除万载凶"，下部墨书"镇墓"（图一三六，3）。

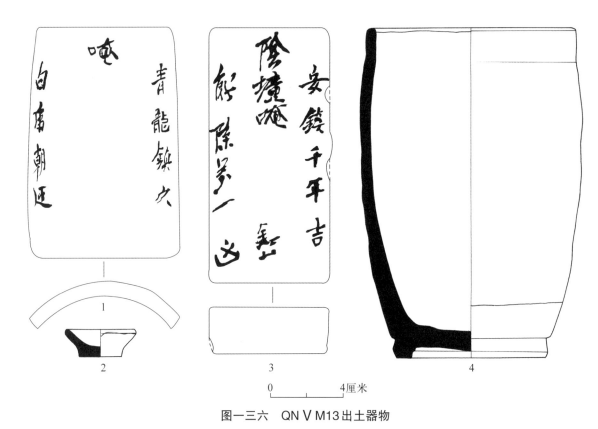

图一三六　QN Ⅴ M13出土器物

1. 符瓦（Ⅴ M13∶4）　2. 瓷盏（Ⅴ M13∶2）　3. 符砖（Ⅴ M13∶5）　4. 瓷罐（Ⅴ M13∶1）

（3）铜钱

铜钱，1组2枚。标本Ⅴ M13∶3，1枚康熙通宝，方穿，有内外廓，外廓较厚，正面楷书"康熙通宝"，直读，背书满文锈蚀不清，直径2.3、孔径0.6厘米。1枚乾隆通宝，方穿，有内外廓，外廓较厚，正面楷书"乾隆通宝"，直读，背书满文锈蚀不清，直径2.5、孔径0.6厘米（图版九三,5）。

一四、Ⅴ M14

1. 墓葬位置

位于Ⅴ区西北，东邻Ⅴ M13，南邻Ⅴ M3，北邻Ⅴ M15，方向为42°。

2. 墓葬形制与结构

竖井墓道土洞墓，由墓道、甬道、墓室三部分组成（图一三七；图版九四,1）。

墓道平面呈梯形，上口长1.9、宽0.6—1、深0.2米，墓道底长1.9、宽0.6—1米，距现地表2.6—2.72米。有三个长0.2、宽0.1米的圆角三角形脚窝。甬道长0.24、宽0.7、高1米。墓室为土洞，位于墓道西南，平面近梯形，四壁平整，拱形顶，墓底平坦。墓底长2.52、宽1.16—1.76、高1.3米，距现地表2.82米。

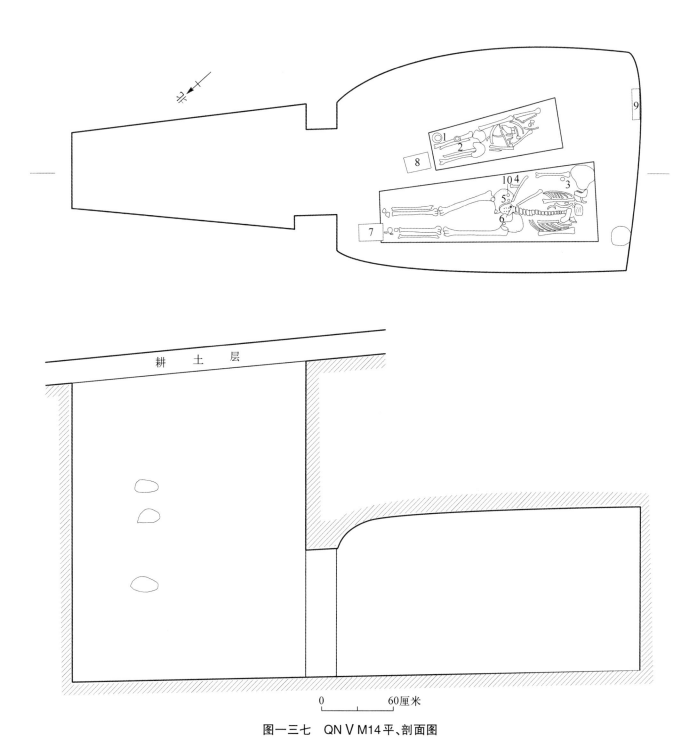

0 60厘米

图一三七　QN Ⅴ M14平、剖面图

1. 瓷罐　2. 瓷盏　3. 铜帽顶　4. 铜烟袋　5. 铜纽扣　6. 铜钱　7、8. 符瓦　9. 符砖　10. 玉纽扣

3. 葬具、葬式

发现木棺两具,已朽,置于墓室中部,平面呈长方形,西北侧棺长1.82、宽0.4—0.64米,东南侧棺长1.06、宽0.3—0.4米。

发现人骨两具,西北侧棺人骨架保存情况较好,人骨头向西南,仰身直肢;东南侧棺人骨架较散乱,骨架叠压放置,为二次葬。

东侧墓主为50—60岁的女性,西侧墓主为50—60岁的男性。

4. 随葬器物

随葬器物共10件/组。包括瓷罐1件、瓷盏1件、铜帽顶1组3件、铜纽扣1枚、铜烟袋1组、玉纽扣1枚、符瓦2件、符砖1件、铜钱1组4枚。东南侧棺内人骨腿部有1件瓷罐和1件瓷盏,棺外北侧有1件符瓦,西北侧棺内人骨头骨边有1组铜帽顶,左臂处有1件铜烟袋,胸腹部有1组铜纽扣、1枚玉纽扣,盆骨处有1组铜钱,棺外北侧有1件符瓦,另外在墓室南壁侧立有1件符砖。

(1)瓷器

瓷罐,1件。标本ⅤM14:1,完整,直口,圆唇,深腹,小附耳,假圈足。表面釉色脱落,胎色呈红褐色,内部施黑釉,腹部有数道环状凸纹。口径8.4、腹径11.3、底径5.8、高13.7厘米(图一三八,8)。

瓷盏,1件。标本ⅤM14:2,残,侈口,圆唇,斜直腹,圈足。通体施白釉,足部无釉,内外施釉,底部有尾突,敷有化妆土。口径8、底径4、高3厘米(图一三八,3;图版九四,2)。

(2)铜器

铜帽顶,1组3件。标本ⅤM14:3,由帽顶垫片和连接轴组成。垫片略呈伞形,一大一小,素面,连接轴断为三部分,有螺纹。垫片直径2、底座直径2.9、连接轴通高2.1厘米(图一三八,9;图版九四,3)。

铜纽扣,1枚。标本ⅤM14:5,锈残,扣体呈球状,中空,素面,扣体上铸有一环形纽并相扣一铜环。通高1.9、扣直径1厘米(图一三八,5;图版九四,5)。

铜烟袋,1组。标本ⅤM14:4,残断,由铜质烟嘴、铜质烟锅和木柄组成。烟锅木柄已朽,在烟嘴和烟锅连接口有所残留。烟嘴长9.5厘米,烟锅长9.7厘米(图一三八,7;图版九四,4)。

铜钱,1组4枚。标本ⅤM14:6,2枚乾隆通宝,方穿,有内外廓,外廓较厚,正面楷书"乾隆通宝",直读,背书满文"宝源"和"宝泉",直径2、孔径0.65厘米(图一三八,4;图版九四,6)。2枚锈蚀不清,无法辨识,直径2.4、孔径0.6厘米。

(3)符瓦、符砖

符瓦,2件。

标本ⅤM14:7,残,泥质灰陶,板瓦,横截面呈弧形,长24.2、上宽14.2、下宽16.3、厚4.8厘米。正面上部墨书"唵符",正中朱砂绘符,符箓两侧墨书推测为"镇定千年吉,能除万载凶",下部墨书"镇穴"(图一三八,1)。

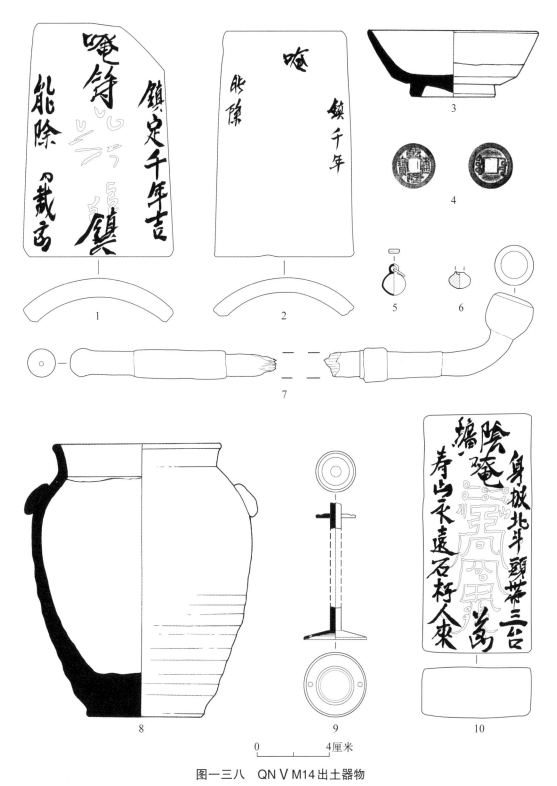

图一三八　QN Ⅴ M14 出土器物

1、2. 符瓦（Ⅴ M14：7、8）　3. 瓷盏（Ⅴ M14：2）　4. 铜钱（Ⅴ M14：6）　5. 铜纽扣（Ⅴ M14：5）　6. 玉纽扣（Ⅴ M14：10）
7. 铜烟袋（Ⅴ M14：4）　8. 瓷罐（Ⅴ M14：1）　9. 铜帽顶（Ⅴ M14：3）　10. 符砖（Ⅴ M14：9）

标本ⅤM14∶8，完整，泥质灰陶，板瓦，横截面呈弧形，长24、上宽13.8、下宽15.8、厚4.2厘米。正面上部墨书"唵"，正中朱砂符箓已不清，符箓两侧墨书推测为"镇定千年吉，能除万载凶"（图一三八，2）。

符砖，1件。标本ⅤM14∶9，完整，泥质灰陶，长方形，长24.8、宽11.8、厚5厘米。正面上部墨书"阴圹""唵"，正中朱砂绘符，符箓两侧墨书"身披北斗头带三台，寿山永远石朽人来"，下部墨书"止凶"（图一三八，10）。

（4）玉器

玉纽扣，1枚。标本ⅤM14∶10，白色，扣体呈实心球状。直径1厘米（图一三八，6；图版九四，7）。

一五、ⅤM15

1. 墓葬位置

位于Ⅴ区北部，南邻ⅤM14，方向为34°。

2. 墓葬形制与结构

竖井墓道土洞墓，由墓道、甬道、墓室三部分组成（图一三九；图版九五，1）。

墓道平面呈梯形，上口长1.8、宽0.7、深0.2米，墓道底长1.2、宽0.7米，距现地表2.1米。墓室为土洞，位于墓道西南，平面呈长方形，四壁平整，拱形顶，墓底平坦。墓底长2.5、宽1.4—1.8、高1.1米，距现地表2.1—2.24米。

3. 葬具、葬式

发现木棺两具，已朽，置于墓室正中，平面呈长方形，西北棺长1.6、宽0.48—0.6米，东南棺长1.6、宽0.4—0.5米。

发现人骨架两具，保存情况一般，两侧棺均头向西南，仰身直肢。

东侧墓主为31—34岁的女性，西侧墓主为40—44岁的男性。

4. 随葬器物

随葬器物共14件/组。包括瓷罐2件、瓷盏1件、铜帽顶1件、铜烟袋1组2件、铜纽扣1枚、铜簪1组2件、铜顶针1件、银耳环1件、玉纽扣1枚、符瓦2件、符砖1件、铜钱1组7枚。西侧棺内墓主头顶有1组铜帽顶，左臂处有1件铜烟袋，胸腹部有1枚铜纽扣、1枚玉纽扣和1组铜钱，两腿之间有1件瓷罐，棺外北侧有1件符瓦，东侧棺内墓主头骨处有1组铜簪和1件瓷盏，胸部有1件银耳环，右手处有1件铜顶针，墓室南壁边有1件符砖，北壁东侧立有1件符瓦，墓道内有1件破碎的瓷罐。

（1）瓷器

瓷盏，1件。标本ⅤM15∶8，敛口，圆唇，腹部弧收至平底。灰胎，口部、内壁施黑釉。口径3.3、腹径3.8、底径2.4、高1.5厘米（图一四○，14；图版九六，2）。

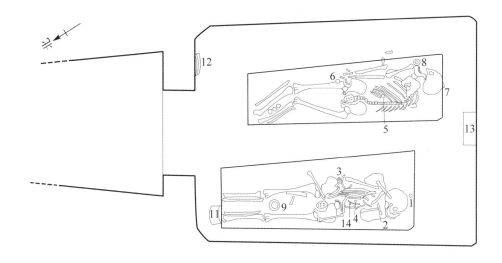

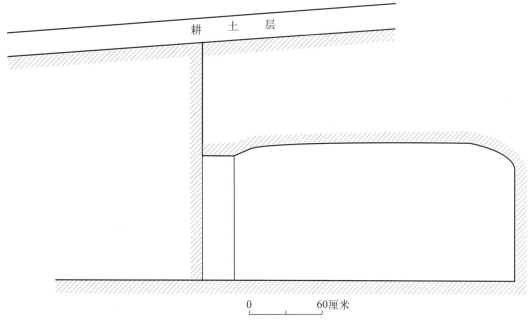

图一三九　QN Ⅴ M15平、剖面图

1. 铜帽顶　2. 铜烟袋　3. 铜钱　4. 铜纽扣　5. 银耳环　6. 铜顶针　7. 铜簪　8. 瓷盏　9、10. 瓷罐　11、12. 符瓦　13. 符砖　14. 玉纽扣

瓷罐，2件。

标本Ⅴ M15∶9，双耳残，直口，圆唇，桥形耳，扁鼓腹，圈足，外底心微凸。灰胎，外壁施酱釉至下腹部，内施满釉，内部有褐色漩涡凸纹。口径8.2、腹径11.4、底径5.7、高6.7厘米（图一四〇，1；图版九六，3）。

标本Ⅴ M15∶10，残损严重，一侧腹部已缺失，直口，圆唇，深弧腹，圈足。灰胎。通体施黑釉,腹部施数周瓦棱纹。口径11.3、腹径12.5、底径8.5、高15.9厘米(图一四〇,16;图版九六,5)。

(2)铜、银器

铜帽顶,1件。标本ⅤM15∶1,只剩连接轴和圆形垫片。连接轴长2.2,底座直径2、垫片外径2.5、内径0.7厘米(图一四〇,8;图版九五,2)。

铜烟袋,1组2件。标本ⅤM15∶2,残断,由铜质烟嘴、铜质烟锅和木柄组成。烟锅分离于木柄,烟锅、烟嘴共两个,一个与木柄结合,一个分离于木柄。烟嘴长10.8、烟袋锅通长10.7厘米(图一四〇,11;图版九五,3)。

铜纽扣,1枚。标本ⅤM15∶4,完整,扣体呈球状,内部中空,素面,扣体上铸有一环形纽相扣一铜环。通高1.5、扣直径1.1厘米(图一四〇,10;图版九五,5)。

银耳环,1件。标本ⅤM15∶5,圆环未闭合,一端弯曲成环。直径2.2厘米(图一四〇,7;图版九五,6)。

铜顶针,1件。标本ⅤM15∶6,圆环未闭合,中部饰两道弦纹,器表有多处小圆形窝点。环体直径1.5、宽0.8厘米(图一四〇,6;图版九五,7)。

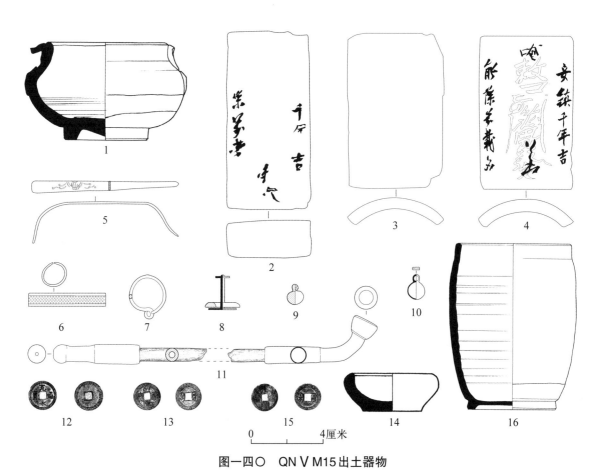

图一四〇　QNⅤM15出土器物

1、16. 瓷罐(ⅤM15∶9、10)　2. 符砖(ⅤM15∶13)　3、4. 符瓦(ⅤM15∶11、12)　5. 铜簪(ⅤM15∶7)　6. 铜顶针(ⅤM15∶6)
7. 银耳环(ⅤM15∶5)　8. 铜帽顶(ⅤM15∶1)　9. 玉纽扣(ⅤM15∶14)　10. 铜纽扣(ⅤM15∶4)　11. 铜烟袋(ⅤM15∶2)
12、13、15. 铜钱(ⅤM15∶3-3、3-1、3-2)　14. 瓷盏(ⅤM15∶8)

铜簪，1组2件。标本ⅤM15：7，残成两段，簪首向上弯曲，簪体扁平呈细长条状、上窄下宽，簪尾较圆钝，素面。通长10、宽0.3—0.7厘米（图一四〇，5；图版九六，1）。

铜钱，1组7枚。标本ⅤM15：3，2枚乾隆通宝（ⅤM15：3-1），方穿，有内外廓，外廓较厚，正面楷书"乾隆通宝"，直读，背书满文"宝源"，直径2.4、孔径0.63厘米（图一四〇，13；图版九五，4）。2枚嘉庆通宝（ⅤM15：3-2），方穿，有内外廓，外廓较厚，正面楷书"嘉庆通宝"，直读，背书满文"宝源"，直径2.25、孔径0.6厘米（图一四〇，15；图版九五，4）。1枚宽永通宝（ⅤM15：3-3），方穿，有内外廓，外廓较厚，正面楷书"宽永通宝"，直读，背面光素，直径2.4、孔径0.65厘米。2枚磨损严重，无法辨识，质地轻薄，直径1.9、孔径0.6厘米（图一四〇，12；图版九五，4）。

（3）符瓦、符砖

符瓦，2件。

标本ⅤM15：11，残，泥质灰陶，板瓦，横截面呈弧形，长21.2、上宽13.5、下宽13.5、厚3.2厘米。无文字（图一四〇，3；图版九六，6）。

标本ⅤM15：12，残，泥质灰陶，板瓦，横截面呈弧形，长21、上宽12.5、下宽12.5、厚3.5厘米。正面上部墨书"唵"，正中朱砂绘符，符箓两侧墨书"安镇千年吉，能除万载凶"，下部墨书"止凶"（图一四〇，4；图版九六，7）。

符砖，1件。标本ⅤM15：13，完整，泥质灰陶，横截面呈长方形，长25、宽12.2、厚5厘米。正面上部墨书字迹不清，两侧墨书仅辨认出"□□千年吉，□除万载□"，下部墨书推测为"镇穴"（图一四〇，2；图版九六，8）。

（4）玉器

玉纽扣，1枚。标本ⅤM15：14，残，扣体呈实心圆球，相扣一圆环。通高1.3、扣直径1.2厘米（图一四〇，9；图版九六，4）。

第二章 姚头墓地

姚头墓地位于长治市沁县新店镇姚头村,该墓地发掘有9座墓葬,方向在56°至110°之间,皆为竖井墓道土洞墓。整个墓区出土有陶、瓷、铜等质地器物,瓷器有瓷罐、瓷杯、瓷盏等,陶器有符砖、符瓦等,铜器有铜耳匙等,铜钱以康熙通宝为主,还有少量的乾隆通宝。

一、M1

1. 墓葬位置

南邻M2,方向为110°。

2. 墓葬形制与结构

竖井墓道土洞墓,由墓道、墓室两部分组成(图一四一)。

墓道平面呈梯形,上口长1.9、宽0.46—0.92、深0.4米,墓道底长1.9、宽0.46—0.92米,距现地表2.1米。墓室为土洞,位于墓道西端,平面呈斜梯形,四壁平整,拱形顶,墓底平坦。墓底长1.9、宽1.02—1.14、高0.88—1.06米,距现地表2.1米。

3. 葬具、葬式

发现木棺一具,已朽,东西向置于墓室正中,平面呈长方形,棺长1.84、宽0.44—0.64米。
发现人骨一具,骨架保存较为完整,头向西,面向南,仰身直肢。
墓主为24—26岁的女性。

4. 随葬器物

随葬器物共10件/组。包括瓷罐1件、瓷盏1件、瓷杯1件、陶罐1件、铜簪1件、符瓦1件、符砖1件、铜钱3组5枚。墓主头骨处有1件瓷杯,足部有1件陶罐,棺西侧有1件符砖,东侧有1件符瓦,棺内西北角有1件瓷罐和1件瓷盏,墓主胸部有1件铜簪和1组铜钱,盆骨处和两腿之间各有1组铜钱。

（1）陶、瓷器

瓷杯,1件。QYM1:1,子母口,方唇,器盖缺失,斜直腹,矮圈足。灰胎,外壁满施白釉,

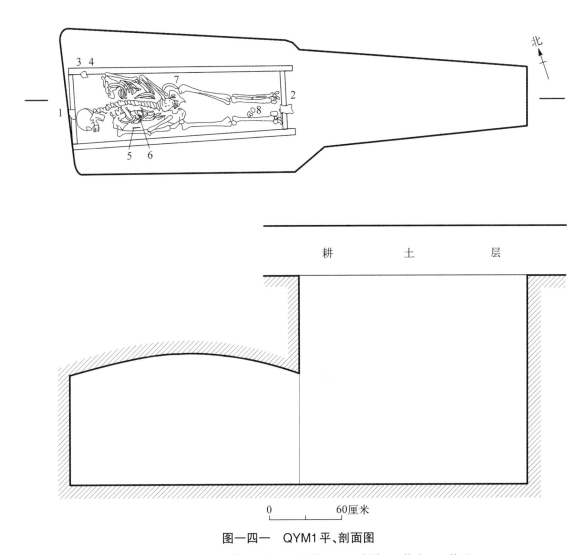

图一四一 QYM1平、剖面图

1.瓷杯 2.陶罐 3.瓷罐 4.瓷盏 5.铜簪 6～8.铜钱 9.符砖 10.符瓦

内壁施褐釉,腹部饰青花花卉纹。口径5.8、腹径7.2、底径4.8、通高7厘米(图一四二,5;图版九七,1)。

陶罐,1件。QYM1：2,泥质磨光黑陶,斗笠形器盖,敛口,圆唇,鼓腹,平底。腹部素面,底部饰涡状纹,器表可见轮制痕迹。口径4、腹径9.2、底径5.5、通高8.8厘米(图一四二,6;图版九七,2)。

瓷罐,1件。标本QYM1：3,双耳残,直口,圆唇,鼓腹,圈足。灰胎,外壁施褐釉至上腹部,内施满釉,内部有褐色漩涡凸纹。口径8.5、腹径10.5、底径6、高7.2厘米(图一四二,2;图版九七,3)。

瓷盏,1件。标本QYM1：4,直口,圆唇,腹部弧收至平底。灰胎,口部、内壁施褐釉。口径4.65、底径2.9、高1.9厘米(图一四二,4;图版九七,4)。

（2）铜器

铜簪，1件。标本QYM1∶5，完整，器身扁平细长，首部向下弯曲呈椭圆形勺状，靠近首部位置饰交叉线及三角形纹饰，下有一方形框，尾部较尖。通长13.5、宽0.2—0.4厘米（图一四二，3；图版九七，5）。

铜钱，3组5枚

标本QYM1∶6，1枚乾隆通宝，方穿，有内外廓，外廓较厚，正面楷书"乾隆通宝"，直读，背书满文"宝泉"，直径2.4、孔径0.6厘米（图一四二，7；图版九七，6）。

标本QYM1∶7，1组2枚。1枚乾隆通宝（M1∶7-1），方穿，有内外廓，外廓较厚，正面楷书"乾隆通宝"，直读，背书满文"宝泉"，直径2.5、孔径0.6厘米（图一四二，10）。1枚顺治通宝（M1∶7-2），方穿，有内外廓，外廓较厚，正面楷书"顺治通宝"，直读，背书满文"东"和楷书"东"，直径2.75、孔径0.6厘米（图一四二，9）。

标本QYM1∶8，1组2枚。2枚乾隆通宝，方穿，有内外廓，外廓较厚，正面楷书"乾隆通宝"，直读，背书满文"宝源"，1枚直径2.4、孔径0.6厘米；1枚直径2.5、孔径0.6厘米（图一四二，8）。

（3）符瓦、符砖

符砖，1件。标本QYM1∶9，完整，泥质灰陶，横截面呈长方形，长27.5、宽13、厚6厘米。正面上部墨书"寿"，正中朱砂绘符，符箓两侧墨书推测为"身披北斗头带三台，寿山永远朽石人来"，下部墨书"□凶"（图一四二，11；图版九七，7）。

符瓦，1件。标本QYM1∶10，残，泥质灰陶，板瓦，横截面呈弧形，长23、上宽15.8、下宽14.3、

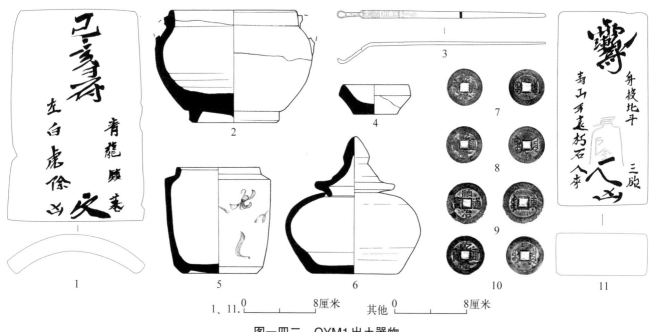

1、11. └──────┘8厘米　　其他 └──────┘8厘米

图一四二　QYM1出土器物

1. 符瓦（QYM1∶10）　2. 瓷罐（QYM1∶3）　3. 铜簪（QYM1∶5）　4. 瓷盏（QYM1∶4）　5. 瓷杯（QYM1∶1）
6. 陶罐（QYM1∶2）　7～10. 铜钱（QYM1∶6、8、7-2、7-1）　11. 符砖（QYM1∶9）

厚4.5厘米。正面上部墨书"己亥日符",正中朱砂绘符,符箓两侧墨书为"青龙镇墓,左白虎除凶",下部墨书"穴"(图一四二,1;图版九七,8)。

二、M2

1.墓葬位置

北邻M1,方向为103°。

2.墓葬形制与结构

竖井墓道土洞墓,由墓道、墓室两部分组成(图一四三)。

墓道平面呈梯形,上口长1.84、宽0.66—0.98、深0.4米,墓道底长1.84、宽0.66—0.98米,距现地表2.1米。墓室为土洞,位于墓道西端,平面呈斜梯形,四壁平整,拱形顶,墓底平坦。墓底长1、

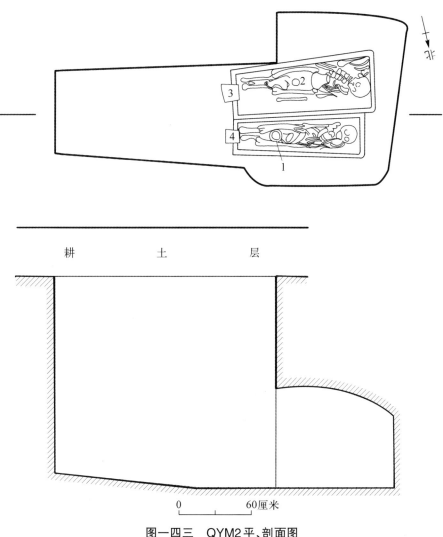

图一四三 QYM2平、剖面图

1.瓷罐 2.瓷盏 3、4.符瓦

宽1.36、高0.6—0.82米,距现地表2.1米。

3. 葬具、葬式

发现木棺两具,已朽,东西向置于墓室正中,平面呈长方形,北棺长1.12、宽0.3—0.4米,南棺长1.2、宽0.4—0.5米。

发现人骨两具,保存情况较差,头向西,面向上,骨架堆叠,为二次葬。

北侧墓主为31—34岁的男性,南侧墓主为24—26岁的女性。

4. 随葬器物

随葬器物共4件/组。包括瓷罐1件、瓷盏1件和符瓦2件。北侧棺内墓主两腿之间有1件瓷罐,南侧棺内墓主两腿之间有1件瓷盏,两棺东侧各置1件符瓦。

（1）瓷器

瓷罐,1件。标本QYM2:1,侈口,圆唇,微束颈,鼓腹,圈足。灰白胎,通体施绿釉,足部无釉,内施满釉。口径9.7、腹径10.4、底径6.4、高8.5厘米（图一四四,4;图版九八,1）。

瓷盏,1件。标本QYM2:2,直口,圆唇,腹部弧收至平底。灰胎,口部、内壁施黑釉。口径4.8、底径2.9、高1.9厘米（图一四四,3;图版九八,2）。

（2）符瓦

符瓦,2件。

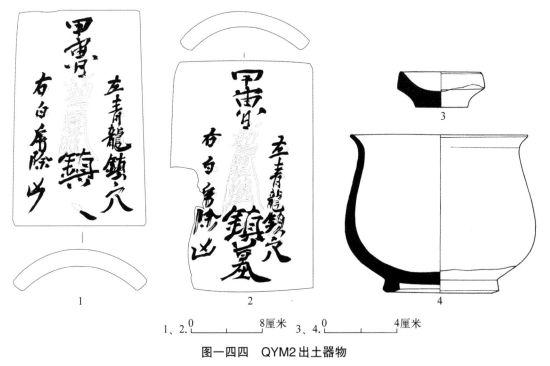

图一四四　QYM2出土器物

1、2.符瓦（QYM2:4、3）　3.瓷盏（QYM2:2）　4.瓷罐（QYM2:1）

标本QYM2∶3,残,泥质灰陶,板瓦,横截面呈弧形,长23.8、上宽15.2、下宽16.4、厚4厘米。正面上部墨书"甲寅日",正中朱砂绘符,符箓两侧墨书"左青龙镇穴,右白虎除凶",下部墨书"镇墓"(图一四四,2;图版九八,3)。

标本QYM2∶4,完整,泥质灰陶,板瓦,横截面呈弧形,长23.3、上宽14、下宽15、厚4厘米。正面上部墨书"甲寅日",正中朱砂绘符,符箓两侧墨书"左青龙镇穴,右白虎除凶",下部墨书"镇墓"(图一四四,1;图版九八,4)。

三、M3

1. 墓葬位置

北邻M2,南邻M4,西邻M7,方向为96°。

2. 墓葬形制与结构

竖井墓道土洞墓,由墓道、墓室两部分组成(图一四五)。

墓道平面呈梯形,上口长1.8、宽0.6—0.8、深0.4米,墓道底长1.8、宽0.6—0.8米,距现地表2.8米。墓室为土洞,位于墓道西端,平面呈斜梯形,四壁平整,拱形顶,墓底平坦。墓底长2.3、宽1.62、高1.1—1.36米,距现地表2.8米。

3. 葬具、葬式

发现木棺两具,已朽,东西向置于墓室正中,平面呈长方形,北棺长1.9、宽0.42—0.6米,南棺长1.74、宽0.6—0.7米。

发现人骨两具,保存情况较好,头向西,仰身直肢。

北侧墓主为50—60岁的男性,南侧墓主为45—50岁的女性。

4. 随葬器物

随葬器物共5件/组。包括瓷罐1件、符瓦1件、铜钱3组9枚。墓室东南角置1件符瓦,北侧棺内墓主胸部有1组铜钱,南侧棺内墓主腹部和两腿之间各有1组铜钱,南侧棺东北角有1件瓷罐。

(1)瓷器

瓷罐,1件。标本QYM3∶3,微侈口,圆唇,深弧腹,圈足。灰胎。通体施黑釉,外壁有数周凸棱,内施满釉。口径7.3、底径4.9、高10厘米(图一四六,8;图版九八,7)。

(2)符瓦

符瓦,1件。标本QYM3∶4,完整,泥质灰陶,板瓦,横截面呈弧形,长26、上宽14.8、下宽17.5、厚5厘米。正面上部墨书字迹不清,正中朱砂绘符,符箓右侧墨书字迹不清,左侧墨书"除万载凶",下部墨书"镇墓"(图一四六,1)。

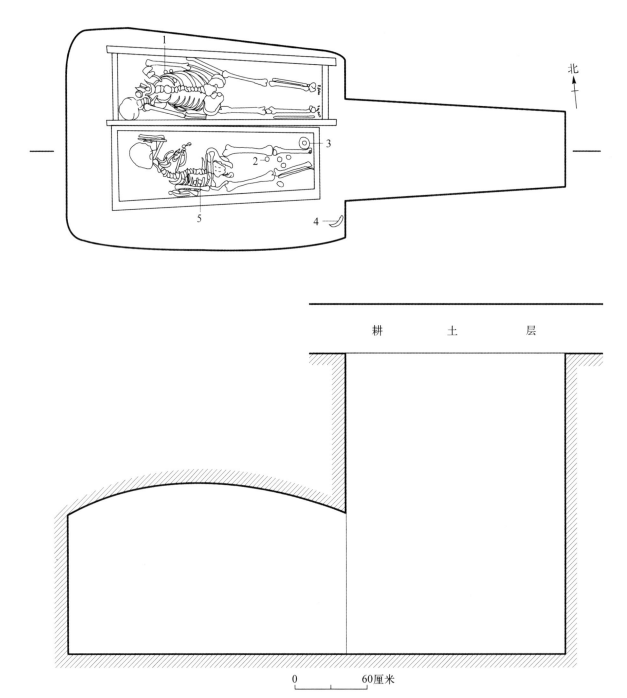

图一四五　QYM3平、剖面图

1、2、5.铜钱　3.瓷罐　4.符瓦

（3）铜钱

铜钱,3组9枚

标本QYM3:1,1组3枚。均为康熙通宝,方穿,有内外廓,外廓较厚,正面楷书"康熙通宝",直读,背书满文大致辨认为"宝泉",直径2.5、孔径0.6厘米（图一四六,2.3;图版九八,5）。

标本QYM3:2,1组4枚,均为康熙通宝,方穿,有内外廓,外廓较厚,正面楷书"康熙通宝",直读,背书满文"宝泉"（M3:2-1）（图一四六,4;图版九八,6）和"宝源"（M3:2-2）（图一四六,5;图版九八,6）,直径2.6、孔径0.6厘米。

标本QYM3:5,1组2枚,均为康熙通宝,方穿,有内外廓,外廓较厚,正面楷书"康熙通宝",直读,背书满文"宝源",直径2.8、孔径0.6厘米（图一四六,6,7;图版九八,8）。

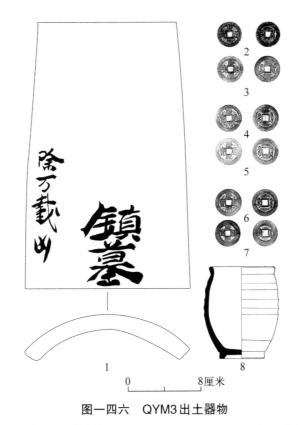

图一四六　QYM3出土器物

1.符瓦（QYM3:4）　2～7.铜钱（QYM3:1-1、1-2、2-1、2-2、5-1、5-2）　8.瓷罐（QYM3:3）

四、M4

1. 墓葬位置

北邻M3,南邻M5,方向为102°。

2. 墓葬形制与结构

竖井墓道土洞墓,由墓道、墓室两部分组成（图一四七）。

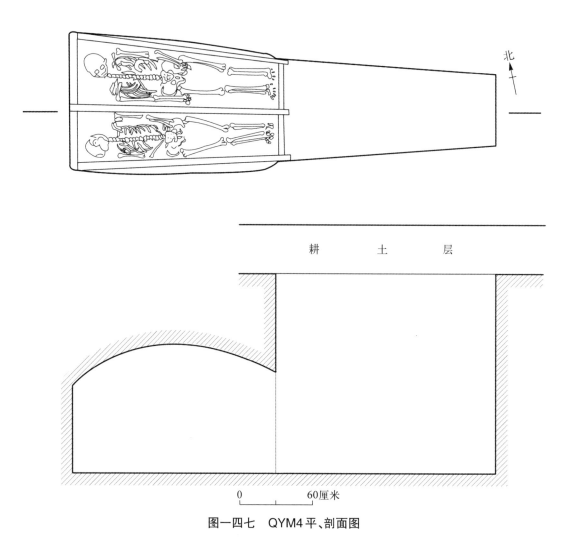

图一四七　QYM4平、剖面图

墓室为土洞,位于墓道西端,平面呈斜梯形,四壁平整,拱形顶,墓底平坦。墓道平面呈梯形,上口长1.8、宽0.56—0.8、深0.4米,墓道底长1.8、宽0.56—0.8米,距现地表2米。墓底长1.7、宽0.88—1.08、高0.7—1.02米,距现地表2米。

3. 葬具、葬式

发现木棺两具,已朽,东西向置于墓室正中,平面呈长方形,北棺长1.76、宽0.42—0.58米,南棺长1.74、宽0.4—0.46米。

发现人骨两具,两侧棺骨架保存情况较好,头向西,面向上,仰身直肢。

北侧墓主为35—39岁的男性,南侧墓主为40—44岁的男性。

4. 随葬器物

无。

五、M5

1. 墓葬位置

北邻 M4,方向为87°。

2. 墓葬形制与结构

竖井墓道土洞墓,由墓道、墓室两部分组成(图一四八)。

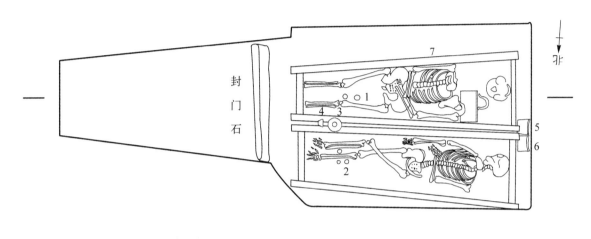

图一四八 QYM5平、剖面图

1、2、7. 铜钱 3. 瓷罐 4. 瓷碗 5、6. 符瓦

墓道平面呈梯形,上口长1.74、宽0.6—1、深0.4米,墓道底长1.74、宽0.6—1米,距现地表2.9米。封门石高1.26、宽0.94、厚0.06米。墓室为土洞,位于墓道西端,平面呈斜梯形,四壁平整,拱形顶,墓底平坦。墓底长2.16、宽1.44、高0.84—1.28米,距现地表2.9米。

3. 葬具、葬式

发现木棺两具,已朽,东西向置于墓室正中,平面呈长方形,北棺长1.96、宽0.56—0.46米,南棺长1.9、宽0.42—0.62米。

发现人骨两具,骨架保存完整,头向西,面向南,仰身直肢。

北侧墓主为31—34岁的女性,南侧墓主为60多岁的男性。

4. 随葬器物

随葬器物共7件/组。瓷罐1件、瓷碗1件、符瓦2件、铜钱3组6枚。北侧棺内墓主腿部有1组铜钱,南侧棺内墓主右臂处和两腿之间各有1组铜钱,两棺之间有1件瓷罐和1件瓷碗,墓室西壁两棺之间有2件符瓦并排放置。

（1）瓷器

瓷罐,1件。标本QYM5∶3,耳残,直口,圆唇,扁鼓腹,圈足。灰胎,外壁施褐釉至下腹部,内施满釉,内部有褐色漩涡凸纹。口径8.15、腹径11、底径7、高9.5厘米(图一四九,2;图版九九,2)。

瓷碗,1件。标本QYM5∶4,侈口,圆唇,斜直腹,圈足,外底心微凸。灰白胎,外壁施白釉至下腹部,内壁施满白釉,内外壁有龟裂痕迹。口径9、底径4.15、高3.9厘米(图一四九,1;图版九九,3)。

（2）符瓦

符瓦,2件。

标本QYM5∶5,残,泥质灰陶,板瓦,横截面呈弧形,长25.3、上宽14、下宽16.8、厚4.5厘米。正面上部墨书"丙寅日",正中朱砂绘符,符箓两侧墨书"伏尸皆化散,故气尽消除",下部墨书"煞"(图一四九,3;图版九九,4)。

标本QYM5∶6,残,泥质灰陶,板瓦,横截面呈弧形,长26.4、上宽15.5、下宽16.5、厚4.6厘米。正面上部墨书为"戊□",正中朱砂绘符,符箓两侧墨书为"亡稳□福禄,□穴□□□",下部墨书推测为"镇穴"(图一四九,4)。

（3）铜钱

铜钱,3组6枚。

标本QYM5∶1,1组2枚,方穿,有内外廓,外廓较厚,正面楷书"康熙通宝",直读,背书满文"宝源"(M5∶1-1)(图一四九,5;图版九九,1)和"宝泉"(M5∶1-2)(图一四九,6;图版九九,1),直径2.7、孔径0.6厘米。

标本QYM5∶2,1组3枚,均为康熙通宝,方穿,有内外廓,外廓较厚,正面楷书"康熙通宝",直读,背书满文"宝泉"(M5∶2-1、2-3)(图一四九,7-9)和"宝源"(M5∶2-2)(图一四九,8),直径2.7、孔径0.6厘米。

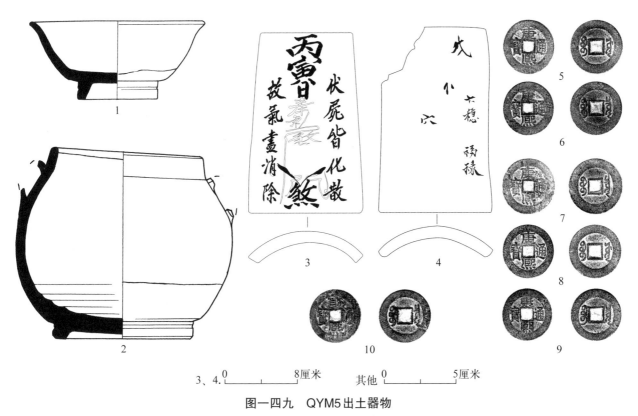

图一四九　QYM5出土器物

1. 瓷碗(QYM5：4)　2. 瓷罐(QYM5：3)　3、4. 符瓦(QYM5：5、6)　5～10. 铜钱(QYM5：1-1、1-2、2-1、2-2、2-3、7)

标本QYM5：7，1枚康熙通宝，方穿，有内外廓，外廓较厚，正面楷书"康熙通宝"，直读，背书满文"宝泉"，直径2.7、孔径0.6厘米(图一四九，10)。

六、M6

1. 墓葬位置

北邻M7，西邻M8，方向为86°。

2. 墓葬形制与结构

竖井墓道土洞墓，由墓道、墓室两部分组成(图一五○)。

墓道平面呈梯形，上口长2、宽0.7—0.9、深0.4米，墓道底长2、宽0.7—0.9米，距现地表3.6米。墓室口有数块坍塌的封门石堆积。墓室为土洞，位于墓道西端，平面呈斜梯形，四壁平整，拱形顶，墓底平坦。墓底长2、宽1.36—1.6、高1—1.4米，距现地表3.6米。

3. 葬具、葬式

发现木棺两具，已朽，东西向置于墓室正中，平面呈长方形，北棺长1.8、宽0.52—0.6米，南棺长1.78、宽0.46—0.68米。

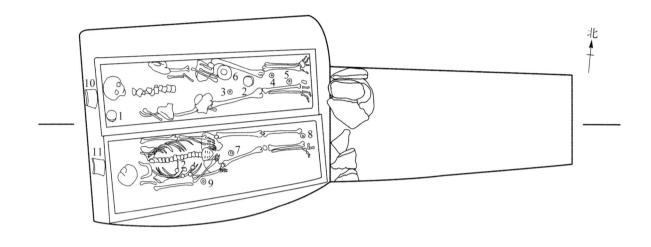

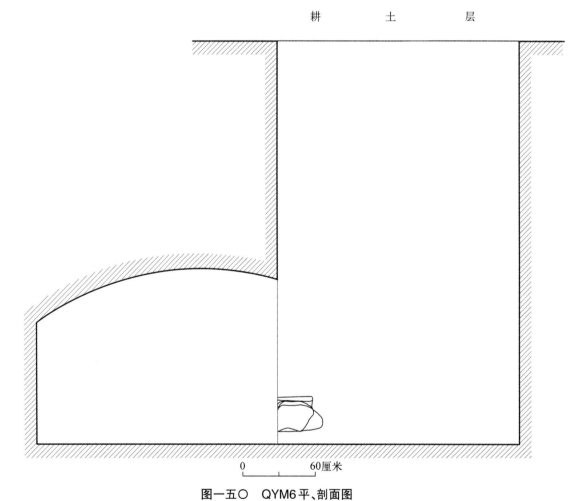

图一五〇　QYM6平、剖面图

1、2.瓷碗　3～5、7～9、12、13.铜钱　6.瓷罐　10、11.符瓦

发现人骨两具,南侧棺骨架保存情况较好,头向西,仰身直肢;北侧棺骨架保存较差,肋骨分布散乱,头向西,面向上,仰身直肢。

北侧墓主为中老年男性,南侧墓主为50—60岁的女性。

4. 随葬器物

随葬器物共13件/组。包括瓷碗2件、瓷罐1件、符瓦2件、铜钱8组12枚。北侧棺内西南角有1件瓷碗,墓主两腿之间有1件瓷碗、1件瓷罐和3组铜钱,南侧棺内墓主腹部有3组铜钱,两腿之间有1组铜钱,足部有1组铜钱,两棺西侧各有1件符瓦。

（1）瓷器

瓷碗,2件。

标本QYM6∶1,侈口,圆唇,斜直腹,圈足,外底心微凸。灰白胎,外壁施白釉至下腹部,内壁施满白釉,内外壁有龟裂痕迹。口径9.1、底径3.9、高4.15厘米(图一五一,4;图版九九,5)。

标本QYM6∶2,侈口,圆唇,斜直腹,圈足,外底心微凸。灰白胎,外壁施白釉至下腹部,内壁施满白釉,外壁有数周凸棱。口径9.6、底径3.9、高4.7厘米(图一五一,5;图版九九,6)。

瓷罐,1件。标本QYM6∶6,双耳残,直口,圆唇,鼓腹,圈足。灰胎,外壁施黄褐釉至下腹部,内施满釉,内部有褐色漩涡凸纹。口径7.35、腹径10.5、底径6.2、高9.7厘米(图一五一,3;图版一〇〇,2)。

（2）符瓦

符瓦,2件。

标本QYM6∶10,完整,泥质灰陶,板瓦,横截面呈弧形,长27、上宽18、下宽15.5、厚4.5厘米。正面上部墨书推测为"癸卯日",正中朱砂绘符,符箓两侧墨书推测为"左青龙镇墓,右白虎除凶",下部墨书"镇穴"(图一五一,2;图版一〇〇,5)。

标本QYM6∶11,完整,泥质灰陶,板瓦,横截面呈弧形,长27.5、上宽16.5、下宽18.5、厚5.2厘米。正面上部墨书"甲申日",正中朱砂绘符,右侧墨书不清,左侧符箓墨书为"右白虎除凶",下部墨书"煞"(图一五一,1;图版一〇〇,6)。

（3）铜钱

铜钱,8组12枚。

标本QYM6∶3,1枚,康熙通宝,方穿,有内外廓,外廓较厚,正面楷书"康熙通宝",直读,背书满文"宝泉",直径2.35、孔径0.6厘米(图一五一,8;图版九九,7)。

标本QYM6∶4,1枚,康熙通宝,方穿,有内外廓,外廓较厚,正面楷书"康熙通宝",直读,背书满文"宝源",直径2.35、孔径0.6厘米(图一五一,7;图版九九,8)。

标本QYM6∶5,1枚,锈蚀不清,钱文无法辨认,直径2.35、孔径0.6厘米(图版一〇〇,1)。

标本QYM6∶7,1枚,康熙通宝,方穿,有内外廓,外廓较厚,正面楷书"康熙通宝",直读,背书满文"宝泉",直径2.7、孔径0.6厘米。(图一五一,11;图版一〇〇,3)。

标本QYM6∶8,1枚,康熙通宝,方穿,有内外廓,外廓较厚,正面楷书"康熙通宝",直读,背书

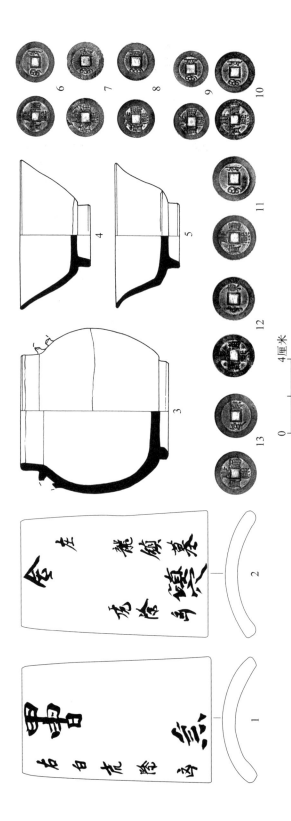

图一五一　QYM6 出土器物

1.2. 符瓦（QYM6：11，10）　3. 陶罐（QYM6：6）　4.5. 瓷碗（QYM6：1，2）　6～13. 铜钱（QYM6：9，4，3，12－1，12－2，7，13，8）

满文"原"和楷体"原",直径2.8、孔径0.6厘米(图一五一,13;图版一〇〇,4)。

标本QYM6：9,1枚,康熙通宝,方穿,有内外廓,外廓较厚,正面楷书"康熙通宝",直读,背书满文"宝泉",直径2.8、孔径0.6厘米(图一五一,6;图版一〇〇,7)。

标本QYM6：12,1组5枚。均为康熙通宝,方穿,有内外廓,外廓较厚,正面楷书"康熙通宝",直读,背书满文"宝泉",直径2.7、孔径0.6厘米(图一五一,9、10;图版一〇〇,8)。

标本QYM6：13,1枚,康熙通宝,方穿,有内外廓,外廓较厚,正面楷书"康熙通宝",直读,背书满文"东"和楷书"东",直径2.7、孔径0.6厘米(图一五一,12;图版一〇一,1)。

七、M7

1. 墓葬位置

东邻M3,南邻M6,方向为85°。

2. 墓葬形制与结构

竖井墓道土洞墓,由墓道、墓室两部分组成(图一五二)。

墓道平面呈梯形,上口长1.4、宽0.5—0.68、深0.4米,墓道底长1.4、宽0.5—0.68米,距现地表2.7米。墓室为土洞,位于墓道西端,平面呈斜梯形,四壁粗糙,拱形顶,墓底平坦。墓底长1.86、宽1—1.3、高0.98—1.36米,距现地表2.7米。

3. 葬具、葬式

发现木棺一具,已朽,东西向置于墓室正中,平面呈梯形,棺长2.1、宽0.64—0.82米。

发现人骨两具,墓室中间的棺内骨架保存情况完整,头向西,面向上,仰身直肢;南侧骨架保存较差,骨架因二次葬叠压放置于棺的南侧与墓室壁的夹缝中。

北侧墓主为35—39岁的男性,南侧墓主为24—26岁的女性。

4. 随葬器物

随葬器物共6件/组。包括瓷罐1件、符瓦1件、铜钱4组6枚。墓室正中棺内墓主胸部、头部和两腿之间有4组铜钱、1件瓷罐,棺外西侧有1件符瓦。

（1）瓷器

瓷罐,1件。标本QYM7：2,双耳残,直口,圆唇,扁鼓腹,圈足。灰胎,外壁施黄褐釉至下腹部,内施满釉,内部有褐色漩涡凸纹。口径8.35、腹径10.3、底径7、高8厘米(图一五四,3;图版一〇一,3)。

（2）符瓦

符瓦,1件。标本QYM7：5,残,泥质灰陶,板瓦,横截面呈弧形,长25.6、上宽10.4、下宽18.2、厚4.3厘米。内容漫漶不清,有符箓(图一五四,4;图版一〇一,7)。

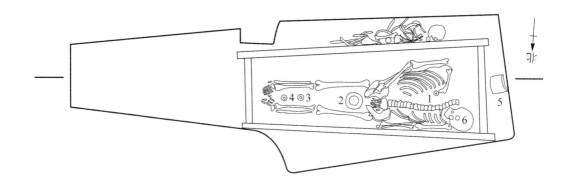

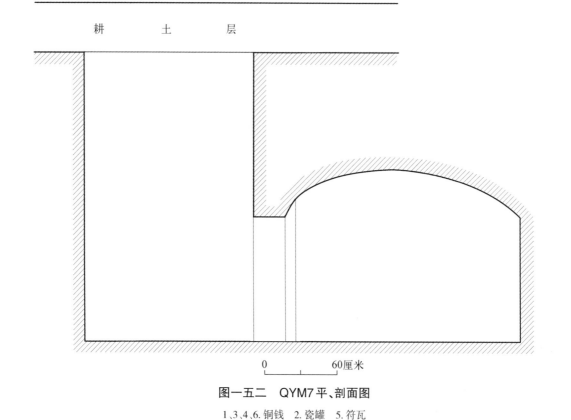

耕　　土　　层

0 ———————— 60厘米

图一五二　QYM7平、剖面图

1、3、4、6. 铜钱　2. 瓷罐　5. 符瓦

（3）铜钱

铜钱，4组6枚。

标本QYM7：1，1枚，康熙通宝，方穿，有内外廓，外廓较厚，正面楷书"康熙通宝"，直读，背书满文"宝源"，直径2.4、孔径0.6厘米（图一五四，8；图版一〇一，2）。

标本QYM7：3，1枚，康熙通宝，方穿，有内外廓，外廓较厚，正面楷书"康熙通宝"，直读，背书满文"宝泉"，直径2.4、孔径0.6厘米（图一五四，13；图版一〇一，4）。

标本QYM7：4，1枚，康熙通宝，方穿，有内外廓，外廓较厚，正面楷书"康熙通宝"，直读，背书满文"宝泉"，直径2.4、孔径0.6厘米（图一五四，18；图版一〇一，5）。

标本QYM7∶6，1组3枚，均为康熙通宝，方穿，有内外廓，外廓较厚，正面楷书"康熙通宝"，直读，背书满文"宝泉"（M7∶6-1）（图一五四，12；图版一〇一，6）和"宝源"（M7∶6-2）（图一五四，9；图版一〇一，6），直径2.5、孔径0.5厘米。

八、M8

1. 墓葬位置

M8位于探方西部，方向为56°。

2. 墓葬形制与结构

竖井墓道土洞墓，由墓道、墓室两部分组成（图一五三）。

墓道平面呈长方形，上口长1.96、宽0.8、深0.4米，墓道底长1.96、宽0.8米，距现地表2.9米。

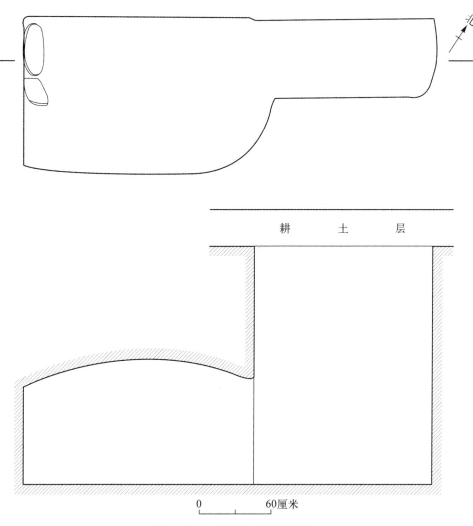

图一五三　QYM8平、剖面图

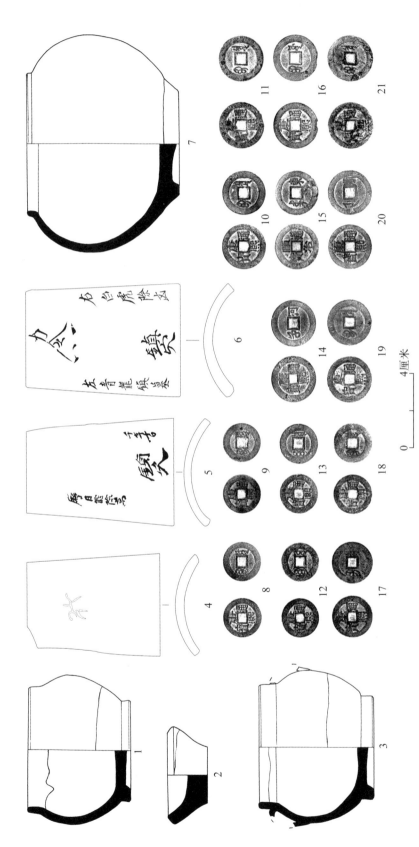

图一五四　QYM7—M9 出土器物

1、3、7. 瓷罐（QYM9：3、M7：2、M9：4）　2. 瓷盏（QYM9：5）　4～6. 符瓦（QYM7：5、QYM9：7、QYM9：6）　8～21. 铜钱（QYM7：1、M7：6-2、M9：2-1、M9：1-1、M7：6-1、M7：3、M9：2-4、M9：2-2、M7：1-2、M7：6-3、M7：4、M9：8、M9：2-3、M9：1-3）

墓室为土洞,位于墓道西端,平面近长方形,四壁粗糙,拱形顶,墓底平坦。墓底长2.5、宽1.08—1.62、高1—1.3米,距现地表2.9米。

3. 葬具、葬式

无葬具。

无人骨。

4. 随葬器物

无。

九、M9

1. 墓葬位置

M9位于探方西南角,方向为95°。

2. 墓葬形制与结构

竖井墓道土洞墓,由墓道、墓室两部分组成(图一五五)。

墓道平面呈梯形,上口长1.9、宽0.66—0.9、深0.4米,墓道底长1.9、宽0.66—0.9米,距现地表3—3.2米。墓室为土洞,位于墓道西端,平面呈长方形,四壁平整,拱形顶,墓底平坦。墓底长2.16、宽1.3—1.52、高1—1.36米,距现地表3.2米。

3. 葬具、葬式

发现木棺两具,已朽,东西向置于墓室正中,平面呈长方形,北棺长2.08、宽0.72—0.8米,南棺长2.04、宽0.52—0.74米。

发现人骨两具,保存情况较完整,两侧棺人骨头向西,面向上,仰身直肢。

北侧墓主为50—60岁的男性,南侧墓主为60多岁的女性。

4. 随葬器物

随葬器物共8件/组。瓷罐2件、瓷盏1件、符瓦2件、铜钱3组8枚。东侧棺内墓主两腿之间有1组铜钱和1件瓷钵,西侧棺内墓主腹部和两腿之间各有1组铜钱,足部处有1件瓷罐和1件瓷盏,两棺外南侧各有1件符瓦。

（1）瓷器

瓷罐,2件。

标本QYM9：3,完整,敛口,圆唇,鼓腹,圈足。灰白胎,通体施墨绿釉,内壁口部施釉,内壁有褐色螺旋纹。口径7.2、底径5.7、腹径9、高6.4厘米(图一五四,1;图版一〇二,3)。

标本QYM9：4,完整,敛口,圆唇,鼓腹,圈足,外底心微凸。灰白胎,通体施黑釉,内壁施满黑

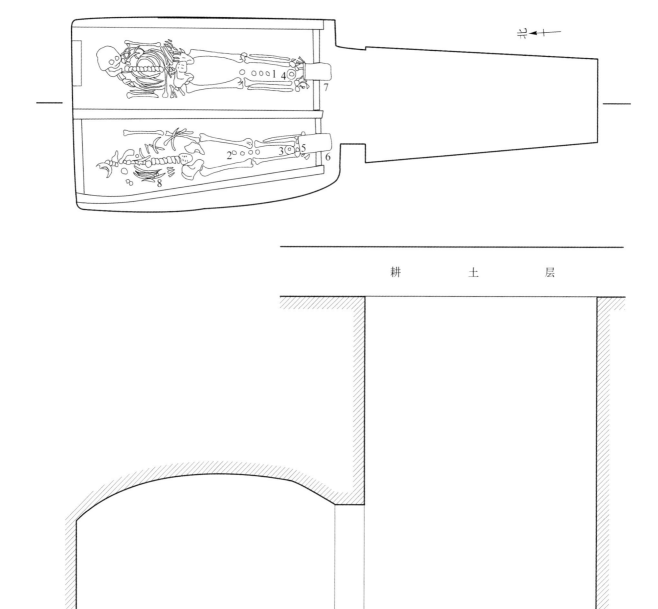

图一五五　QYM9平、剖面图

1、2、8.铜钱　3、4.瓷罐　5.瓷盏　6、7.符瓦

釉。口径8.5、底径6.2、腹径13、高9.5厘米（图一五四,7；图版一〇二,4）。

瓷盏,1件。标本QYM9：5,侈口,圆唇,腹部弧收至平底。灰胎,口部、内壁施黑釉。口径5、底径3.4、高2.5厘米（图一五四,2；图版一〇二,5）。

（2）符瓦

符瓦,2件。

标本QYM9：6,完整,泥质灰陶,板瓦,横截面呈弧形,长26.8、上宽15、下宽18、厚5厘米。正面上部墨书推测为"敕令",下有三点,正中朱砂绘符,符箓两侧墨书"左青龙镇墓,右白虎除凶",下部墨书"镇穴"（图一五四,6；图版一〇二,7）。

标本QYM9：7,完整,泥质灰陶,板瓦,横截面呈弧形,长27.7、上宽14、下宽19、厚5厘米。正面上部墨书字迹不清,正中朱砂绘符,符箓两侧墨书推测为"……千年吉,历日能除万□□",下部墨书"镇穴"（图一五四,5；图版一〇二,8）。

（3）铜钱

铜钱,3组8枚。

标本QYM9：1,1组3枚,均为康熙通宝,方穿,有内外廓,外廓较厚,正面楷书"康熙通宝",直读,背书满文"宝源"（M9：1-1）（图一五四,11；图版一〇二,1）和"宝泉"（M9：1-2）（图一五四,16；图版一〇二,1）,直径2.7、孔径0.6厘米。

标本QYM9：2,1组4枚,3枚康熙通宝,方穿,有内外廓,外廓较厚,正面楷书"康熙通宝",直读,1枚背书满文"河"和楷体"河"（M9：2-1）（图一五四,10；图版一〇二,2）,1枚背书满文"宝泉"（M9：2-4）（图一五四,14；图版一〇二,2）,1枚背书满文"浙"和楷体"浙",直径2.7、孔径0.6厘米（M9：2-3）（图一五四,20；图版一〇二,2）。1枚顺治通宝（M9：2-2）,方穿,有内外廓,外廓较厚,正面楷书"顺治通宝",直读,背书满文"洁"和楷体"东",直径2.7、孔径0.6厘米（图一五四,15；图版一〇二,2）。

标本QYM9：8,1枚,康熙通宝,方穿,有内外廓,外廓较厚,正面楷书"康熙通宝",直读,背书满文"宝泉",直径2.7、孔径0.6厘米（图一五四,19；图版一〇二,6）。

第三章　新　章　墓　地

　　新章墓地位于长治市沁源县沁河镇新章村,该墓地发掘有23座墓葬,其中5座墓葬有随葬器物,4座为清代墓葬,1座为近现代墓,现将清代墓描述如下。4座清代墓方向在160°至214°之间,墓葬形制皆为竖井墓道土洞墓。整个墓区随葬器物有瓷、铜、铁、骨等质地。瓷器有瓷罐、瓷碟、瓷笔筒等,铜铁器有铜烟嘴、铁犁铧等,骨器有骨块,铜钱皆为乾隆通宝。

一、M6

1. 墓葬位置

M6位于发掘区西南部,东邻M7,西邻M5,方向为214°。

2. 墓葬形制与结构

竖井墓道土洞墓,由墓道、墓室两部分组成(图一五六)。

　　墓道平面呈梯形,上口长2.2、宽0.7—0.98米,下墓道底长2.2、宽0.7—0.98米,距现地表1.62—2米。墓室为土洞,位于墓道东北,平面呈梯形,四壁平整,拱形顶,墓底平坦。墓底长2.3、宽1.14—1.3、高0.92—1.12米,距现地表2米。

3. 葬具、葬式

发现木棺一具,已朽,置于墓室正中,平面呈长方形,棺长1.98、宽0.46—0.8、厚0.06米。未发现人骨。

4. 随葬器物

随葬器物共2件。为瓷笔筒和铁犁铧,瓷笔筒位于棺内,铁犁铧位于墓室东南角。

（1）瓷器

瓷笔筒,1件。标本QXM6∶1,直口,圆唇,深直腹,卧足。灰白胎,通体施褐色釉,内施满釉,釉面光亮,有窑变。口径6.9、腹径6.9、通高16.1厘米(图一五七,1;图版一〇三,1)。

（2）铁器

铁犁铧,1件。标本QXM6∶2,残,残片无法完整拼合,器表锈蚀明显,白口铸铁,刃部较尖,椭圆形銎。残长15.8、宽14厘米(图一五七,2;图版一〇三,5)。

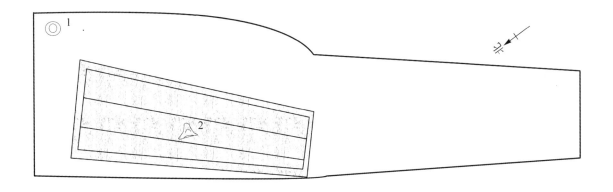

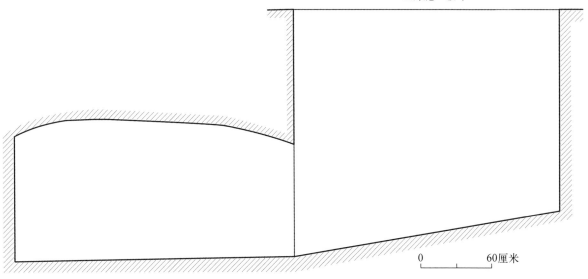

上部施工破坏

0   60厘米

图一五六　QXM6平、剖面图

1. 瓷笔筒　2. 铁犁铧

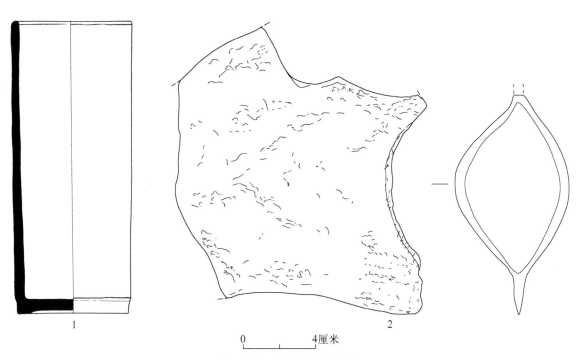

1

2

0   4厘米

图一五七　QXM6出土器物

1. 瓷笔筒（QXM6∶1）　2. 铁犁铧（QXM6∶2）

二、M12

1.墓葬位置

M12西邻M11,东邻M13,方向为212°。

2.墓葬形制与结构

竖井墓道土洞墓,由墓道、墓室两部分组成(图一五八)。

墓道平面呈梯形,上口长1.36、宽0.88—0.96米,墓道底长1.36、宽0.88—0.96米,距现地表

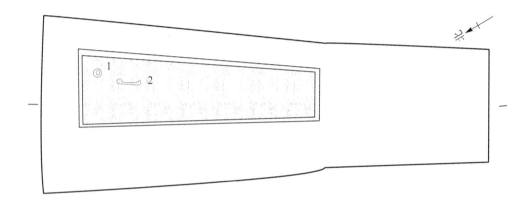

上部施工破坏

0   60厘米

图一五八　QXM12平、剖面图

1.瓷盏　2.铜烟嘴

2.1—2.2米。墓室为土洞,位于墓道东北,平面呈梯形,四壁平整,拱形顶,墓底平坦。墓底长
2.34、宽1—1.36、高0.8—1米,距现地表2.2米。

3. 葬具、葬式

发现木棺一具,已朽,置于墓室正中,平面呈长方形,棺长2、宽0.4—0.6、厚0.05米。
未发现人骨。

4. 随葬器物

随葬器物共2件。为瓷盏和铜烟嘴,均位于棺内北部。

（1）瓷器

瓷盏,1件。标本QXM12:1,侈口,圆唇,浅腹,圈足。灰白胎,通体施青釉,内壁绘五只褐色
蟹,蟹足作花瓣状,器底落款磨损严重,无法辨识。口径9.2、腹径7.4、底径5.2、通高1.7厘米（图
一五九,1;图版一○三,3）。

（2）铜器

铜烟嘴,1件。标本QXM12:2,只有圆柱形烟嘴。通长11.5厘米（图版一○三,4）。

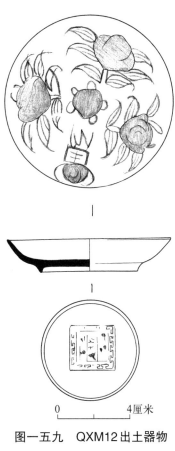

图一五九　QXM12出土器物

1. 瓷盏（QXM12:1）

三、M13

1. 墓葬位置

M13西邻M12,东邻M14,方向为185°。

2. 墓葬形制与结构

竖井墓道土洞墓,由墓道、墓室两部分组成(图一六〇)。

墓道平面呈梯形,上口长1.98、宽0.8—1米,墓道底长1.98、宽0.8—1米,距现地表2—2.3米。墓室为土洞,位于墓道北端,平面呈梯形,四壁平整,拱形顶,墓底平坦。墓底长2.4、宽1—1.3、高

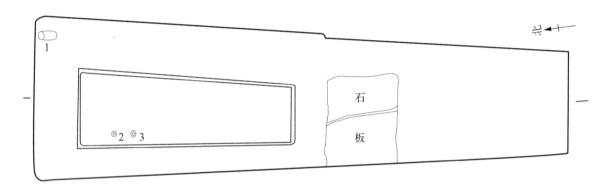

石板

上部施工破坏

0　　　　60厘米

图一六〇　QXM13平、剖面图

1. 瓷罐　2、3. 铜钱

0.9—1米,距现地表2.3米。

3. 葬具、葬式

发现木棺一具,已朽,置于墓室正中,平面呈长方形,棺长1.8、宽0.5—0.65、厚0.05米。
未发现人骨。

4. 随葬器物

随葬器物共3件。为瓷罐1件和铜钱2枚。瓷罐位于墓室东北角,铜钱均位于棺内西北部。

（1）瓷器

瓷罐,1件。QXM13：1,直口,圆唇,深直腹,卧足,底心微凸。灰白胎,通体施褐釉,下腹部施
酱釉,内施满釉。口径5.5、腹径5.5、通高11.3厘米(图一六一,3;图版一〇三,2)。

（2）铜钱

铜钱,2枚。

标本QXM13：2,方穿,有内外廓,外廓较厚,正面楷书"乾隆通宝",直读,背书满文"宝泉",
直径2.3、孔径0.6厘米(图一六一,1;图版一〇三,6)。

标本QXM13：3,方穿,有内外廓,外廓较厚,正面楷书"乾隆通宝",直读,背书满文"宝泉",
直径2.2、孔径0.6厘米(图一六一,2)。

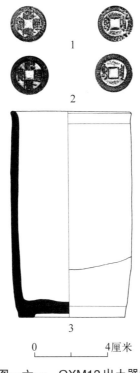

图一六一　QXM13出土器物

1、2. 铜钱(QXM13：2、3)　　3. 瓷罐(QXM13：2)

四、M14

1. 墓葬位置

M14西邻M13，东邻M15，方向为160°。

2. 墓葬形制与结构

竖井墓道土洞墓，由墓道、墓室两部分组成（图一六二）。

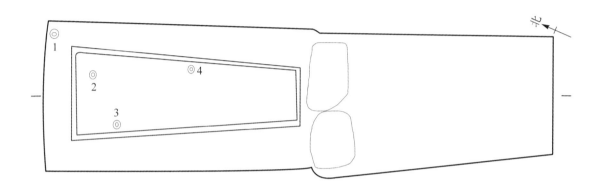

上部施工破坏

0   60厘米

图一六二　QXM14平、剖面图

1. 瓷盏　2~4. 铜钱

墓道平面呈梯形,上口长1、宽0.94—1.14米,墓道底长1、宽0.94—1.14米,距现地表2.1—2.4米。墓道与墓室交界处有两块封门石。墓室为土洞,位于墓道北端,平面呈长方形,四壁平整,拱形顶,墓底平坦。墓底长2.4、宽1.2、高0.9—1.16米,距现地表2.4米。

3. 葬具、葬式

发现木棺一具,已朽,置于墓室正中,平面呈长方形,棺长1.9、宽0.45—0.75、厚0.05米。未发现人骨。

4. 随葬器物

随葬器物共4件。为瓷盏1件和铜钱3枚。瓷盏位于墓室东北角,铜钱均散置位于棺内。

（1）瓷器

瓷盏,1件。标本QXM14:1,口部已残,侈口,圆唇,浅腹,圈足。灰胎。通体施绿釉,圈足底部无釉,器底墨书楷体"记"。口径7.8、腹径6.5、底径3.9、通高2厘米(图一六三,1;图版一〇三,7)。

（2）铜钱

铜钱,3枚。

标本QXM14:2,方穿,有内外廓,外廓较厚,正面楷书"乾隆通宝",直读,背书满文"宝泉",直径2.2、孔径0.5厘米(图一六三,2;图版一〇三,8)。

标本QXM14:3,方穿,有内外廓,外廓较厚,正面楷书"乾隆通宝",直读,背书满文"宝泉",直径2.4、孔径0.6厘米(图一六三,3)。

标本QXM14:4,方穿,有内外廓,外廓较厚,正面楷书"乾隆通宝",直读,背书满文"宝泉",直径2.4、孔径0.6厘米(图一六三,4)。

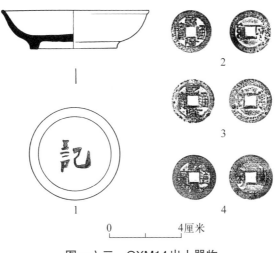

图一六三 QXM14出土器物

1.瓷盏(QXM14:1) 2～4.铜钱(QM14:2-4)

第四章　墓地的基本文化面貌

南池墓地发掘清墓67座,均位于发掘区的Ⅰ、Ⅱ、Ⅲ、Ⅳ、Ⅴ区,分布比较集中,墓葬形制和出土器物的时代特征明显,根据墓葬分布、墓葬形制、墓葬方向和随葬器物,推测该墓地由四个平民家族墓地组成,使用时间为清代中晚期。为了对这些平民墓葬进行进一步研究,下面我们从墓葬形制、随葬品的类型及组合、墓葬的时代等方面进行初步的分析。

一、随葬器物类型分析

(一)陶瓷器

陶瓷器是墓地出土随葬器物中数量最多、时代特征也较明显的随葬品种类,但整体器物种类较少,其中的罐和钵出土普遍,时代特征明显,因此选取以上两类器物进行分析,并结合出土的铜钱等信息判断各墓葬年代。

1. 罐

罐的出土数量最多,延续时间最长,可根据腹部特征划分为两型。

A型。圆鼓腹,器型矮胖。可根据有无桥形耳划分为两亚型。

Aa型。有两对称的桥形耳。可根据腹部深浅和耳的位置变化划分为三式。

Ⅰ式:腹部较深,耳上侧位于颈腹交界处。标本姚头 M5:3。

Ⅱ式:腹部变浅,耳上侧上移至颈部中间。标本姚头 M1:3。

Ⅲ式:腹部变得很浅,耳上侧上移至口沿处。标本南池Ⅱ M6:20。

Ab型。无桥形耳。标本姚头 M9:1。

B型。深弧腹,器型瘦高。可根据颈部特征差异划分为两亚型。

Ba型。束颈。可根据口部、颈部和足部特征变化划分为三式。

Ⅰ式:侈口,束颈,圈足较高。标本姚头 M3:3。

Ⅱ式:口微侈,部分器物已变为近直颈,微束颈,圈足稍矮。标本南池Ⅰ M2:2。

Ⅲ式:圈足变得很矮接近消失。标本南池Ⅱ M16:9。

Bb型。短直颈。标本南池Ⅱ M4:2。

2. 钵

钵出土数量虽然较少,但时代特征较明显,可根据口部、腹部和足部特征变化划分为两式。

Ⅰ式:口部有一周近直的沿,深鼓腹,矮圈足。标本姚头 M9∶4。

Ⅱ式:敛口,腹部变浅,圈足变高。标本南池Ⅴ M2∶2。

（二）符瓦

黎霍高速沿线的清代墓葬出土数量很多的符瓦,均以建筑板瓦为载体,使用墨或朱砂写字画符,多数位于死者脚部。基本结构为符首墨书下葬日期,符腹正中朱砂绘符,符腹两侧墨书"左青龙镇墓,右白虎除凶""亡魂归仙界,穴内永祯祥""三吉献瑞,六丰迎祥"等庇护、福佑亡者的祝祷语,符脚墨书"镇墓""除凶"等文字。北京密云县明清墓[1]所出符瓦丹砂书"伏尸故气""永不侵争"等字,河北大学紫用生活区明清墓葬[2]所出符瓦墨书"元亨利贞,神符镇墓中,片片除凶去"等字,晋中市榆次区的鸣谦墓地[3]、郝家沟墓地[4]、小南庄清墓[5]、聂店清代墓[6]所出符瓦则常见"生安亡稳""神符入墓"等字。北京、天津、河北地区所出符瓦多数压在棺内死者的头部、胸部,河南辉县大司马墓地清代墓葬所出符瓦多位于棺外[7],晋中市榆次区的郝家沟墓地[8]、小南庄清墓[9]、聂店清代墓[10]所出符瓦多数位于棺尾部分。由此可见,符瓦的朱书、墨书内容和摆放位置在不同地区因丧葬习俗有所差异,但都反映了民间传统葬俗中的"镇墓煞鬼"思想,表达了道教神祇保护墓主人不受邪魔侵扰,亡灵安稳之意。

（三）铜、银器

黎霍高速沿线出土的铜、银器以小型饰件和日常生活所使用的小工具为主,其他有少量银供器。

1. 扁方

多为银质,器身呈扁条状,下端呈半圆弧形,簪首卷曲,宽颈,簪颈錾刻圆形变体寿字纹,下端

① 《北京密云发现104座明清墓葬》,《北京日报》2008年11月20日。
② 张晓铮等:《河北大学紫园生活区发现一批明清墓葬》,《中国文物报》2004年9月3日第1版。
③ 山西省考古研究所、晋中考古研究所:《2015年山西榆次鸣谦墓地考古发掘简报》,见《三晋考古》第五辑,三晋出版社,2020年。
④ 山西省考古研究所、晋中考古研究所:《2015年山西榆次郝家沟墓地考古发掘简报》,见《三晋考古》第五辑,三晋出版社,2020年。
⑤ 山西省考古研究所:《山西榆次小南庄清墓考古发掘简报》,见《三晋考古》第五辑,三晋出版社,2020年。
⑥ 山西省考古研究所:《山西榆次聂店清代墓葬发掘简报》,见《三晋考古》第五辑,三晋出版社,2020年。
⑦ 李金凤、白彬:《河南卫辉县大司马明清墓葬出土朱书板瓦初探》,《四川文物》2012年第1期。
⑧ 山西省考古研究所、清徐县文物事业管理所:《清徐都沟遗址发掘简报》,《三晋考古(第三辑)》,山西人民出版社,2006年,第31、46页。
⑨ 山西省考古研究所、清徐县文物事业管理所:《清徐都沟遗址发掘简报》,《三晋考古(第三辑)》,山西人民出版社,2006年,第45页。
⑩ 山西省考古研究所编:《垣曲上亳》,科学出版社,2010年,第144—151页。

錾刻花卉纹。标本南池Ⅱ M13：4。

2. 簪

以铜质为主,部分为银质,均为细长锥形,一端较尖细,另一端较粗,部分簪尾阴刻花卉、云气等纹饰。标本南池Ⅴ M15：7。

3. 纽扣

多为铜质,呈圆球形,出土数量很多,应为下葬时墓主所穿衣服上佩戴的纽扣。标本南池Ⅴ M15：4。

4. 烟袋

均为铜质,长柄形,由烟嘴、烟锅和木柄组成,柄细长,插入烟嘴尾部的銎中,烟锅呈圆形。标本南池Ⅴ M15：2。

5. 铜钱

种类多样,以清代铜钱为主,其中以乾隆通宝数量最多,还有部分康熙通宝、道光通宝和嘉庆通宝,少量的顺治通宝、雍正通宝、咸丰通宝、光绪通宝。除清代铜钱外,还有少量宋代的熙宁元宝、皇宋通宝、政和通宝,日本的宽永通宝,民国的铜元和汉代的五铢钱。

清代铜钱正面均为直读楷体汉字,背面多为两个满文文字或一个汉字一个满文文字。

（四）玉器

主要为玉纽扣,扣体呈圆球形,上接一小纽,纽中心有圆形穿孔,颜色不一。标本南池Ⅴ M14：10。

（五）骨器

数量很少,全部为纽扣,扣体呈圆球形,上接一方形或圆形小纽,纽中心有圆形穿孔。标本南池Ⅲ M24：9。

二、墓葬时代

从出土铜钱情况来看,四处墓地的年代不尽相同。

根据铜钱和瓷器特征可将南池墓地年代划分为3期。

第1期。随葬小口瓷壶和扁鼓腹大口瓷罐,铜钱主要为乾隆通宝、嘉庆通宝和道光通宝。

第2期。小口瓷壶消失,大口瓷罐腹部变得更扁,最大腹径上移,下腹部斜弧收。铜钱开始出现咸丰通宝、光绪通宝。

第3期。大口瓷罐消失,出现白瓷杯。铜钱开始出现民国铜元。

根据铜钱和瓷器特征可将姚头墓地年代划分为2期。

第1期。大口瓷罐为深鼓腹特征。铜钱主要为顺治通宝和康熙通宝。

第2期。大口瓷罐变为扁鼓腹。铜钱出现乾隆通宝。

新章墓地墓葬数量少,根据铜钱情况仅可划分为1期,铜钱均为乾隆通宝。

南池墓地出土铜钱的墓葬全部出土乾隆通宝或晚于乾隆通宝的钱币,因此南池墓地的年代上限不会早于乾隆时期,部分墓葬出土咸丰通宝、光绪通宝或民国铜元,证明南池墓地延续至民国时期,随后停止使用。南池墓地属第1期墓葬数量最多,主要随葬乾隆通宝、嘉庆通宝和道光通宝,年代应为清代中期偏晚,大致相当于乾隆—道光时期。南池墓地属第2期墓葬仅2座,开始出现咸丰通宝、光绪通宝,年代应为清代晚期,大致相当于咸丰—宣统时期。南池墓地属第3期墓葬仅1座,开始出现民国铜元,年代应为民国时期。

姚头墓地出土铜钱以顺治通宝和康熙通宝为主,年代要稍早于南池墓地。姚头第1期墓葬有8座,随葬铜钱均为顺治通宝或康熙通宝,年代应为清代中期偏早,大致相当于康熙—雍正时期。姚头第2期墓葬仅有1座,铜钱开始出现乾隆通宝,年代为清代中期偏晚,大致相当于乾隆时期。

新章墓地出土铜钱均为乾隆通宝,年代应不早于清代中期偏晚,大致相当于乾隆—道光时期。

据此可将各墓地年代综合后划分为4期,第1期为清代中期偏早,大致相当于康熙—雍正时期;第2期为清代中期偏晚,大致相当于乾隆—道光时期;第3期为清代晚期,大致相当于咸丰—宣统时期;第4期为民国时期。

黎霍高速长治段墓葬分期表

墓地 分期	南 池 墓 地	姚 头 墓 地	新 章 墓 地
第1期		第1期	
第2期	第1期	第2期	第1期
第3期	第2期		
第4期	第3期		

三、丧葬习俗与文化性质

黎霍高速沿线清代墓葬以土洞墓为主,有少量砖室墓和石室墓,每座墓内多葬两到三人,显然为同一家庭使用。各墓地的清代墓群墓葬方向各不相同,但内部相对较为统一,如南池Ⅰ区和Ⅱ区墓葬方向均为东西向,墓道向东,墓主头向西;Ⅲ区和Ⅴ区则均为东北—西南向,墓道向东北,墓主头向西南;姚头墓地大部分墓葬为东西向,墓道向东,墓主头向西,有1座为南北向,墓道向南,墓主头向北;新章墓地均为南北向,墓道向南,墓主头向北。根据以上情况可知,南池墓地四个区在如此近距离的情况下依然存在使用两种不同墓葬方向的习俗,各区墓葬很可能为不同的家族使用了不同的墓葬朝向,可见清代晋东南地区家族思想十分突出。南池墓地在清代晚期和民国时期墓葬数量骤减充分体现了清晚期社会动荡对以小农经济为主体建立的家族集群式社会产生了极大的冲击。

本次的出土器物与榆次郝家沟墓地、榆次鸣谦墓地、榆次小南庄墓地、榆次聂店墓地、太原理工大学新校区墓地等出土器物十分接近,尤其是大口鼓腹粗瓷罐和小口折肩小瓷壶最具特色,应是山西中南部清代普遍流行的器形。

每座墓几乎必出的符瓦上书写着镇墓符号,同一种习俗在河北、北京、天津、河南、山东等地也同样存在,代表了清代中晚期黄河中下游地区以道教为主体的宗教思想大为盛行。

所出随葬瓷器中常见组合是瓷罐+瓷盏,常见为一罐一盏,瓷盏经常置于瓷罐之中。受《朱子家礼》丧礼中“食时上食”仪式影响,山西地区常见葬俗之一就是在墓中放置器物,在器物内部放置祭食以供死者,这种器物在该墓地主要表现为瓷罐,少数墓葬也会用瓷钵来替换瓷罐或者瓷罐与瓷钵共出。

瓷盏多为极小的灯盏,在这批墓葬中,大部分墓葬都有使用这种瓷盏进行随葬。两汉盛行“事死如生,事亡如存”的丧葬观念,作为日常生活中的灯具也成了随葬品中的常见之物。大名出土的《唐王公妻韩氏墓志铭》中这样写道:“灯做夜台之晨”,可见当时在墓室中以灯随葬,应是给死者照明,是出于对死者的关照。后来的文献记载:“凡墓堂内安长生灯者,主子孙聪明安定,主子孙不患也。”可见随着时间的推移,人们对这种现象的理解发生了变化,从对死者的关照转而成为对生者的护佑,这应该是人们把良好的愿望和用灯随葬的风俗结合起来,而附会演绎的一种说法。

本次发掘的这批清代墓葬,主要为中小型墓葬,形制较为相近,随葬器物较丰富,为研究清代该地区的丧葬习俗提供了重要资料,为进一步研究该地区的社会发展状况提供了实物资料。墓葬中出土的符瓦、买地券等反映了道家思想对当时丧葬习俗的影响,为研究山西晋东南地区清代中晚期的社会状况、埋葬习俗等提供了重要信息,为进一步深入研究该区域的历史文化提供了宝贵资料。

南池墓地墓葬登记表

墓号	墓型	墓区	方向	墓道尺寸（长、宽、深）（厘米）	墓室尺寸（长、宽、高、深）（厘米）	葬式	头向	葬具	随葬器物
						墓葬形制与结构			
M1	斜坡墓道砖室墓	南池Ⅰ区	92°	墓道口：长300；宽84—142；深30 墓道底：长82；宽84—142；深300	墓室：长270；宽260；高200；深300	仰身直肢	西	两棺	瓷罐3件、瓷盏1件；银簪1件，银戒指1件，银戒1组，铁斧1件，铁门闩1件，符瓦2件，符砖3件；铜钱2组
M2	竖井墓道砖室墓	南池Ⅰ区	66°	墓道口：长260；宽70—144；深30 墓道底：长120；宽70—144；深280	墓室：长274；宽286；高196；深286	仰身直肢	西	两棺	瓷罐1件、瓷盏1件；铜帽顶1组，银发饰1组，银耳饰1件，铜纽扣1组，银耳环1件，石环2件；符瓦1件；铜钱1组
M3	竖井墓道土洞墓	南池Ⅰ区	92°	墓道口：长230；宽68；深30 墓道底：长230；宽68；深250	墓室：长260；宽186；深250	仰身直肢	西	两棺	瓷盏1件、瓷罐1件；银发饰1组，铜纽扣2组，银戒指1组，铜顶针1件；符瓦2件；铜钱2组，玉纽扣1组
M4	竖井墓道土洞墓	南池Ⅰ区	75°	墓道口：长220；宽50—80；深30 墓道底：长220；宽50—80；深300	墓室：长220；宽178—224；高112；深300	仰身直肢	西	三棺	瓷壶1件、瓷罐1件、瓷盏1件；铜纽扣2组，戒指1组，银扁方1件，铜烟袋1组，银耳环1件，符瓦3件；玉纽扣1组；铜钱2组
M5	竖井墓道土洞墓	南池Ⅰ区	38°	墓道口：长100；宽70；深30 墓道底：长100；宽70；深176	墓室：长160；宽120—130；高50—80；深176	二次葬	西南	两棺	瓷盏1件、瓷钵1件；符瓦2件
M6	竖井墓道土洞墓	南池Ⅰ区	48°	墓道口：长80；宽84；深30 墓道底：长80；宽84；深164	墓室：长180；宽140—160；高76；深164	1仰身直肢	西南	三棺	瓷钵1件、瓷盏1件；符瓦3件，符砖2件

续表

墓号	墓型	墓区	方向	墓道尺寸 （长、宽、深） （厘米）	墓室尺寸 （长、宽、高、 深）（厘米）	葬式	头向	葬具	随　葬　器　物
					墓葬形制与结构				
M7	竖井墓道 土洞墓	南池 I区	77°	墓道口：长180；宽88； 深30 墓道底：长180；宽88； 深260	墓室：长280； 宽184—230； 高50—110； 深260	2仰身直肢； 1散乱	西南	二棺	瓷罐1件、瓷盏1件、银耳环1件、铜扁方1件、铜纽扣1组；符瓦3件；铜钱3组；玉纽扣1枚
M8	竖井墓道 土洞墓	南池 I区	59°	墓道口：长220；宽 72—96；深30 墓道底：长220；宽 72—96；深280	墓室：长280； 宽152—254； 高88—136； 深280	二次葬	西南	一棺	瓷罐1件、瓷盏1件、银簪1件、铜纽扣1组、铜帽顶1组、银耳环1件；符瓦1件、符砖1件；铜钱2组；玉纽扣2枚
M9	竖井墓道 土洞墓	南池 I区	58°	墓道口：长150；宽 46—70；深30 墓道底：长150；宽 46—70；深190	墓室：长190； 宽92—106； 高84；深190	上身散乱， 下身直肢	西南	两棺	瓷罐1件、瓷盏1件；符瓦2件
M10	竖井墓道 土洞墓	南池 I区	70°	墓道口：长190；宽 60—80；深30 墓道底：长190；宽 60—80；深300	墓室：长236； 宽196；高 70—106；深 300	1二次葬； 1仰身直肢； 1散乱	西南	三棺	瓷罐2件、瓷碗2件；铜饰件1组、铜帽顶1件、铜纽扣1组；符瓦2件；铜钱1组
M11	竖井墓道 土洞墓	南池 I区	78°	墓道口：长196；宽 70—110；深30 墓道底：长196；宽 70—110；深260	墓室：长224； 宽176—220； 高130；深 260	2仰身直肢； 1侧身屈肢	西	三棺	铜发饰1组、银戒指1组、铜顶针1件、铜纽扣1组；符瓦2件；铜钱1组；玉纽扣1组
M1	竖井墓道 砖室墓	南池 II区	83°	墓道口：长180；宽 50—130；深20 墓道底：长102；宽 50—130；深310	墓室：长222； 宽208；高 156；深310	二次葬	西南	无	瓷钵1件

续表

墓号	墓型	墓区	方向	墓葬形制与结构					
				墓道尺寸（长、宽、深）（厘米）	墓室尺寸（长、宽、高、深）（厘米）	葬式	头向	葬具	随葬器物
M2	斜坡墓道砖室墓	南池Ⅱ区	92°	墓道口：长310；宽66—176；深20 墓道底：长120；宽66—176；深320	墓室：长258；宽362；高260；深320	二次葬	不详	无	无
M3	竖井墓道土洞墓	南池Ⅱ区	93°	墓道口：长184；宽50—78；深30 墓道底：长184；宽50—78；深250—264	墓室：长196；宽144—180；高80—110；深270	2仰身直肢	西	两棺	瓷罐1件，瓷盏1件；铜帽顶1组，铜纽扣2组，铜烟袋1组，银耳环3组；铜钱1件；符瓦2件
M4	竖井墓道砖室墓	南池Ⅱ区	85°	墓道口：长210；宽66—144；深20 墓道底：长210；宽66—144；深250—260	墓室：长276；宽314；高230；深260	二次葬	不详	两棺	瓷瓶1件，瓷盏2件；铜粉盒1件，银戒指2组，铜纽扣1组；铜钱1组；符瓦2件
M5	斜坡墓道石室墓	南池Ⅱ区	89°	墓道口：长240；宽60—100；深20 墓道底：长240；宽60—100；深270	墓室：长294；宽350；高230；深270	二次葬	不详	只存棺底板	瓷罐1件，瓷盏2组，陶钵1件；铜顶针1件，银簪1件，铜纽扣1组，铜烟袋1组，银耳环1件；符瓦1件；铜钱2组
M6	竖井墓道土洞墓	南池Ⅱ区	93°	墓道口：长230；宽74—114；深30 墓道底：长230；宽74—114；深186—224	墓室：长234；宽146—222；高84—124；深242	仰身直肢	西	两棺	瓷罐2件，瓷盏1件；铜烟锅1件，铜纽扣2组，银扁方1件，银戒指1件，铜戒指1件；符瓦2件；铜钱7组
M7	竖井墓道土洞墓	南池Ⅱ区	100°	墓道口：长194；宽56—106；深30 墓道底：长194；宽56—106；深240—254	墓室：长190；宽96—134；深256	1仰身直肢；1二次葬	西	一棺	瓷罐1件，瓷盏1件；铜纽扣1组，铜烟袋1件，铜扁方1件，银戒指1件；符瓦2件；铜钱4组

续表

墓号	墓型	墓区	方向	墓道尺寸（长、宽、深）（厘米）	墓室尺寸（长、宽、高、深）（厘米）	墓葬形制与结构			随葬器物
						葬式	头向	葬具	
M8	竖井墓道土洞墓	南池Ⅱ区	93°	墓道口：长200；宽60—104；深30 墓道底：长160；宽60—104；深274—284	墓室：长206；宽182；高80—126；深290	二次葬	不详	一棺	瓷罐2件，瓷盏1件，铜簪1件，铜纽扣2组，铜帽顶1组，符瓦2件；铜钱4枚；石烟嘴1件
M9	竖井墓道土洞墓	南池Ⅱ区	82°	墓道口：长240；宽50—78；深30 墓道底：长220；宽50—78；深232—248	墓室：长200；宽136；高90—114；深250	1仰身直肢；1上身仰卧，腿部微曲	西	一棺	瓷碗1件，瓷盏1件；铜帽顶1件，铜纽扣2组，铜簪1组，铁灯盏1件，铜簪1件，铜耳环1件；符瓦1件；铜钱5枚
M10	竖井墓道土洞墓	南池Ⅱ区	105°	墓道口：长166；宽60—90；深30 墓道底：长166；宽60—90；深192—226	墓室：长196；宽182；高80—108；深254	1仰身直肢；1侧身直肢	西	两棺	瓷罐1件，瓷盏1件；铜帽顶1组，铜烟袋1组，铜纽扣2组，铜扁方1件，银耳环2件，符瓦2件，符砖1件；铜钱9枚
M11	竖井墓道土洞墓	南池Ⅱ区	92°	墓道口：长200；宽60—96；深30 墓道底：长240；宽60—96；深238—268	墓室：长200；宽130—164；高90—122；深284	二次葬	西	无	瓷钵1件，瓷盏1件；铜簪2件，符瓦3件
M12	竖井墓道土洞墓	南池Ⅱ区	95°	墓道口：长150；宽46—78；深30 墓道底：长150；宽46—78；深212—224	墓室：长160；宽52—98；高70—100；深220	二次葬	西	无	瓷罐1件，瓷盏1件；符瓦1件，符砖1件
M13	竖井墓道土洞墓	南池Ⅱ区	93°	墓道口：长200；宽70—102；深20 墓道底：长200；宽70—102；深218—226	墓室：长248；高160；宽98—126；深230	二次葬	西	一棺	瓷钵1件，瓷杯1件；银扁方1件，铜纽扣1组，银耳环2件，符瓦3件；铜钱2组

续表

墓号	墓型	墓区	方向	墓道尺寸（长、宽、深）（厘米）	墓室尺寸（长、宽、高、深）（厘米）	葬式	头向	葬具	随葬器物
						墓葬形制与结构			
M14	竖井墓道土洞墓	南池II区	93°	墓道口：长180；宽50—80；深30 墓道底：长180；宽50—80；深190	墓室：长210；高114；宽70—102；深180	仰身直肢	西	一棺	瓷钵1件；符砖1件
M15	竖井墓道土洞墓	南池II区	96°	墓道口：长190；宽50—80；深32 墓道底：长168；宽50—80；深226—240	墓室：长226；高182；宽80—112；深240	仰身直肢	西	无	瓷钵1件，瓷杯1件；铜烟袋1组，铁戒指1件；铜纽扣2组；符瓦2件；铜钱7枚
M16	竖井墓道土洞墓	南池II区	87°	墓道口：长160；宽80—90；深20 墓道底：长160；宽80—90；深206	墓室：长230；宽144—166；高96—120；深220	仰身直肢	西	一棺	瓷罐1件，瓷钵1件；瓷盏1件；铜钱4组1件，符砖1件；铜钱1件
M1	斜坡墓道砖室墓	南池III区	57°	墓道口：长266；宽60—80；深20 墓道底：长34；宽60—80；深284	墓室：长318；宽262；高200—216；深292	二次葬	西南	一棺	瓷罐1件；银盘1组，银盏、银盘及盖托5组，银盏2组，银烟台1组，银香炉1件，银托盘1件，银碟1组，银罐2组，银壶1件；铁器1件，铁灯盏1件；符瓦1件
M2	竖井墓道土洞墓	南池III区	32°	墓道口：长180；宽66—96；深30 墓道底：长180；宽66—96；深224—246	墓室：长192；宽57—144；高72—110；深252	1仰身直肢；1二次葬	西南	两棺	瓷钵1件；符瓦1件；铜钱2组；玉饰件1组
M3	竖井墓道土洞墓	南池III区	48°	墓道口：长140；宽74—96；深34 墓道底：长140；宽74—96；深290—314	墓室：长140；高130；宽114；深330	二次葬	西南	两棺	瓷钵1件；铜钱1枚；符砖1件

续表

墓号	墓型	墓区	方向	墓道尺寸（长、宽、深）（厘米）	墓葬形制与结构 墓室尺寸（长、宽、高、深）（厘米）	葬式	头向	葬具	随葬器物
M4	竖井墓道土洞墓	南池III区	42°	墓道口：长200；宽66—96；深30 墓道底：长200；宽66—96；深260—294	墓室：长204；宽144—160；高72—90；深304	二次葬	西南	两棺	瓷钵1件；铜纽扣1组；符瓦1件；铜钱1组
M5	竖井墓道土洞墓	南池III区	36°	墓道口：长200；宽66—96；深30 墓道底：长200；宽66—96；深244—270	墓室：长164；宽110—146；高70—116；深280	1仰身直肢；1二次葬	西南	两棺	银耳环1件；符瓦1件；铜钱1组
M6	竖井墓道土洞墓	南池III区	47°	墓道口：长180；宽40—70；深30 墓道底：长180；宽40—70；深184—218	墓室：长156；宽102；高40—82；深240	1仰身直肢；1二次葬	西南	两棺	符瓦1件
M7	竖井墓道土洞墓	南池III区	42°	墓道口：长186；宽60—98；深30 墓道底：长186；宽60—98；深256—290	墓室：长222；宽86—118；深308	仰身直肢	西南	两棺	铁灯盏1件
M8	竖井墓道土洞墓	南池III区	27°	墓道口：长204；宽56—72；深30 墓道底：长174；宽56—72；深228—250	墓室：长176；宽64—96；高40—86；深260	无	无	无	瓷盏1件
M9	竖井墓道土洞墓	南池III区	33°	墓道口：长160；宽50—80；深30 墓道底：长160；宽50—80；深262—280	墓室：长178；宽120—140；高76—108；深292	仰身直肢	西南	一棺	无

续表

墓号	墓型	墓区	方向	墓葬形制与结构					
				墓道尺寸（长、宽、深）（厘米）	墓室尺寸（长、宽、高、深）（厘米）	葬式	头向	葬具	随葬器物
M10	斜坡墓道砖室墓	南池III区	14°	墓道口:长220;宽44—130;深36 墓道底:长40;宽44—130;深240	墓室:长256;宽302;高200;深274	仰身直肢	南	三棺	瓷罐1件,瓷碗1件;银簪2组,铁烟锅1件;符瓦1件;铜钱1枚
M11	竖井墓道土洞墓	南池III区	42°	墓道口:长210;宽60—92;深30 墓道底:长68;宽60—92;深170—228	墓室:长252;宽124—160;高86—106;深236	不详	西南	两棺	瓷罐1件、瓷器残底1件,铜纽扣1枚;符瓦1件;铜钱2组;铁器1件
M12	竖井墓道土洞墓	南池III区	43°	墓道口:长240;宽50—116;深26 墓道底:长240;宽50—116;深158—216	墓室:长196;宽140;高60—106;深220	仰身直肢	西南	两棺	瓷盏1件,瓷盅1件;铜帽顶1件,铜烟嘴1件,铜纽扣2组,铜镯1件;符瓦1件;铜钱2组
M13	竖井墓道土坯墓	南池III区	20°	墓道口:长172;宽50—96;深30 墓道底:长172;宽50—96;深170—190	墓室:长220;宽120;高150;深230	仰身直肢	西南	两棺	瓷钵1件,瓷盏1件;铜簪1件,铜纽扣1组;铜钱1枚
M14	斜坡墓道砖室墓	南池III区	350°	墓道:长300,宽146,深270	墓室:长238;宽210;高156;深270	仰身直肢	西南	两棺	瓷罐2件,瓷盅1件;铜簪1件,铜帽顶1组,铜烟嘴1件;符瓦2件
M15	斜坡墓道砖室墓	南池III区	27°	墓道口:长160;宽50—110;深30 墓道底:长60;宽50—110;深220	墓室:长210;宽178;高120;深220	二次葬	西南	无	瓷盏2件;铜簪1件,铜纽扣1组;铁器1件;铜钱1组
M16	竖井墓道土洞墓	南池III区	33°	墓道口:长220;宽60—110;深36 墓道底:长220;宽60—110;深176—214	墓室:长200;宽124—172;高102—118;深226	仰身直肢	西南	两棺	瓷罐2件,瓷盏1件;铜纽扣1组,银耳环1件;符瓦1件;符砖1件;铜钱3组

续表

墓号	墓型	墓区	方向	墓道尺寸（长、宽、深）（厘米）	墓葬形制与结构				随葬器物
					墓室尺寸（长、宽、高、深）（厘米）	葬式	头向	葬具	
M17	竖井墓道土洞墓	南池Ⅲ区	24°	墓道口：长170；宽50—82；深30 墓道底：长170；宽50—82；深172—194	墓室：长218；宽158；高94—130；深214	1仰身直肢；1二次葬	西南	两棺	瓷罐2件，瓷盏1件；铜帽顶1组；符瓦2件；铜钱1组
M18	竖井墓道土洞墓	南池Ⅲ区	41°	墓道口：长180；宽60—90；深30 墓道底：长180；宽60—90；深180—206	墓室：长230；宽138—190；高90—126；深226	2仰身直肢；1二次葬	西南	三棺	瓷罐1件，瓷盏1件；铜烟袋1组，铜纽扣2组，铜帽顶1组，铜戒指1件，铜簪1件；符瓦1件；铜钱1组；玉纽扣1枚
M19	竖井墓道土洞墓	南池Ⅲ区	34°	墓道口：长150；宽50—78；深30 墓道底：长150；宽50—78；深170—190	墓室：长220；宽94—114；高70—100；深204	仰身直肢	西南	一棺	瓷碗1件，瓷盏1件；符瓦1件，符砖1件
M20	竖井墓道土洞墓	南池Ⅲ区	36°	墓道口：长220；宽60—100；深30 墓道底：长220；宽60—100；深158—186	墓室：长200；宽132—152；高80—114；深200	仰身直肢	西南	二棺	铜纽扣1组；符瓦2件；铜钱1组
M21	竖井墓道土洞墓	南池Ⅲ区	18°	墓道口：长180；宽46—78；深30 墓道底：长180；宽46—78；深150—164	墓室：长210；宽136—156；高50—92；深170	仰身直肢	西南	二棺	瓷盏1件，红陶罐1件；银耳环1组，铜纽扣2组；符瓦2件；铜钱2组
M22	竖井墓道土洞墓	南池Ⅲ区	127°	墓道口：长84；宽92；深30 墓道底：长84；宽92；深230（推测）	墓室：长216；宽90—118；深230	无	无	无	瓷壶1件；符砖1件

续表

墓号	墓型	墓区	方向	墓葬形制与结构					
				墓道尺寸（长、宽、深）（厘米）	墓室尺寸（长、宽、高、深）（厘米）	葬式	头向	葬具	随葬器物
M23	竖井墓道土洞墓	南池Ⅲ区	49°	墓道口：长200；宽50—90；深30；墓道底：长200；宽50—90；深166—190	墓室：长150；宽104；高44—76；深200	二次葬	西南	一棺	符瓦1件，符砖1件
M24	竖井墓道土洞墓	南池Ⅲ区	43°	墓道口：长180；宽48—64；深26；墓道底：长180；宽48—64；深204—220	墓室：长200；宽90—130；高40—96；深250	仰身直肢	西南	二棺	瓷罐1件、瓷盏1件；铜纽扣2组，银耳环1组；铜钱2组；骨纽扣1件；铁器1件
M1	竖井墓道土洞墓	南池Ⅳ区	32°	墓道口：长154；宽42—90；深30；墓道底：长154；宽42—90；深260	墓室：长182；宽102；高98；深260	无	无	无	符砖1件
M1	竖井墓道土洞墓	南池Ⅴ区	37°	墓道口：长150；宽50—76；深20；墓道底：长150；宽50—76；深222—234	墓室：长210；宽102—112；高120；深242	二次葬	西南	二棺	瓷罐1件、瓷盏1件；铜簪1件；符瓦2件，符砖1件；铜钱1组
M2	竖井墓道土洞墓	南池Ⅴ区	37°	墓道口：长190；宽82；深20；墓道底：长190；宽82；深246—276	墓室：长220；宽176—204；高80—110；深282	仰身直肢	西南	二棺	瓷罐1件、瓷盏1件；铜扁方1组，铜纽扣2组，银耳环1件，铜烟锅1件；符瓦1件；铜钱2组
M3	竖井墓道土洞墓	南池Ⅴ区	57°	墓道口：长170；宽66—110；深20；墓道底：长172；宽66—110；深198—252	墓室：长224；宽110—192；高88—126；深270	1仰身直肢；1仰身屈肢	西南	二棺	瓷盏1件、瓷罐1件；铜扁方1组，银耳环1件，铜纽扣2组，铜帽顶1组，银戒指1件，铜顶针1件；符瓦2件，铜钱3组；玛瑙饰件1组

续表

墓号	墓型	墓区	方向	墓道尺寸（长、宽、深）（厘米）	墓室尺寸（长、宽、高、深）（厘米）	墓葬形制与结构			随葬器物
						葬式	头向	葬具	
M4	竖井墓道土洞墓	南池V区	37°	墓道口：长210；宽52—104；深20 墓道底：长210；宽52—104；深300—314	墓室：长240；宽90—178；高100—126；深320	仰身直肢	西南	二棺	瓷罐2件、瓷盏2件，铜簪1件，铜耳环1组，铜顶针1件，铜纽扣1组；符瓦2组
M5	竖井墓道土洞墓	南池V区	29°	墓道口：长230；宽66—76；深20 墓道底：长230；宽66—76；深312—322	墓室：长180；宽108；高90；深332	二次葬	西南	无	瓷钵1件、瓷盏1件，铁器1组；墓志1件
M6	竖井墓道土洞墓	南池V区	20°	墓道口：长230；宽60—96；深22 墓道底：长230；宽60—96；深276—290	墓室：长210；宽150—160；高100；深290	仰身直肢	西南	二棺	瓷钵1件、瓷盏2件，铅壶1件；符瓦2件，符砖1件；铜钱1组
M7	竖井墓道土洞墓	南池V区	35°	墓道口：长140；宽66—84；深20 墓道底：长144；宽66—84；深322—336	墓室：长220；宽128；高96；深340	1二次葬；1仰身直肢	西南	一棺	瓷罐1件、瓷盏1件，铜纽扣1组，铜铃铛1件；符瓦2件；铜钱1组
M8	竖井墓道土洞墓	南池V区	27°	墓道口：长200；宽60—76；深20 墓道底：长200；宽60—76；深290—312	墓室：长190；宽136—144；高96；深312	仰身直肢	西南	二棺	瓷钵1件、瓷盏1件，骨纽扣1枚；符瓦1件；铜钱1组
M9	竖井墓道土洞墓	南池V区	27°	墓道口：长140；宽48—72；深20 墓道底：长140；宽48—72；深160—188	墓室：长136；宽70—82；高88；深208	二次葬	西南	无	符瓦1件

续表

墓号	墓型	墓区	方向	墓葬形制与结构					
				墓道尺寸（长、宽、深）（厘米）	墓室尺寸（长、宽、高、深）（厘米）	葬式	头向	葬具	随葬器物
M10	竖井墓道土洞墓	南池V区	50°	墓道口：长192；宽50—106；深20墓道底：长192；宽50—106；深260—280	墓室：长236；宽176—200；高110；深290	1仰身直肢；2二次葬	西南	三棺	瓷罐1件，瓷盏1件；铜耳环1组，铜纽扣1组；玉饰针1件，玉纽扣1组；铜钱1组
M11	竖井墓道土洞墓	南池V区	43°	墓道口：长170；宽52—112；深20墓道底：长170；宽52—112；深290—308	墓室：长214；宽116—138；高90—106；深314	1仰身直肢；1二次葬	1西南	二棺	瓷钵1件，瓷盏1件；铜簪1件，铜耳环1组，铜戒指1组，符瓦2件，符砖1件；铜钱1组
M12	竖井墓道土洞墓	南池V区	52°	墓道口：长170；宽66—106；深26墓道底：长170；宽66—106；深218—250	墓室：长250；宽134—144；高90—120；深278	仰身直肢	西南	二棺	瓷盏1件，瓷罐1件；铜簪1件，铜簪1组，银耳环1组，铜戒指1件，铜纽扣1组；符瓦2件，符砖1件；铜钱1组
M13	竖井墓道土洞墓	南池V区	55°	墓道口：长170；宽50—80；深22墓道底：长170；宽50—80；深188—232	墓室：长182；宽100；高94；深258	仰身直肢	西南	无	瓷罐1件，瓷盏1件；符瓦1件，符砖1件；铜钱1组
M14	竖井墓道土洞墓	南池V区	42°	墓道口：长190；宽60—100；深20墓道底：长190；宽60—100；深260—272	墓室：长252；宽116—176；高130；深282	1仰身直肢；1二次葬	1西南	二棺	瓷罐1件，瓷盏1件；铜帽顶1组，铜纽扣1组，铜烟袋1组，符砖2件，符砖1枚；铜钱1组；玉纽扣1枚
M15	竖井墓道土洞墓	南池V区	34°	墓道口：长180；宽70；深20墓道底：长120；宽70；深210	墓室：长250；宽140—180；高110；深210—224	仰身直肢	西南	二棺	瓷罐2件，瓷盏1件；铜帽顶1件，铜烟袋1组，铜纽扣1枚，银耳环1件，铜顶针1件，铜簪1组，符瓦2件，符砖1件；铜钱1组；玉纽扣1枚

姚头墓葬登记表

墓号	墓型	方向	墓葬形制与结构					随葬器物
			墓道尺寸（长、宽、深）	墓室尺寸（长、宽、高、深）	葬式	头向	葬具	
QYM1	竖井墓道土洞墓	110°	墓道口：长190；宽46—92；深40 墓道底：长190；宽46—92；深210	墓室：长190；宽102—114；高88—106；深210	仰身直肢	西	一棺	瓷罐1件，瓷盏1件，瓷杯1件，陶罐1件，铜簪1件，符砖1件，符瓦1件；铜钱3组
QYM2	竖井墓道土洞墓	103°	墓道口：长184；宽66—98；深40 墓道底：长184；宽66—98；深210	墓室：长100；宽136；高60—82；深210	二次葬	西	二棺	瓷罐1件，瓷盏1件；符瓦2件
QYM3	竖井墓道土洞墓	96°	墓道口：长180；宽60—80；深40 墓道底：长180；宽60—80；深280	墓室：长230；宽162；高110—136；深280	仰身直肢	西	二棺	瓷罐1件；符瓦1件；铜钱3组
QYM4	竖井墓道土洞墓	102°	墓道口：长180；宽56—80；深40 墓道底：长180；宽56—80；深200	墓室：长170；宽88—108；高70—102；深200	仰身直肢	西	二棺	无
QYM5	竖井墓道土洞墓	87°	墓道口：长174；宽60—100；深40 墓道底：长174；宽60—100；深290	墓室：长216；宽144；高84—128；深290	仰身直肢	西	二棺	瓷罐1件，瓷碗1件；符瓦2件；铜钱3组
QYM6	竖井墓道土洞墓	86°	墓道口：长200；宽70—90；深40 墓道底：长200；宽70—90；深360	墓室：长200；宽136—160；高100—140；深360	仰身直肢	西	二棺	瓷碗2件，瓷罐1件；符瓦2件；铜钱8组

续表

墓号	墓型	方向	墓葬形制与结构					随葬器物
			墓道尺寸（长、宽、深）	墓室尺寸（长、宽、高、深）	葬式	头向	葬具	
QYM7	竖井墓道土洞墓	85°	墓道口：长140；宽50—68；深40 墓道底：长140；宽50—68；深270	墓室：长186；宽100—130；高98—136；深270	1仰身直肢；1二次葬	西	一棺	瓷罐1件；符瓦1件；铜钱4组
QYM8	竖井墓道土洞墓	56°	墓道口：长196；宽80；深40 墓道底：长196；宽80；深290	墓室：长250；宽108—162；高100—130；深290	无	无	无	无
QYM9	竖井墓道土洞墓	95°	墓道口：长190；宽66—90；深40 墓道底：长190；宽66—90；深300—320	墓室：长216；宽130—152；高100—136；深320	仰身直肢	西	二棺	瓷罐2件、瓷盏1件；符瓦2件；铜钱3组

新章墓葬登记表

墓号	墓型	墓区	方向	墓葬形制与结构					随葬器物
				墓道尺寸（长、宽、深）	墓室尺寸（长、宽、高、深）	葬式	头向	葬具	
M6	竖井墓道土洞墓	新章Ⅱ区	214°	墓道口：长220；宽70—98；墓道底：长220；宽70—98；深162—200	墓室：长230；宽114—130；高92—112；深200	无	无	一棺	瓷笔筒1件；铁犁铧1件
M12	竖井墓道土洞墓	新章Ⅱ区	212°	墓道口：长136；宽88—96；墓道底：长136；宽88—96；深210—220	墓室：长234；宽100—136；高80—100；深220	无	无	一棺	瓷碟1件；铜烟嘴1件
M13	竖井墓道土洞墓	新章Ⅱ区	185°	墓道口：长198；宽80—100；墓道底：长198；宽80—100；深200—230	墓室：长240；宽100—130；高90—110；深230	无	无	一棺	瓷罐1件；铜钱2枚
M14	竖井墓道土洞墓	新章Ⅱ区	160°	墓道口：长100；宽94—114；墓道底：长100；宽94—114；深210—240	墓室：长240；宽120；高90—116；深240	无	无	一棺	瓷盏1件；铜钱3枚

后　记

　　《黎霍高速基本建设考古发掘报告》是2020年至2021年配合我省"三纵十二横十二环高速公路网"第九横——黎霍高速公路考古发掘的成果展示。这批材料分布于沁县连家庄、南池、姚头和沁源县新章两县的四个地点,内涵有史前的庙底沟二期文化遗址和明清时期的家族墓葬。我们编写出版此报告,一方面集中展示了配合这条高速公路建设的考古发掘成果,让读者能比较集中地了解该路段的古代遗存情况;另一方面希望唤起全社会保护文物的意识,每一项基本建设背后都有可能蕴藏丰富的文物遗存和深厚的历史文化。

　　黎霍高速公路考古项目的发掘从2020年11月起至2021年3月结束,历时5个月。发掘时值严冬和新冠疫情期间,考古发掘人员顶住压力,圆满完成发掘任务。连家庄遗址、南池墓地、姚头墓地和新章墓地的考古发掘领队由王晓毅担任,梁宪亮、高振华担任执行领队。参加发掘工作的人员有贾尧、景轲、孙先徒、孙兵、张辉、马泉、张琪、张晶等,西北大学的赵东月老师、山西大学的侯侃老师参与了出土人骨鉴定。山西省交通开发投资集团有限公司王建伟经理及其团队为本次考古发掘提供了优质的后勤保障,长治市考古研究所、沁县博物馆、沁源县博物馆和南池村委会等单位为发掘劳务用工、场地布置等做了大量协调工作。

　　《黎霍高速基本建设考古发掘报告》的整理编纂工作由梁宪亮统筹负责,报告由山西省考古研究院、山西大学等单位的业务人员整理编写完成。报告由前言、遗址(连家庄)、墓地(南池墓地、姚头墓地、新章墓地和墓地的基本文化面貌)等部分组成。前言、第二部分的南池墓地和墓地的基本文化面貌由高振华执笔,第一部分的连家庄遗址由石晓润、王小娟执笔,第二部分的姚头墓地与新章墓地由靳健、王建峰执笔,报告校对由郭禹卿、雷小玲完成,高振华最终审定。文中插图主要由孙先徒、翟玉照绘制或描绘,文物照片由李志强、梁孝、畅红霞拍摄,器物修复由南普恒团队完成。上海古籍出版社对本书的出版给予了大力支持,编辑贾利民先生为本书的早日出版付出了艰苦的劳动。在此,我们向所有为本次考古发掘及报告编写提供支持和帮助的同仁表示诚挚的谢意!不妥之处,敬请批评指正。

编　者

2025年5月11日

图　版

图版一

1. 连家庄遗址大范围航拍

2. 连家庄遗址发掘区航拍

连家庄遗址大范围航拍、发掘区航拍

1. 连家庄遗址 H1、H2

2. 连家庄遗址 H3、H5、H6

连家庄遗址 H1、H2、H3、H5、H6

1. 连家庄遗址 H4

2. 连家庄遗址 H7

连家庄遗址 H4、H7

1. 连家庄遗址 H8

2. 连家庄遗址 H8

连家庄遗址 H8

图版五

1. 南池墓地大范围航拍

2. 南池墓地 I 区 M1

南池墓地大范围航拍、 I 区 M1

南池墓地 I 区 M1

1. 银簪 I M1：1

2. 铜钱 I M1：2

3. 铜钱 I M1：3

4. 瓷罐 I M1：4

5. 铁斧 I M1：5

6. 银戒指 I M1：6

7. 瓷罐 I M1：7

8. 瓷罐 I M1：8

南池墓地 I 区 M1 出土器物

1. 瓷盏 I M1：9

2. 铜帽顶 I M1：10

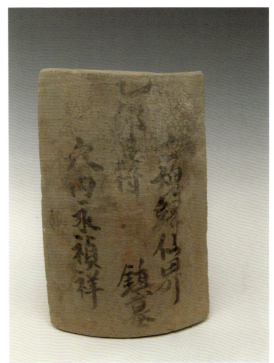

3. 符瓦 I M1：11

4. 符瓦 I M1：12

5. 铁门闩 I M1：16

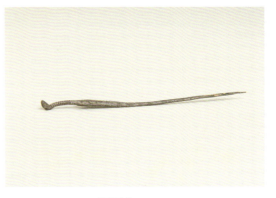

6. 银耳勺 I M1：17

南池墓地 I 区 M1 出土器物

1.南池墓地Ⅰ区 M2

2.南池墓地Ⅰ区 M2

南池墓地Ⅰ区 M2

1. 铜帽顶 I M2：1

2. 瓷盏 I M2：3

3. 银发饰 I M2：4

4. 铜钱 I M2：5

5. 铜纽扣 I M2：6

6. 银戒指 I M2：7

7. 石环 I M2：10

8. 银耳饰 I M2：11

南池墓地 I 区 M2 出土器物

1. 南池墓地 I 区 M3

2. 银发饰 I M3：1

3. 玉纽扣 I M3：2

4. 铜纽扣 I M3：3

5. 铜钱 I M3：4

南池墓地 I 区 M3 及出土器物

1. 瓷盏 I M3∶5

2. 银戒指 I M3∶7

3. 瓷罐 I M3∶6

4. 符瓦 I M3∶10

5. 南池墓地 I 区 M4

南池墓地 I 区 M3 出土器物、M4

1. 铜钱 I M4：1

2. 玉纽扣 I M4：14

3. 瓷罐 I M4：4

4. 瓷盏 I M4：5

5. 银扁方 I M4：6

6. 铜纽扣 I M4：7

7. 铜烟袋 I M4：8

8. 铜钱 I M4：9

南池墓地 I 区 M4 出土器物

1. 戒指ⅠM4：10

2. 瓷壶ⅠM4：3

3. 符瓦ⅠM4：11

4. 符瓦ⅠM4：12

5. 符瓦ⅠM4：13

南池墓地Ⅰ区 M4 出土器物

1. 南池墓地 I 区 M5

2. 瓷盏 I M5：1

3. 瓷钵 I M5：2

4. 符瓦 I M5：3

5. 符瓦 I M5：4

南池墓地 I 区 M5 及出土器物

1. 南池墓地 I 区 M6

2. 瓷钵 I M6：1

3. 瓷盏 I M6：2

4. 符瓦 I M6：3

5. 符瓦 I M6：4

南池墓地 I 区 M6 及出土器物

1. 南池墓地 I 区 M7

2. 铜钱 I M7：1

3. 银耳环 I M7：2

4. 铜扁方 I M7：3

5. 铜钱 I M7：4

南池墓地 I 区 M7 及出土器物

1. 瓷罐 I M7：5

2. 瓷盏 I M7：6

3. 铜纽扣 I M7：7

4. 符瓦 I M7：10

5. 符瓦 I M7：8

6. 符瓦 I M7：9

7. 铜钱 I M7：11

8. 玉纽扣 I M7：12

南池墓地 I 区 M7 出土器物

1. 南池墓地 I 区 M8

2. 银簪 I M8：1

3. 铜钱 I M8：2

4. 瓷罐 I M8：3

5. 瓷盏 I M8：4

南池墓地 I 区 M8 及出土器物

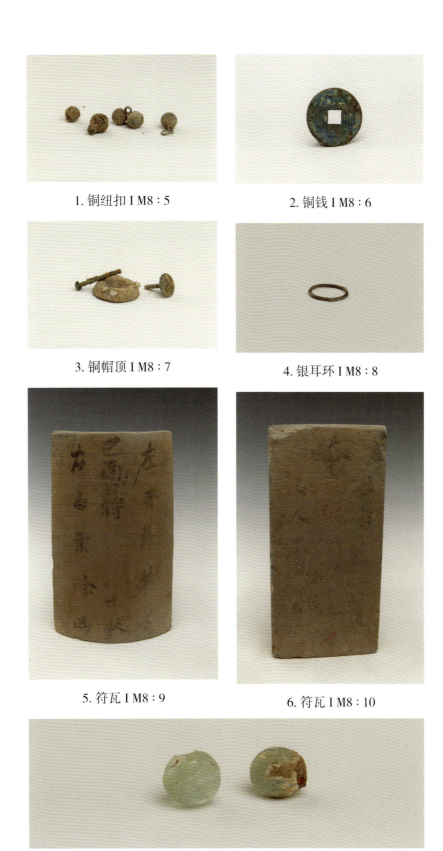

1. 铜纽扣 I M8∶5

2. 铜钱 I M8∶6

3. 铜帽顶 I M8∶7

4. 银耳环 I M8∶8

5. 符瓦 I M8∶9

6. 符瓦 I M8∶10

7. 玉纽扣 I M8∶11

南池墓地 I 区 M8 出土器物

1. 南池墓地 I 区 M9

2. 瓷罐 I M9：1

3. 瓷盏 I M9：2

4. 符瓦 I M9：3

5. 符瓦 I M9：4

南池墓地 I 区 M9 及出土器物

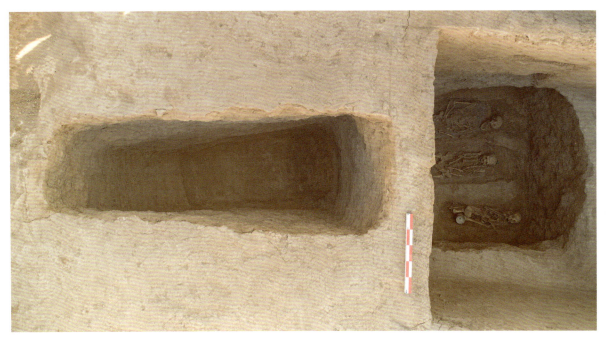

1. 南池墓地 I 区 M10

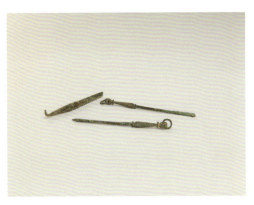

2. 铜饰件 I M10：1

3. 铜饰件 I M10：2

4. 瓷罐 I M10：3

5. 瓷碗 I M10：4

南池墓地 I 区 M10 及出土器物

1. 瓷罐 I M10：5   2. 瓷碗 I M10：6

3. 铜帽顶 I M10：7   4. 铜钱 I M10：8

5. 符瓦 I M10：9   6. 符瓦 I M10：10

7. 铜纽扣 I M10：11

南池墓地 I 区 M10 出土器物

1. 南池墓地 I 区 M11

2. 铜发饰 I M11：1

3. 铜钱 I M11：2

4. 符瓦 I M11：6

5. 符瓦 I M11：7

南池墓地 I 区 M11 及出土器物

1. 铜纽扣ⅠM11：5　　　　　2. 玉纽扣ⅠM11：8　　　　　4. 瓷钵ⅡM1：1

3. 南池墓地Ⅱ区 M1

南池墓地Ⅰ区 M11 出土器物、Ⅱ区 M1 及出土器物

1. 南池墓地Ⅱ区 M2

2. 南池墓地Ⅱ区 M2

南池墓地Ⅱ区 M2

1. 南池墓地Ⅱ区 M3

2. 铜帽顶构件Ⅱ M3：1

3. 铜钱Ⅱ M3：2

4. 铜纽扣Ⅱ M3：3

5. 铜钱Ⅱ M3：4

南池墓地Ⅱ区 M3 及出土器物

1. 瓷罐Ⅱ M3:5

2. 瓷盏Ⅱ M3:6

3. 铜烟袋Ⅱ M3:7

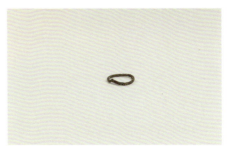

4. 银耳环Ⅱ M3:8

5. 铜纽扣Ⅱ M3:9

6. 铜钱Ⅱ M3:10

7. 南池墓地Ⅱ区 M4

南池墓地Ⅱ区 M3 出土器物、M4

1. 瓷壶Ⅱ M4：1

2. 铜粉盒Ⅱ M4：4

3. 瓷盏Ⅱ M4：5

4. 瓷罐Ⅱ M4：6

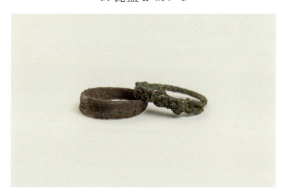

5. 银戒指Ⅱ M4：7

6. 银戒指Ⅱ M4：8

7. 铜烟袋Ⅱ M4：9

8. 铜钮扣Ⅱ M4：10

南池墓地Ⅱ区 M4 出土器物

1. 铜钱Ⅱ M4：11

2. 瓷盏Ⅱ M4：12

3. 瓷罐Ⅱ M4：2

4. 罐Ⅱ M4：3

5. 南池墓地Ⅱ区 M5

南池墓地Ⅱ区 M4 出土器物、M5

1. 陶钵Ⅱ M5：4

2. 铜顶针Ⅱ M5：6

3. 瓷罐Ⅱ M5：5

4. 符瓦Ⅱ M5：3

5. 银簪Ⅱ M5：7

6. 瓷盏Ⅱ M5：8

7. 铜纽扣Ⅱ M5：9

8. 铜钱Ⅱ M5：10

南池墓地Ⅱ区 M5 出土器物

1. 铜钱Ⅱ M5：11

2. 瓷盏Ⅱ M5：12

3. 铜烟袋Ⅱ M5：13

4. 银耳环Ⅱ M5：14

5. 南池墓地Ⅱ区 M6

南池墓地Ⅱ区 M5 出土器物、M6

1. 铜烟锅Ⅱ M6：4

2. 铜纽扣Ⅱ M6：5

3. 铜钱Ⅱ M6：6

4. 铜钱Ⅱ M6：7

5. 铜钱Ⅱ M6：8

6. 铜钱Ⅱ M6：9

7. 铜钱Ⅱ M6：10

8. 瓷罐 M6：11

南池墓地Ⅱ区 M6 出土器物

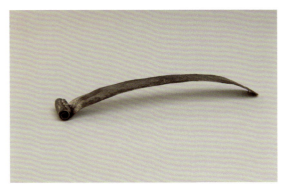

1. 银扁方Ⅱ M6∶12

2. 铜纽扣Ⅱ M6∶13

3. 铜钱Ⅱ M6∶14

4. 银耳环Ⅱ M6∶15

5. 银戒指Ⅱ M6∶16

6. 铜戒指Ⅱ M6∶17

7. 铜钱Ⅱ M6∶18

8. 瓷盏 M6∶19

南池墓地Ⅱ区 M6 出土器物

1. 南池墓地Ⅱ区 M7

2. 铜纽扣Ⅱ M7：1

3. 铜钱Ⅱ M7：2

4. 铜烟袋Ⅱ M7：3

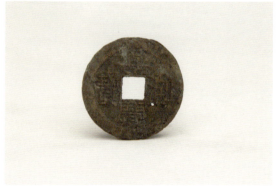

5. 铜钱Ⅱ M7：4

南池墓地Ⅱ区 M7 及出土器物

1. 铜钱Ⅱ M7：5

2. 瓷罐Ⅱ M7：6

3. 瓷盏Ⅱ M7：7

4. 银扁方Ⅱ M7：8

5. 铜钱Ⅱ M7：9

6. 铜扁方Ⅱ M7：12

7. 符瓦Ⅱ M7：10

8. 符瓦Ⅱ M7：11

南池墓地Ⅱ区 M7 出土器物

1. 南池墓地Ⅱ区 M8

2. 铜簪Ⅱ M8：1

3. 铜钱Ⅱ M8：2

4. 瓷罐Ⅱ M8：4

5. 铜纽扣Ⅱ M8：5

南池墓地Ⅱ区 M8 及出土器物

1. 瓷盏Ⅱ M8：6

2. 铜钱Ⅱ M8：7

3. 铜纽扣Ⅱ M8：9

4. 铜钱Ⅱ M8：11

5. 石烟嘴Ⅱ M8：12

6. 铜帽顶构件Ⅱ M8：13

7. 瓷罐Ⅱ M8：10

8. 符瓦Ⅱ M8：3

南池墓地Ⅱ区 M8 出土器物

1. 南池墓地Ⅱ区 M9

2. 铜帽顶Ⅱ M9：1

3. 铜纽扣Ⅱ M9：2

4. 铜钱Ⅱ M9：3

5. 瓷钵Ⅱ M9：15

南池墓地Ⅱ区 M9 及出土器物

1. 铜钱Ⅱ M9：5

2. 铜烟袋Ⅱ M9：6

3. 铁灯盏Ⅱ M9：7

4. 瓷罐Ⅱ M9：8

5. 铜耳环Ⅱ M9：10

6. 铜簪Ⅱ M9：11

7. 铜纽扣Ⅱ M9：12

8. 铜钱Ⅱ M9：13

南池墓地Ⅱ区 M9 出土器物

南池墓地Ⅱ区 M10

1. 铜帽顶Ⅱ M10 : 4

2. 铜烟袋Ⅱ M10 : 5

3. 铜纽扣Ⅱ M10 : 6

4. 铜钱Ⅱ M10 : 7

5. 铜钱Ⅱ M10 : 8

6. 铜钱Ⅱ M10 : 9

7. 瓷罐Ⅱ M10 : 10

8. 瓷盏Ⅱ M10 : 11

南池墓地Ⅱ区 M10 出土器物

1. 铜扁方Ⅱ M10：12

2. 铜钱Ⅱ M10：13

3. 铜纽扣Ⅱ M10：14

4. 铜钱Ⅱ M10：15

5. 铜钱Ⅱ M10：16

6. 铜钱Ⅱ M10：17

7. 银耳环Ⅱ M10：18

8. 玉纽扣Ⅱ M10：19

南池墓地Ⅱ区 M10 出土器物

南池墓地Ⅱ区 M11

1. 瓷钵Ⅱ M11：4

2. 瓷盏Ⅱ M11：5

3. 铜簪Ⅱ M11：6

4. 铜簪Ⅱ M11：7

5. 南池墓地Ⅱ区 M12

南池墓地Ⅱ区 M11 出土器物、M12

1. 瓷罐Ⅱ M12：2

2. 瓷盏Ⅱ M12：4

3. 南池墓地Ⅱ区 M13

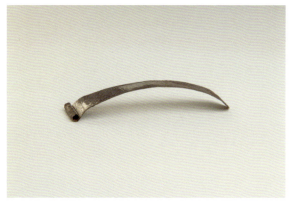

4. 银扁方Ⅱ M13：4

5. 铜钮扣Ⅱ M13：5

南池墓地Ⅱ区 M12 出土器物、M13 及出土器物

1. 瓷钵Ⅱ M13：6

2. 铜钱Ⅱ M13：7

3. 铜钱Ⅱ M13：8

4. 瓷杯Ⅱ M13：9

5. 银耳环Ⅱ M13：10

南池墓地Ⅱ区 M13 出土器物

1. 南池墓地Ⅱ区 M14

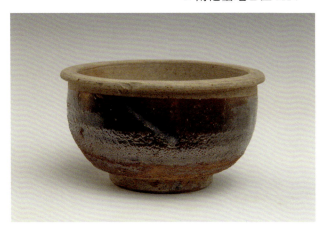

2. 瓷钵Ⅱ M14：1

3. 符砖Ⅱ M14：2

4. 南池墓地Ⅱ区 M15

南池墓地Ⅱ区 M14 及出土器物、M15

1. 铜钮扣Ⅱ M15：1

2. 铜钱Ⅱ M15：2

3. 铜钱Ⅱ M15：3

4. 铜烟袋Ⅱ M15：4

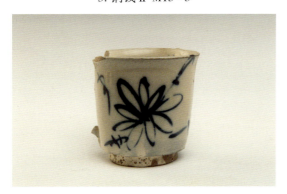

5. 瓷杯Ⅱ M15：7

6. 铜钮扣Ⅱ M15：8

7. 瓷钵Ⅱ M15：11

8. 铁戒指Ⅱ M15：15

南池墓地Ⅱ区 M15 出土器物

1. 南池墓地Ⅱ区 M16

2. 铜钱Ⅱ M16∶3

3. 铜钱Ⅱ M16∶4

4. 瓷罐Ⅱ M16∶9

5. 符瓦Ⅱ M16∶2

南池墓地Ⅱ区 M16 及出土器物

1. 铜钱Ⅱ M16∶5

2. 铜钱ⅡⅡ M16∶6

3. 瓷盏Ⅱ M16∶7

4. 瓷钵Ⅱ M16∶8

5. 南池墓地Ⅲ区 M1

南池墓地Ⅱ区 M16 出土器物、Ⅲ区 M1

1. 银盘Ⅲ M1：1

2. 银盏及盏托Ⅲ M1：2

3. 银盏Ⅲ M1：3

4. 银烛台Ⅲ M1：4

5. 银壶Ⅲ M1：5

6. 银香炉Ⅲ M1：6

7. 银盏Ⅲ M1：7

8. 银托盘Ⅲ M1：8

南池墓地Ⅲ区 M1 出土器物

1. 银碟Ⅲ M1：9

2. 银罐Ⅲ M1：10

3. 银小壶Ⅲ M1：11

4. 银罐Ⅲ M1：12

5. 铁灯盏Ⅲ M1：13

6. 瓷罐Ⅲ M1：14

7. 铁器Ⅲ M1：15

8. 符瓦Ⅲ M1：16

南池墓地Ⅲ区 M1 出土器物

1. 南池墓地Ⅲ区 M2

2. 玉饰件Ⅲ M2：1

3. 铜钱Ⅲ M2：2

4. 瓷钵Ⅲ M2：3

5. 铜钱Ⅲ M2：4

南池墓地Ⅲ区 M2 及出土器物

1. 南池墓地Ⅲ区 M3

2. 瓷钵Ⅲ M3：1

3. 铜钱Ⅲ M3：2

4. 南池墓地Ⅲ区 M4

南池墓地Ⅲ区 M3 及出土器物、M4

1. 瓷钵 Ⅲ M4：1

2. 铜钱 Ⅲ M4：2

3. 铜纽扣 Ⅲ M4：3

4. 符瓦 Ⅲ M4：4

5. 南池墓地Ⅲ区 M5

南池墓地Ⅲ区 M4 出土器物、M5

1. 银耳环Ⅲ M5：1

2. 铜钱Ⅲ M5：2

4. 符瓦Ⅲ M6：1

3. 南池墓地Ⅲ区 M6

南池墓地Ⅲ区 M5 出土器物、M6 及出土器物

1. 南池墓地Ⅲ区 M7

2. 铁灯盏Ⅲ M7∶1

3. 瓷盏Ⅲ M8∶1

4. 南池墓地Ⅲ区 M8

南池墓地Ⅲ区 M7 及出土器物、M8 及出土器物

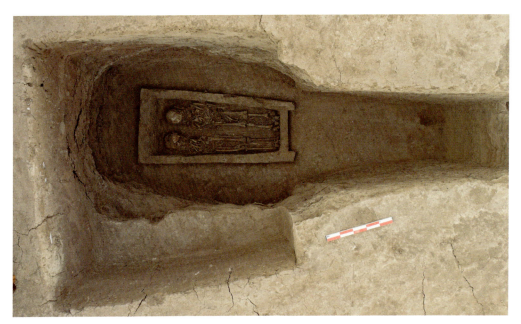

1. 南池墓地Ⅲ区 M9

2. 南池墓地Ⅲ区 M10

3. 瓷罐Ⅲ M10：1

4. 瓷碗Ⅲ M10：2

南池墓地Ⅲ区 M9、M10 及出土器物

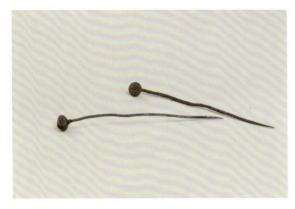

1. 银簪Ⅲ M10：3

2. 银簪Ⅲ M10：4

3. 铜钱Ⅲ M10：5

4. 铁烟锅Ⅲ M10：6

5. 南池墓地Ⅲ区 M11

南池墓地Ⅲ区 M10 出土器物、M11

1. 瓷罐Ⅲ M11：1

2. 铜钱Ⅲ M11：2

3. 银耳环Ⅲ M11：3

4. 瓷器残底Ⅲ M11：4

5. 铁器Ⅲ M11：5

6. 铜钱Ⅲ M11：6

7. 铜纽扣Ⅲ M11：7

8. 符瓦Ⅲ M11：8

南池墓地Ⅲ区 M11 出土器物

1. 南池墓地Ⅲ区 M12

2. 铜帽顶Ⅲ M12：1

3. 铜烟嘴Ⅲ M12：2

4. 铜钱Ⅲ M12：3

5. 铜纽扣Ⅲ M12：4

南池墓地Ⅲ区 M12 及出土器物

1. 瓷盏 Ⅲ M12：5

2. 瓷壶 Ⅲ M12：6

3. 铜镯 Ⅲ M12：9

4. 铜纽扣 Ⅲ M12：8

5. 南池墓地 Ⅲ 区 M13

南池墓地 Ⅲ 区 M12 出土器物、M13

1. 铜簪 Ⅲ M13：1

2. 瓷钵 Ⅲ M13：2

3. 铜纽扣 Ⅲ M13：3

4. 铜钱 Ⅲ M13：4

5. 南池墓地Ⅲ区 M14

南池墓地Ⅲ区 M13 出土器物、M14

1. 瓷罐Ⅲ M14：1

2. 瓷盏Ⅲ M14：2

3. 瓷盏Ⅲ M14：4

4. 铜帽顶Ⅲ M14：5

5. 瓷壶Ⅲ M14：6

6. 铜烟嘴Ⅲ M14：7

7. 符瓦Ⅲ M14：8

8. 符瓦Ⅲ M14：9

南池墓地Ⅲ区 M14 出土器物

1. 南池墓地Ⅲ区 M15

2. 瓷盏Ⅲ M15：1

3. 瓷盏Ⅲ M15：2

4. 铁器Ⅲ M15：3

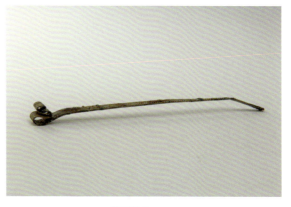

5. 铜簪Ⅲ M15：4

南池墓地Ⅲ区 M15 及出土器物

1. 铜钱Ⅲ M15：5

2. 铜纽扣Ⅲ M15：6

3. 符瓦Ⅲ M15：7

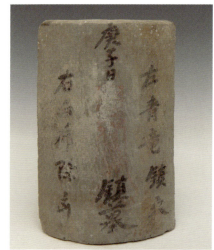

4. 符瓦Ⅲ M15：8

5. 南池墓地Ⅲ区 M16

南池墓地Ⅲ区 M15 出土器物、M16

1. 瓷罐Ⅲ M16：1

2. 铜钱Ⅲ M16：2

3. 铜纽扣Ⅲ M16：3

4. 铜钱Ⅲ M16：4

5. 瓷罐Ⅲ M16：5

6. 瓷盏Ⅲ M16：7

7. 铜钱Ⅲ M16：8

8. 铜纽扣Ⅲ M16：9

南池墓地Ⅲ区 M16 出土器物

1. 南池墓地Ⅲ区 M17

2. 南池墓地Ⅲ区 M18

3. 瓷罐Ⅲ M17:1

4. 铜钱Ⅲ M17:2

南池墓地Ⅲ区 M17 及出土器物、M18

1. 瓷罐Ⅲ M17：3

2. 瓷盏Ⅲ M17：4

3. 铜帽顶Ⅲ M17：5

4. 瓷盏Ⅲ M18：2

5. 符瓦Ⅲ M17：7

6. 瓷罐Ⅲ M18：1

7. 铜烟袋Ⅲ M18：3

8. 铜纽扣Ⅲ M18：5

南池墓地Ⅲ区 M17 出土器物、M18 出土器物

1. 玉纽扣Ⅲ M18：6

2. 铜帽顶Ⅲ M18：7

3. 铜钱Ⅲ M18：8

4. 铜纽扣Ⅲ M18：9

5. 铜戒指Ⅲ M18：10

6. 铜簪Ⅲ M18：11

7. 瓷碗Ⅲ M19：1

8. 瓷盏Ⅲ M19：2

南池墓地Ⅲ区 M18 出土器物、M19 出土器物

1. 南池墓地Ⅲ区 M19

2. 南池墓地Ⅲ区 M20

3. 铜钱Ⅲ M20：1

4. 铜纽扣Ⅲ M20：2

南池墓地Ⅲ区 M19、M20 及出土器物

1. 南池墓地Ⅲ区 M21

2. 铜钱Ⅲ M21：1

3. 银耳环Ⅲ M21：2

4. 铜纽扣Ⅲ M21：3

5. 铜钱Ⅲ M21：4

南池墓地Ⅲ区 M21 及出土器物

1. 铜纽扣Ⅲ M21∶5

2. 红陶罐Ⅲ M21∶6

3. 符瓦Ⅲ M21∶8

4. 符瓦Ⅲ M21∶9

5. 南池墓地Ⅲ区 M22

南池墓地Ⅲ区 M21 出土器物、M22

1. 瓷壶 Ⅲ M22：1

2. 符砖 Ⅲ M22：2

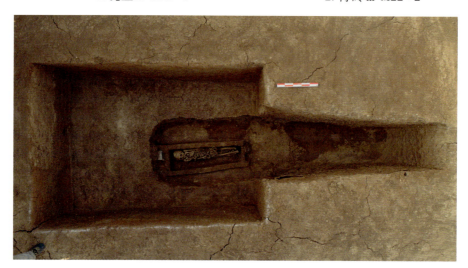

3. 南池墓地Ⅲ区 M23

4. 符砖 Ⅲ M23：1

5. 符瓦 Ⅲ M23：2

南池墓地Ⅲ区 M22 出土器物、M23 及出土器物

1. 南池墓地Ⅲ区 M24

2. 铜钱Ⅲ M24：1

3. 铜纽扣Ⅲ M24：2

4. 瓷罐Ⅲ M24：3

5. 瓷盏Ⅲ M24：4

南池墓地Ⅲ区 M24 及出土器物

1. 铜钱Ⅲ M24：5

2. 铜纽扣Ⅲ M24：6

3. 银耳环Ⅲ M24：7

4. 铁器Ⅲ M24：8

5. 瓷壶Ⅲ MT：1

6. 瓷钵Ⅲ MT：2

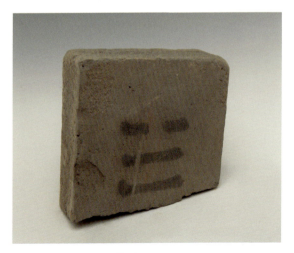

7. 符砖Ⅲ MT：3

8. 符砖Ⅲ MT：4

南池墓地Ⅲ区 M24 出土器物、MT 出土器物

1. 瓷盏Ⅲ MT：5

2. 瓷盏Ⅲ MT：6

3. 瓷钵Ⅲ MT：7

4. 瓷香炉Ⅲ MT：8

5. 瓷壶Ⅲ MT：9

6. 镇墓Ⅲ MT：10

7. 石砚Ⅲ MT：11

8. 铁件Ⅲ MT：12

南池墓地Ⅲ区 MT 出土器物

图版七九

1. 铁削Ⅲ MT：13

2. 铜镜Ⅲ MT：14

3. 铜铃Ⅲ MT：15

4. 铜钱Ⅲ MT：16

5. 镇墓兽Ⅲ MT：17

6. 玉饰件Ⅲ MT：19

7. 符砖Ⅲ MT：21

8. 符砖Ⅳ M1：1

南池墓地Ⅲ区 MT 出土器物、Ⅳ区 M1 出土器物

1. 南池墓地Ⅴ区M1

2. 铜簪Ⅴ M1：1

3. 铜钱Ⅴ M1：2

4. 瓷罐Ⅴ M1：3

5. 瓷盏Ⅴ M1：4

6. 南池墓地Ⅴ区M2

南池墓地Ⅴ区M1及出土器物、M2

1. 银耳环 Ⅴ M2：3

2. 铜钱 Ⅴ M2：4

3. 铜纽扣 Ⅴ M2：5

4. 铜钱 Ⅴ M2：6

5. 南池墓地 Ⅴ区 M3

6. 铜扁方 Ⅴ M3：1

7. 银耳环 Ⅴ M3：2

南池墓地 Ⅴ区 M2 出土器物、M3 及出土器物

1. 铜纽扣 V M3：3

2. 铜钱 V M3：4

3. 瓷盏 V M3：5

4. 铜帽顶 V M3：7

5. 铜钱 V M3：8

6. 铜纽扣 V M3：9

7. 银戒指 V M3：10

8. 铜顶针 V M3：14

南池墓地 V 区 M3 出土器物

1. 玛瑙饰件Ⅴ M3：15

2. 铜钱Ⅴ M3：16

3. 南池墓地Ⅴ区 M4

4. 瓷罐Ⅴ M4：1

5. 瓷盏Ⅴ M4：2

南池墓地Ⅴ区 M3 出土器物、M4 及出土器物

1. 铜钱Ⅴ M4：3

2. 瓷罐Ⅴ M4：4

3. 铜簪Ⅴ M4：5

4. 铜耳环Ⅴ M4：6

5. 铜顶针Ⅴ M4：7

6. 铜纽扣Ⅴ M4：8

7. 瓷盏Ⅴ M4：9

8. 铜钱Ⅴ M4：11

南池墓地Ⅴ区 M4 出土器物

1. 南池墓地 V 区 M5

2. 南池墓地 V 区 M6

3. 墓志 V M5：1

4. 瓷钵 V M5：2

南池墓地 V 区 M5 及出土器物、M6

1. 瓷盏 V M5：3

2. 铁器 V M5：4

3. 铅壶 V M6：1

4. 瓷盏 V M6：2

5. 瓷钵 V M6：3

6. 瓷盏 V M6：4

7. 铜钱 V M6：5

8. 符瓦 V M6：6

南池墓地Ⅴ区 M5 出土器物、M6 出土器物

1. 南池墓地Ⅴ区 M7

2. 南池墓地Ⅴ区 M8

3. 铜纽扣Ⅴ M7：1

4. 铜钱Ⅴ M7：2

南池墓地Ⅴ区 M7 及出土器物、M8

1. 瓷罐Ⅴ M7：3

2. 瓷盏Ⅴ M7：4

3. 铜铃铛Ⅴ M7：7

4. 符瓦Ⅴ M7：5

5. 瓷钵Ⅴ M8：1

6. 瓷盏Ⅴ M8：2

7. 铜钱Ⅴ M8：3

8. 骨纽扣Ⅴ M8：4

南池墓地Ⅴ区 M7 出土器物、M8 出土器物

1. 南池墓地Ⅴ区 M9

2. 南池墓地Ⅴ区 M10

3. 符瓦Ⅴ M9：1

4. 铜耳环Ⅴ M10：1

南池墓地Ⅴ区 M9 及出土器物、M10 及出土器物

1. 铜纽扣 Ⅴ M10：2

2. 铜钱 Ⅴ M10：3

3. 铜顶针 Ⅴ M10：4

4. 玉饰件 Ⅴ M10：5

5. 瓷盏 Ⅴ M10：7

6. 玉纽扣 Ⅴ M10：8

7. 南池墓地Ⅴ区 M11

南池墓地Ⅴ区 M10 出土器物、M11

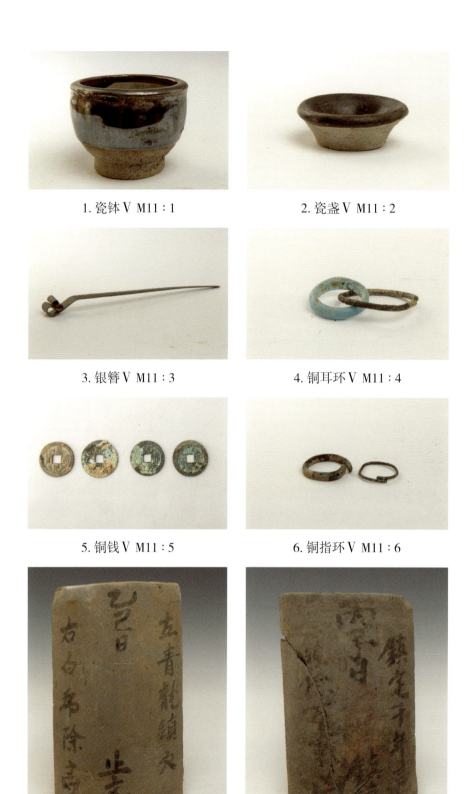

1. 瓷钵 V M11：1

2. 瓷盏 V M11：2

3. 银簪 V M11：3

4. 铜耳环 V M11：4

5. 铜钱 V M11：5

6. 铜指环 V M11：6

7. 符瓦 V M11：7

8. 符瓦 V M11：8

南池墓地 V 区 M11 出土器物

1. 南池墓地Ⅴ区M12

2. 铜钱Ⅴ M12：1

3. 铜簪Ⅴ M12：2

4. 瓷盏Ⅴ M12：3

5. 铜戒指Ⅴ M12：4

6. 铜纽扣Ⅴ M12：5

7. 瓷罐Ⅴ M12：6

南池墓地Ⅴ区M12及出土器物

1. 南池墓地Ⅴ区 M13

2. 瓷罐Ⅴ M13：1

3. 符瓦Ⅴ M13：4

4. 瓷盏Ⅴ M13：2

5. 铜钱Ⅴ M13：3

南池墓地Ⅴ区 M13 及出土器物

1. 南池墓地Ⅴ区 M14

2. 瓷盏Ⅴ M14：2

3. 铜帽顶Ⅴ M14：3

4. 铜烟袋Ⅴ M14：4

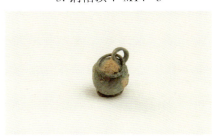

5. 铜纽扣Ⅴ M14：5

6. 铜钱Ⅴ M14：6

7. 玉纽扣Ⅴ M14：10

南池墓地Ⅴ区 M14 及出土器物

1. 南池墓地Ⅴ区 M15

2. 铜帽顶Ⅴ M15：1

3. 铜烟袋Ⅴ M15：2

4. 铜钱Ⅴ M15：3

5. 铜纽扣Ⅴ M15：4

6. 银耳环Ⅴ M15：5

7. 铜顶针Ⅴ M15：6

南池墓地Ⅴ区 M15 及出土器物

1. 铜簪Ⅴ M15：7

2. 瓷盏Ⅴ M15：8

3. 瓷罐Ⅴ M15：9

4. 玉纽扣Ⅴ M15：14

5. 瓷罐Ⅴ M15：10

6. 符瓦Ⅴ M15：11

7. 符瓦Ⅴ M15：12

8. 符砖Ⅴ M15：13

南池墓地Ⅴ区 M15 出土器物

1. 瓷杯 QY M1：1

2. 陶罐 QY M1：2

3. 瓷罐 QY M1：3

4. 瓷盏 QY M1：4

5. 铜簪 QY M1：5

6. 铜钱 QY M1：6

7. 符瓦 QY M1：9

8. 符瓦 QY M1：10

姚头墓地 M1 出土器物

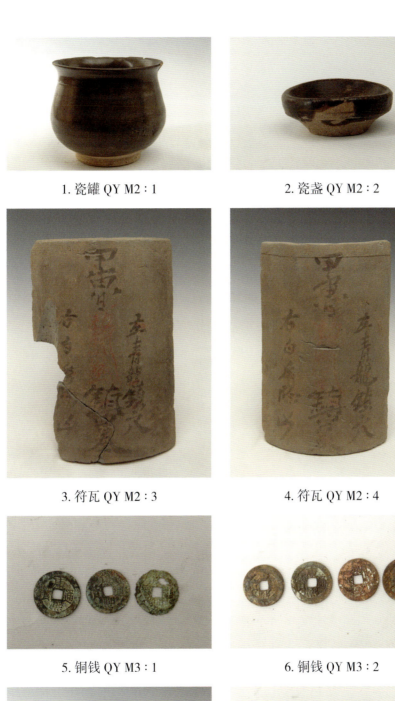

1. 瓷罐 QY M2∶1

2. 瓷盏 QY M2∶2

3. 符瓦 QY M2∶3

4. 符瓦 QY M2∶4

5. 铜钱 QY M3∶1

6. 铜钱 QY M3∶2

7. 瓷罐 QY M3∶3

8. 铜钱 QY M3∶5

姚头墓地 M2 出土器物、M3 出土器物

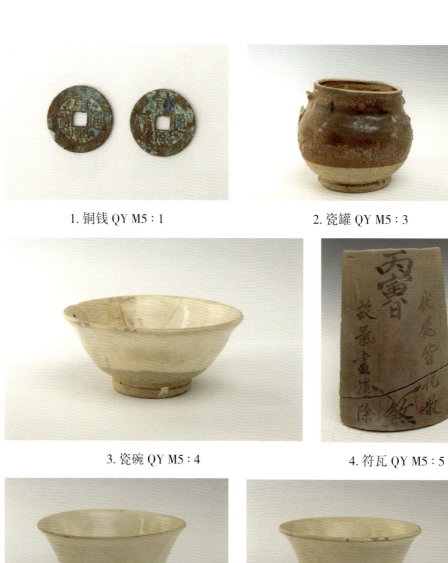

1. 铜钱 QY M5∶1

2. 瓷罐 QY M5∶3

3. 瓷碗 QY M5∶4

4. 符瓦 QY M5∶5

5. 瓷碗 QY M6∶1

6. 瓷碗 QY M6∶2

7. 铜钱 QY M6∶3

8. 铜钱 QY M6∶4

姚头墓地 M5 出土器物、M6 出土器物

1. 铜钱 QY M6∶5

2. 瓷罐 QY M6∶6

3. 铜钱 QY M6∶7

4. 铜钱 QY M6∶8

5. 符瓦 QY M6∶10

6. 符瓦 QY M6∶11

7. 铜钱 QY M6∶9

8. 铜钱 QY M6∶12

姚头墓地 M6 出土器物

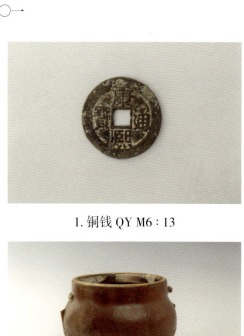

1. 铜钱 QY M6：13

2. 铜钱 QY M7：1

3. 瓷罐 QY M7：2

4. 铜钱 QY M7：3

5. 铜钱 QY M7：4

6. 铜钱 QY M7：6

7. 符瓦 QY M7：5

姚头墓地 M6 出土器物、M7 出土器物

1. 铜钱 QY M9：1

2. 铜钱 QY M9：2

3. 瓷罐 QY M9：3

4. 瓷罐 QY M9：4

5. 瓷盏 QY M9：5

6. 铜钱 QY M9：8

7. 符瓦 QY M9：6

8. 符瓦 QY M9：7

姚头墓地 M9 出土器物

1. 瓷笔筒 QX M6：1

2. 瓷罐 QX M13：1

3. 瓷盏 QX M12：1

4. 铜烟嘴 QX M12：2

5. 铁犁铧 QX M6：2

6. 铜钱 QX M13：2

7. 瓷盏 QX M14：1

8. 铜钱 QX M14：2

新章墓地 M6 出土器物、M12 出土器物、M13 出土器物、M14 出土器物